검찰공화국, 대한민국

검찰공화국, 대한민국

2011년 2월 25일 초판 1쇄 펴냄
2021년 8월 20일 초판 7쇄 펴냄

펴낸곳 (주)도서출판 삼인

지은이 김희수 서보학 오창익 하태훈
펴낸이 신길순

등록 1996.9.16. 제 25100-2012-000046호
주소 03716 서울시 서대문구 성산로 312 북산빌딩 1층
전화 (02) 322-1845
팩스 (02) 322-1846
전자우편 saminbooks@naver.com

표지디자인 (주)끄레어소시에이츠
제판 스크린그래픽센터
인쇄 수이북스
제책 은정제책

ISBN 978-89-6436-025-5 03340

값 13,000원

검찰공화국, 대한민국

김희수·서보학·오창익·하태훈 지음

삼인

들어가며

우리는 검찰에 대해 말하려고 한다. 이 책의 곳곳에서 지적하고 있는 것처럼 한국 사회에서 검찰이 차지하는 위상은 남다르다. 검찰은 법무부 외청으로 행정부 소속이면서도 다른 행정부처와는 전혀 위상이 다르다. 아마 차원이 다르다고 말해야 적당할 것이다. 조직의 이름부터가 그렇다. 검찰(檢察)은 '잡도리하다, 단속하다'라는 뜻을 가진 검(檢) 자와 살피다, '조사하다'라는 뜻을 가진 찰(察) 자를 합해 조직의 이름을 정했다. 물론 검찰이란 이름은 일본제국주의가 쓰던 이름을 고스란히 따온 것이기에 우리의 창작물은 아니다. 그렇지만 대한민국 건국 이후에도 '조사해서 잡도리하다'라는 무서운 뜻을 가진 조직 이름을 계속 유지할 이유는 없다.

검찰은 조직의 수장을 부르는 이름도 예사롭지 않다. 보통의 경우 조직의 수장은 그 기관의 이름을 따서 붙인다. 경찰청의 수장이니까 경찰청장, 감사원의 수장이니까 감사원장, 대법원의 수장이니까 대법원장 하는 식이다. 하지만 유독 검찰청만 예외다. 검찰청의 수장은 검찰청장(檢察廳長)이 아니라 검찰총장(檢察總長)이다. '거느리다, 통괄하다, 다스리다'라는 뜻을 가진 다분히 봉건적인 뉘앙스의 총(總) 자를 써서 조직의 수장을 표현하는 까닭을 모르겠다. 가령 사무총장(事務總長)은 사람이 아닌 '사무(일)'을 통괄한다는 의미로 쓰이는 것이기에 총(總) 자가 들어가도 무리가 없지만, 검찰 조직을 거느리고 다스리고 통괄한다는 뜻을 지닌 '검찰총장'이라는 명칭은 문제가 있다. 봉건적이며 국민에게 군림하는 것을 당연시하는 일제의 잔재, 군사 문화의 잔재가 고스란히 조직과 조직 수장의 명칭에 남아 있다.

이름만 남다른 게 아니다. 같은 고등고시에 합격해도 5급 사무관에 임용되는 행정고시나 외무고시 합격자와 달리 검사들은 3급 부이사관으로 임용된다. 검사는 다른 행정직 공무원과 출발부터가 다르다. 시작부터 높은 직급, 더 많은 급여가 보장된다.

우리나라 검찰의 가장 큰 특징은 바로 무소불위의 권력에 있다. 수사권과 기소권을 핵심으로 하는 검찰의 권력은 그야말로 막강하다. 권력의 크기라면 국민에 의해 직접 선출되고 행정부를 총괄하는 대통령이 가장 크겠지만 그의 권력은 기껏해야 5년 동안만 쓸 수 있는 것이다. 이에 반해 검찰은 선출된 권력도 아니면서 임기도 정해져 있지 않은 상태에서 제한 없이 권력을 사용할 수 있다. "정권은 유한하지만 검찰은 영원하다"는 말이 정설처럼 퍼져 있다.

우리나라에서 이처럼 막강한 권력을 지닌 집단을 흔히 일컫는 말은 '○○공화국'이다. 대한민국은 '민주공화국'이지만, 그래서 국민의 지배가 관철되어야 하지만, 실상을 들여다보면 강력한 권력을 휘두르는 일부 집단만이 도드라져 보인다고 해서 붙인 이름이다. 그런데 우리가 알고 있고, 흔히 관용적으로 '○○공화국'으로 불리는 집단은 한국 사회에서 삼성과 검찰뿐이다.

검찰은 수사와 기소라는 권한을 아무런 제한 없이 쓸 수 있고 필요에 따라 마음껏 써왔다. 죄가 없는 게 뻔해도 수사를 진행하고 기소를 감행해서 당사자를 괴롭힌 일도 한두 번이 아니다. 인터넷 논객 미네르바에게 구체적인 범죄 혐의를 찾기 어려운 상황인데도 검찰은 이미 사문화된 조문을 끄집어내어 그를 기소했다. 법원이 무죄를 선고했지만 미네르바는 몸무게가 40킬로그램이나 빠질 정도로 정신적 공황상태에 놓여 있다. 이건 전형적인 인간 파괴다. 경제 위기의 책임을 한 개인에게 돌리는 치졸한 복수에 검찰이 동원된 것이다. 검찰의 기소에도 불구하고 법원이 무죄를 선고했으니 검찰의 패배가 분명하다. 그렇다면 미네르바 사건을 통해 검찰이 얻은 것은 없었을까? 권력의 시녀로서 정치권력의 요구를 충직하게 좇으며 그 대가로 검찰 조직의 기득권을 보장받고 사건 담당자들은 승진하여 더 많은 권한을 갖게 되었다. 이것 말고도 검찰은 정의(定義, definition)하는 권력으로서의 면모를 과시하는 효과를 얻기도 했다.

미네르바는 형사재판에서 무죄를 선고받았고 그를 기소한 법률적 근거인 전기통신기본법의 처벌조항은 헌법재판소 결정에 의해 위헌법률이 되었다. 검찰이 무리하게 기소했다는 점이 법원에 이어 헌법재판소에서도 확인되었던 것이다. 그렇지만 인터넷 공간에서의 자유로운 글쓰기도 어쩌면 국가의 검찰권 행사의 표적이 될 수 있다는 점을 널리 알리고 일종의 공포감을 심어줄 수 있었던 것은 검찰의 성과였다. 미네르바 사건으로 인터넷 공간은 확실히 위축되었다. 아울러 법원에서 무죄가 나든 말든 수사와 기소를 통해 이미 피고인이 상당한 피해를 받았고 요란한 언론 보도와 맞물려 미네르바가 뭔가 잘못을 했으니까 수사 대상이 되고 기소된 것 아니냐는 일반적인 오해를 불러일으킨 것만으로도 검찰은 얻고자 했던 것을 다 얻었다고 볼 수 있다.

검찰은 아무 곳에나 검찰권이란 칼을 들이대고 있다. 꼭 필요한 경우에만, 그것도 최후의 수단으로 쓰여야 할 검찰권이 마구잡이식으로 쓰이고 있다. 이를 통해 검찰은 우리 사회에서 가장 영향력 있고 유력한 판단자로 행세하고 있다. 그들의 판단이 국민적 판단 또는 국민적 판단의 근사치에 있다고 여겨지는 여론과 동떨어지고 법률과 먼 곳에 있어도 아무 상관없다. 중요한 것은 검찰이 그렇게 판단했다는 것뿐이다. 죄가 있는지 없는지를 살피고 그 죄에 맞는 법률을 적용하며 범죄자를 법정에 세우면서 법의 정의를 세우는 것이 검찰에게 주어진 사명이지만 우리나라 검찰의 역할과 영향력은 법률이 정한 그것을 훌쩍 넘어서고 있다. 사실상 가치와 정의를 판단하는 심판관 역할을 하고 있는 것이다.

검찰, 그리고 검찰 세력은 대한민국의 요소요소에서 가장 중요한 권력을 장악해 들어가고 있다. 법무부를 장악하고 한나라당 등 정치권과 국회를 장악하다시피 한 것도 검찰 세력들이다. 한쪽은 현직 검사, 다른 한쪽은 전직 검사의 차이가 있을 뿐이다. 전문적 역량을 지닌 사람들이 요소요소에서 요긴하게 쓰인다면 그건 바람직한 일이다. 하지만 현실은 적재적소와는 딴판으로, 오로지 검찰 세력의 권력욕이 우리 공동체의 안정성과 법의 지배를 파괴하는 형국에 이르게 되었다. 그래서 이 책을 쓰기로 했다.

『검찰공화국, 대한민국』을 쓰기 위해 모인 우리 4명은 형사법학자, 실무가, 운동가로 각기 다른 분야에서 활동해왔다. 평소 검찰 개혁 문제에도 관심을 갖고 다양한 연구와 사회적 실천을 진행해왔다. 대학 강단에서, 때론 인권연대나 참여연대 같은 시민사회단체 활동을 통해, 가끔은 '사법제도 개혁 추진위원회'나 '검·경 수사권 조정 자문위원회' 같은 위원회 활동을 통해, 그리고 언론을 통한 다양한 사회적 발언을 통해, 우리는 검찰 개혁의 필요성을 역설해왔다.

이 책을 쓰게 된 직접적인 계기는 인권연대가 2009년 상반기에 네 차례에 걸쳐 진행한 검찰 개혁 연속토론회 '검찰, 이대로 좋은가'였다. 이 토론회는 '검찰의 수사, 이대로 좋은가', '검찰의 기소권, 이대로 좋은가', '법무부와 검찰의 관계, 이대로 좋은가', '검찰 개혁, 대안은 무엇인가' 등 4가지 주제를 차례로 다뤘다. 대부분의 토론회가 그렇듯 이때의 토론회도 해당 분야의 전문가인 법학자와 법조인, 검찰과 경찰 등 관련 기관, 국회, 시민단체의 소수만이 참여한 가운데 진행되었다. 우리는 검찰의 문제와 개혁 방안에 대한 논의를 그저 몇 번의 토론회로만 끝낼 수는 없다고 생각했다. 토론회의 제목을 빌린다면 '검찰 개혁 토론회, 이대로 좋은가' 쯤이 우리의 고민이었다. 우리는 더 많은 사람들과 이런 고민을 공유하는 게 좋겠다고 생각했다. 이런 우리의 생각에 삼인출판사가 호응해주었다. 검찰 비판과 개혁을 말하는 책을 내기로 결정한 뒤에도 우리 고민은 계속되었다. 토론 자료집을 그대로 모아 엮으면 대학 교재로는 쓸 수 있겠지만, 법률 분야에 전문적인 지식을 갖고 있지 않은 일반 시민들과 검찰에 대해 이야기를 나누기에는 적당하지 않기 때문이다.

오늘날 검찰이 갖고 있는 복잡하고도 많은 문제 중에서 특히 중요한 문제는 검찰권이 소수의 전문가들에게만 맡겨져 주권자인 국민은 오히려 객이 되고 있다는 거다. 검찰에 심각한 문제가 있다는 것쯤은 국민적 상식으로 모두들 알게 되었는데 정작 중요한 문제가 뭔지, 왜 그런 문제가 생겼는지에 대한 관심과 정보는 소수의 관련 전문가들의 몫이었고 국민들에게는 너무 먼 이야기로 느껴졌다. 해서 가능하면 이해하기 쉽게 쓰기로 했다. 그런데 그건 쉬운 문제가 아니었다. 일단 용어부터 어려웠다. 가령 검찰제도의 연원을 설명하기 위해서는 부득이하게 규문주의니 탄핵주의니 하는 전문 용어를 사용할 수밖에 없다. 이런 용어는 어떻게 설명하더라도 일반 시민들에겐 어렵게 느껴지기 마련이다. 아직까지 일본어의 잔재에서 벗어나지 못한 각종 법률 용어들은 정말이지 어떻게 해야 할지 모르는 벽이었다. 그 벽을 넘어서고자 여러 날 노력했다. 그러고 나니 더 큰 문제가 보였다. 막상 검찰에 관한 자료가 터무니없이 적다는 점이었다.

그랬다. 검찰은 이 책의 곳곳에서 확인할 수 있는 것처럼 막강한 조직이고 그 영향력은 무척 크다. 한국 현대사의 굵직굵직한 사건들에는 모두 검찰이 있었다. 하지만 검찰에 대한 연구는 매우 실무적인 수준의 단편적인 것들뿐이었다. 그게 우리의 현실이었다.

전직 대통령의 비극적 죽음에 시민들은 분노하고 슬퍼했다. 또 그 죽음의 배후에 김대중 전 대통령이 "최대 암적 존재"라고 표현했던 검찰이 있다는 것을 아는 지혜로운 시민들도 많다. 그러나 막상 많은 연구자들과 실무자들, 그리고 언론은 이 사건에 검찰이 미친 영향에 대해 모른척하거나 무심했다. 이해할 수 없는 일이었다. 검사들만의 검찰이 아니라 국민의 검찰이 되기 위해서는 검찰이 도대체 어떤 조직인지, 검찰의 권한은 무엇이고 문제는 무엇인지에 대해 국민이 알고 있어야 한다. 국민에게 검찰이 어떤 조직인지 알려주어야 할 사람들의 직무 유기는 이해할 수 없는 이상한 현상이었다. 우리는 이 현상을 깨기 위해 노력했다. 이 책은 이런 노력의 일환으로 세상에 나오게 되었다.

이 책은 크게 세 부로 나뉘어 있다. 제1부 '검찰의 길을 묻다_검찰의 역사'는 대한민국 역사에서 검찰의 역할과 위상 변화를 검토해본 것이다. 이 원고는 김희수가 썼다. 제2부 '대한민국은 검찰공화국이다_검찰의 현 주소'는 검찰 조직의 현재를 살폈는데 이 부분은 서보학이 썼다. 제3부 '검찰이 바로 서야 나라가 산다_우리 시대가 바라는 검찰'은 검찰 개혁의 과제를 제시하고 있는데 이 부분은 하태훈이 썼다. 자료 조사 등을 통해 내용을 보완하는 작업과 '들어가며'는 오창익이 맡았다. MBC-TV의 〈PD수첩〉 사건 같이 중요한 쟁점이 될 수 있는 사건은 세 부분에 공히 조금씩 언급되기도 한다. 같은 사건이라도 검찰의 역사, 현재, 개혁 방안을 말할 적에 시선을 달리하여 한 번 더 들여다본 셈이다.

일본 도쿄지검 특수부. 검찰 문제를 이야기할 때마다 한 모델로 자주 등장하곤 한다. 도쿄지검 특수부가 명성을 날리게 된 건 1976년의 '록히드 사건'이나 1988년 '리쿠르트 사건' 처리에서 보여준 공정성 때문이다. 미국 항공기 제작사 록히드가 항공기 판매를 위해 일본 정부 여당의 고위층들에게 거액의 뇌물을 준 '록히드 사건' 때 도쿄지검 특수부는 자민당의 최대 실세인 다나카 가쿠에이(田中角榮) 전 총리를 기소했다. 다나카는 무죄를 주장했지만 법원은 그에게 징역 4년 형과 추징금 5억 엔을 선고했고 항소도 받아들이지 않았다. 다나카가 이 일로 실제 복역하지는 않았지만 전 총리를 기소한 도쿄지검 특수부의 결단만큼은 두고두고 회자되고 있다.

취업정보 신문 '리쿠르트'가 유력 정치인 등에게 회사의 미공개 주식을 헐값에 넘겨 많은 시세 차익을 얻게 한 사건에서도 도쿄지검 특수부의 수사는 공정했다. 이런 사건 수사의 결과 일본 검찰은 '거악(巨惡)을 파헤치는 두뇌 집단'이란 평가를 받기 시작했다.

일본은 검찰이 수사에 대한 모든 권한을 갖고 있는 한국과 달리 1차적 수사권은 경찰이 갖고 검찰은 2차적 수사권만을 갖는다. 일본의 검찰 수사는 보완적 성격을 띤다. 그런데도 불법이 있으면 살아 있는 정치권력과의 싸움도 마다하지 않으며 검찰의 정치적 중립성과 독립성을 쌓아왔던 것이다. 물론 일본 검찰의 활동에 찬사만 쏟아졌던 것은 아니다. 최근 도쿄지검 특수부는 일본 집권 민주당 최대 정치 그룹의 좌장인 오자와 이치로(小澤一郞)를 불법정치자금 혐의로 조사하다가 불기소 처분을 내렸다. 그러자 일반 시민으로 구성된 검찰심사회가 강제기소 결정을 내려 그 명성에 흠이 났고 검찰 관료화 문제가 제기되기도 했다. 그래도 일본의 검찰과 우리의 검찰은 질적으로 전혀 다르다. 우리 검찰은 일본 검찰이 지닌 검찰다운 면모를 보인 적이 없었다.

  록히드 사건의 주임검사로서 검사들의 상징처럼 존경을 받았고 나중에 검사총장(우리나라로 치면 검찰총장)을 지낸 요시나가 유스케(吉永裕介)는 이런 말을 자주 했다고 한다. "수사 밀행(密行)이라는 건 단지 증거인멸을 못하도록 하기 위해서만 하는 게 아니다. 사건이 성립될지 안 될지도 모르는 단계에서 수사의 방향을 이러쿵저러쿵 써대면 그 사람은 상처를 받게 돼 있어서다.", "검사는 수사가 정치에 어떤 영향을 주는지를 생각해서는 안 된다. 수사로 세상이나 제도를 바꾸려 하면 검찰 파쇼가 된다. 그건 있을 수 없는 일이다.", "검찰은 오물이 고여 있는 도랑을 청소할 뿐이지 그곳에 맑은 물이 흐르게 할 수는 없다.".

  즉, 요시나가는 수사가 사회정의를 실현하는 수단이 될 수도 있지만 어쩌면 특정 인물을 노리고 자의적으로 행하는 표적 수사가 될 수 있다는 점을 극도로 경계했다. 거악을 척결하기 위한 엄정한 수사와 함께 정치적 중립성을 몸소 실천했던 요시나가는 특정한 시나리오를 일선에 강요하지 않았다. 오로지 진실만을 추구했다. 한국 검찰에도 요시나가에 비할 만한 자세를 갖춘 검찰 총수가 있었다. 독자들은 이 책 제1부에서 소개하는 검찰 역사에서 그를 만나게 될 것이다. 그러나 그뿐이었다. 검찰을 오로지 진실만을 추구하는 기관으로 이끌려고 했던 선구자들의 역할은 초기 몇 년뿐이었다.

제1부에서 검찰의 역사에 관해 서술한 부분을 읽는 독자는 어쩌면 이런 의문을 가질지도 모르겠다. 검찰의 역사라고 하지만 고문을 통해 간첩을 조작하는 등 범죄행위의 주범은 경찰이나 중앙정보부 등의 정보기관이었지 검찰의 역할은 제한되고 수동적이 아니었냐고. 아니, 사실은 주범이 공안기관을 통해 정권을 유지하려고 했던 독재정권들이 아니었냐고.

맞는 지적이다. 그게 바로 검찰의 역사다. 검찰은 이승만 정권이 경찰권에 의해 정권을 유지하던 시절에는 경찰에 휘둘렸고 군인들이 정권을 잡은 시절에는 군인들에게 휘둘렸다. 하지만 이는 무력해서만은 아니었다. 검찰은 자발적으로, 또 능동적으로 자기 역할을 수행했다. 검찰은 적극적으로 정권에 빌붙어 자기 조직과 자신들의 기득권을 챙기기 위해 혈안이 되어 있었다. 과거 인권 유린 사건에서 검찰의 역할이 보조적이거나 제한적이었던 것은 검찰이 법률전문가 집단답게 야만적인 인권 유린에서 멀찍이 떨어져 있었기 때문이 아니라 검찰에는 직접 인권 유린을 할 기회가 주어지지 않았기 때문이다.

검찰의 역할이 강화된 것은 노태우 정권 출범 이후였다. 노태우 정권은 미국의 보수정권을 흉내 내 '범죄와의 전쟁'을 선포하고 대범죄 투쟁을 통해 민심을 획득하려고 했다. 검찰이 권력 지형에서 크게 발돋움할 수 있는 기회가 주어진 것이다. 검찰 출신으로 '6공 황태자'라 불렸던 박철언의 역할도 적지 않았다. 검찰권의 강화는 어쩌면 민주화와 함께 본격화되었다. 더 이상 남영동 대공분실이나 중앙정보부 또는 국가안전기획부 지하실에서의 고문이나 위수령 발동과 같은 군대의 직접적인 개입으로 정권을 유지하는 것은 불가능한 시대로 접어들고 있었다. 정치권력은 법률적 근거를 갖는 통치수단을 원하게 되었다. 국민들의 민주의식이 성장하고 사회 여러 부분이 민주화되면서 정권도 합법적인 테두리 안에서 활동해야 했다. 내용이야 어떻든 다만 형식뿐이라도 법치주의가 필요했다. 이를 가장 강력하게 뒷받침했던 것이 바로 검찰이었다. 그래서 검찰 세력은 민주화 20년 동안 엄청나게 성장했다. 검찰이 가진 법률적 권한은 유신 정권 이래 그대로였지만 검찰권의 행사가 사회에 미치는 파장은 예전과 비교할 수 없이 커졌다.

정권의 하위 파트너였던 검찰은 마침내 정권과 대등한 협력 파트너로까지 성장했다. 이제 임기 후반기에 접어드는 이명박 정부도 새로운 정권과의 협력을 통해 검찰권을 유지하거나 확장하려는 검찰의 도전을 받게 될 것이다. 권력형 비리가 임기 말에 터져 나오는 것은 임기 말에 한몫 챙기려는 부패가 기승을 부리는 탓이 아니라 검찰이 검찰권 행사의 호흡을 조절하기 때문이다. 과연 2012년 대선에서는 검찰이 선거 결과에 영향을 미치기 위한 수사를 하지 않을 것이라고 장담할 수 있을까? 검찰이 주권자인 국민을 내몰고 다음 정권을 고르고 새로운 정권과 결탁하며 임기 제한도 없이 언제까지나 국민 위에 군림하게 내버려둘 수는 없는 일이다.

지금 이 순간 한국 사회에서 검찰이 차지하는 위상은 남다르다. 우리나라 검찰은 세계적으로 그 유례를 찾아볼 수 없을 만큼 강력한 권한을 지니고 있고 실제로 한국 사회를 움직이고 있다. 하지만 검찰의 역사는 불행한 역사다. 내놓고 자랑할 만한 것이 드물다. 과거에 그러했듯이 일부 뜻있는 검사들의 기개를 기대하기에는 현실은 너무 멀리 가버렸다. 역사의 고비마다 중요한 역할을 했지만 주로 악역이거나 정치권력의 도구 역할에 지나지 않았다. 민주주의 제도를 고안한 창시자들이나 민주주의를 위해 싸운 투사들의 생각과는 딴판이었다.

검찰은 자신에게 주어진 기회를 여러 차례 그냥 놓쳐버렸다. 작은 것을 탐하다 큰 것을 잃어버렸다. 특별검사제가 10번이나 도입될 정도로 검찰의 위상은 땅에 떨어졌다. 최근에도 '검사 등의 불법자금 및 향응수수사건 진상 규명을 위한 특별검사의 임명 등에 관한 법률'에 근거한 특별검사가 활동했다. 검사들에 대한 성 접대 등의 향응 제공을 파헤치는 이른바 '스폰서 검사 특검'이다. 이 법은 아예, 특별검사의 수사 대상을 "전 남한건설 대표이사 정용재가 부산지방검찰청 등 검찰청에 제출한 진정 및 〈시사인〉과 주식회사 문화방송(〈PD수첩〉)에 제보한 것과 관련된 박기준 부산지방검찰청 검사장 및 한승철 전 대검찰청 감찰부장 등 전직·현직 공무원들의 불법자금·향응 수수 및 직권남용 의혹사건"과 "주식회사 문화방송(〈PD수첩〉)이 2010년 6월 8일 방영한 것에서 출연한 인물들이 진술한 것과 관련한 전직·현직 공무원들의 불법자금·향응 수수 및 직권남용 의혹사건" 등을 수사하도록 법조문에 적어놓고 있다. 정상적인 검찰 활동이 아니라 용기 있는 언론의 보도가 근거가 되었다.

검찰의 현실적 힘은 그 어느 때보다 강해졌지만 그 힘의 도덕적 근거, 역사적 정당성, 국민적 지지 모두 땅에 떨어졌다. 2010년 여론 조사 기관 리얼미터의 국가 주요 기관 신뢰도 조사에서 검찰은 국회와 함께 꼴찌를 차지했다. 검찰의 '의연한 태도'에 낯이 뜨거워진다. 2004년 불법 대선 자금 수사를 통해 한 걸음 더 도약할 수 있었지만 그 후 사법 개혁 논의 과정에서 검찰은 조직의 안위만을 생각했다. 검찰 조직을 넘어선 국민과 국가의 이익은 생각하지 않았다. 검찰은 부처 이기주의에만 몰두했다. 민주파가 집권하던 10년 동안 김대중, 노무현 두 사람도 검찰 개혁의 좋은 기회를 놓쳤지만 검찰 스스로도 국민의 검찰로 거듭날 기회를 잃어버렸다. 그런 면에서 김대중, 노무현 정권 10년을 '잃어버린 10년'이라고 부르는 것은 적당하다.

2008년 촛불집회 참가자들에 대해서는 정치 보복적 수사를 무리하게 진행했던 검찰이 대통령의 사돈 기업 효성그룹이나 대통령의 친인척, 친구들에 대해서는 아무런 존재감도 드러내지 않았다. 박연차 사건은 지난 권력만 겨냥했을 뿐, 살아 있는 권력은 주변조차 건드리지 않았다. 집회·시위 참가자들은 끝까지 추적해 다만 얼마의 벌금이라도 매기려고 애썼지만 집회·시위 과정에서 행한 폭력 진압으로 처벌받은 경찰관은 한 명도 없었다. 이명박 정권에서 검찰이 보인 잘못된 행태는 끝없이 이어진다. KBS 정연주 사장 사건, MBC-TV 〈PD수첩〉 사건에서는 기꺼이 방송 장악을 위한 정치권력의 도구가 되었고 미네르바 사건에서는 인터넷 글쓰기를 위축시키며 전 국민에게 공포를 심어주었다. 그 공포는 여전히 위력적이다. 노무현의 비극적 죽음은 말할 것도 없다. 전직 총리였던 야당의 유력 후보를 수사하면서 지방선거에 구체적인 영향을 미치려 시도하기도 했다. 검찰에 대한 비판의 수위가 높아지면 검찰은 독립성을 방파제로 삼으면서 민주공화국을 마치 검찰공화국으로 착각하게 할 정도로 오히려 위세를 부리고 있다.

정치권력의 의중만 좇던 검찰이 챙긴 것도 적지 않다. 한국 검찰은 세계적으로 가장 많은 권한을 그대로 유지할 수 있게 된 것은 물론이고 형사사법정보시스템(KICS, 킥스) 구축, 범죄자 DNA 은행 운영 등으로 더 많은 인력, 더 많은 예산, 그리고 더 많은 권한을 갖게 되었다. 그러나 검찰의 승승장구는 나비효과를 떠올리게 한다. 물리적으로 그 무엇에도 영향을 미칠 수 없어 보이는 브라질의 작디작은 나비의 날갯짓이 미국 텍사스에 거대한 토네이도를 발생시킨단다. 멀리 떨어진 곳의 작은 움직임도 허투루 볼 것은 아무것도 없다. 하물며 검찰이 정치적 행보를 거듭하며 억울한 피해자를 만들어내는 지금의 현실은 말할 것도 없다. 국민은 안중에도 없고 오로지 현실적인 정치권력의 힘만을 추종하는 검찰의 행태는 반드시 국민적 심판의 대상이 될 것이다. 지금껏 제대로 된 검찰 개혁이 없었다고 앞으로도 없을 거라 생각하는 것은 판단 착오다.

우리는 이 책을 쓰면서 "검찰이 바로 서야 나라가 바로 선다"는 김대중 전 대통령의 절규에 가까운 말을 내내 기억했다. 김대중은 현실 정치인이었지만 퇴임 후에는 운동가의 면모를 그대로 보여주었다. 그는 죽기 2달 전 6·15남북공동선언 9주년 행사위원들과 함께한 자리에서 이렇게 강변했다.

> 이기는 길은 모든 사람이 공개적으로 정부에 옳은 소리로 비판해야 하겠지만, 그렇게 못하는 사람은 투표를 해서 나쁜 정당에 투표를 하지 않으면 된다. 그리고 많은 사람들이 나쁜 신문을 보지 않고, 또 집회에 나가고 하면 힘이 커진다. 작게는 인터넷에 글을 올리면 된다. 하려고 하면 너무 많다. 하다못해 담벼락을 쳐다보고 욕을 할 수도 있다.

시민의 힘으로 무언가를 해야 세상이 좋아진다는 절규다. 우리는 김대중의 말처럼 무언가라도 하기 위해 이 책을 썼다. 우리의 실력 때문에, 또는 어쩌면 우리 사회, 우리 학계에 축적된 연구의 한계 때문에 이 책은 우리가 바라는 최선의 작품이 되지는 못했다. 하지만 우리는 이 책을 통해 중요한 시작을 했다고 자평하고 싶다. 누군가 드러내야 했지만 간과되어 온 검찰 문제에 대한 본격적인 첫 번째 문제 제기이기 때문이다.

이 책을 시작으로 검찰과 관련한 더 많은 작업이 진행되었으면 좋겠다. 그래서 말뿐이 아니라 실제로 국민을 위한 검찰 개혁이 진행되었으면 좋겠다. 검찰에서 일하는 사람들의 반론이 나와도 좋겠다. 우리의 문제 제기, 우리의 주장에 문제가 있다고 생각하면 지적해주었으면 한다. 함께 토론하고 함께 연구했으면 하는 바람도 있다. 만약 검찰이 진지한 토론을 원한다면 그것이 바로 검찰 개혁의 출발이 될 수도 있다.

우리는 이 책을 쓰면서 검찰에 대해 비판의 날을 세우는 우리는 과연 어떤 사람들인가에 대해 곰곰이 생각할 기회를 얻게 되었다. 우리도 역시 인간적으로 부족함이 많은 사람들인 것은 분명하다. 우리는 일반적인 분류로 따지면 진보 성향의 단체에 관여하고 활동하고 있지만 개인적으로는 보수 성향이기도 하고 진보 성향이기도 하다. 각자가 조금씩 다른 성향을 갖고 있다. 굳이 우리의 성향을 밝히는 것은 이 책의 여러 주장들 중에서 진보적인 주장은 하나도 없다는 사실 때문이다. 우리는 이 책에서 급진적인, 또는 최소한 혁신적인 주장을 내놓지 않았다. 학계에서 일반적으로 논의되는 수준을 넘어서지도 않았다. 다만 상식 수준에서 말하려고 했다. 문제는 우리의 상식조차도 이 사회에서는 급진으로 여겨질 수 있다는 거다. 미국, 일본, 유럽의 여러 나라들이 공통적으로 갖고 있는 형사사법 체계의 모범을 따르자거나 법의 지배를 실현시키자는 주장이 어느 틈엔가 진보의 주장으로 여겨지게 되었다. 답답한 노릇이다.

하긴 1970년대 이래 진행된 민주화 운동은 대부분 체제 내에서, 합법적으로 그리고 평화적으로 진행되었다. 우리가 아는 한 한국에서는 급진적 운동이 제대로 시도된 적이 없었다. 노동운동의 전설로 남은 전태일 열사의 마지막 외침은 "법을 준수하라"는 거였다. 우리도 그처럼 주장하고 싶다. 제발이지 있는 법이라도 준수하라! 법대로 하라! 법을 지켜라!

그동안 검찰 개혁은 없었다. 개혁 시도는 모두 실패로 돌아갔다. 이제 우리는 이 책을 시작으로 검찰 개혁을 위한 제대로 된 싸움이 시작되었으면 한다. 검사들만을 위한 조직, 정치권력만을 위한 조직이 아니라 국민을 위한 조직으로 검찰을 탈바꿈시키는 노력은 민주화 투쟁과 꼭 닮아 있다. 원래 국민의 것이었으나 국민이 갖지 못했던 그 권한을 국민의 것으로 되찾아오는 것이 민주화가 아니면 뭐가 민주화겠는가.

이 책을 쓰면서 고마운 사람들이 여럿 있다. 무엇보다 이 책을 읽어주고 함께 검찰 개혁을 위한 고민을 시작해줄 독자들이 가장 고맙다.
이화여대의 도재형 교수와 숙명여대의 홍성수 교수께 감사드린다. 두 분은 이 책의 원고를 가장 먼저 읽고 감수해주었다. 원고를 꼼꼼하게 검토하면서 여러 가지 부족한 점도 지적해주었다. 우리의 글을 책으로 만들어준 삼인출판사에도 감사의 인사를 드린다. 책임편집을 맡은 김종진 팀장은 법학을 전공했으면서도 인문학적 실력이 만만치 않은 편집자였다. 그의 역할이 컸다. 삼인출판사의 홍승권 부사장도 우리를 잘 이끌어주었다.
그리고 또 한 사람. 그에게 고맙다고 해야 할지 미안하다고 해야 할지, 그를 생각하는 것만으로도 우리는 한꺼번에 많은 감정을 느끼게 된다.

노무현. 그는 역대 대통령 중 처음으로 검찰을 개혁하려고 했다. 그 때문에 다른 대통령들이 겪지 않아도 될 시련을 겪었다. 그리고 그는 스스로 죽음을 선택하면서 그 시련을 끝내버렸다. 우리 중에는 정치인 노무현을 지지하는 사람도 있고 그의 정치노선에 반대하는 사람도 있다. 하지만 그가 검찰 개혁에 있어서 진지한 노력을 했고 검찰과 정권의 보복 때문에 큰 상처를 입었다는 사실, 그 때문에 비극적으로 생을 마무리했다는 사실 앞에서 우리 모두는 자유롭지 않다. 그래서 미안하다. 그리고 고맙다. 이 책이 그가 그토록 꿈꾸던 검찰 개혁의 불씨를 되살리는 작은 역할을 해주길 바란다. 우리는 이 책을 그의 유족들에게 보낼 것이다. 우리의 미안함, 우리의 고마움을 그렇게라도 표현하고 싶다.

차례

들어가며__5

제1부 검찰의 길을 묻다_검찰의 역사

제1장 검찰의 역사를 보는 눈__29

제2장 이승만 정권과 검찰__35
권력의 압박에 대한 검찰의 반발 / 정부의 조작극을 폭로한 검찰 / 해야 했던 일, 해선 안 됐던 일 / 현직 검사 총살 사건 / 정적 제거의 조력자

제3장 박정희 정권과 검찰__52
정당한 기소 거부 / 재벌 비리 눈감아주기 / 독재 권력의 충직한 하수인 / 간첩 만들기 / 파쇼 시대, 독재의 주구 / 국제적 사건에도 드러나지 않은 존재감 / 사법 역사상 암흑의 날

제4장 전두환·노태우 정권과 검찰__77
인간 파괴를 조장하는 법률 기능공 / 간첩으로 둔갑한 어부 / 일상화된 사건 조작과 은폐 / 외면당한 죽음

제5장 김영삼 정권과 검찰__100
현란한 말 바꾸기 / 죽어가는 권력 깃털 뽑기

제6장 김대중 정권 이후의 검찰__111
특별검사제 도입 / 어긋난 개혁 / 반쪽짜리 성과 / 백척간두에 선 검찰

제2부 대한민국은 검찰공화국이다_검찰의 현주소

제1장 전 세계에서 가장 강력한 권한을 지닌 검찰__125

제2장 대한민국 검사의 지위와 권한__130

지나친 자신감의 근거 / 특권적 지위 향유 / 막강한 권한 독점 / 각국의 검찰권 통제 시스템 / 한국만의 독특한 검찰제도 / 검사의 정치적 종속성 / 사정의 핵_대검찰청 중앙수사부 / 검사동일체의 원칙_일사불란한 조직체계와 상명하복 문화 / 검사에 장악된 법무부 / 폐쇄적 엘리트주의

제3장 검찰의 궤도 이탈__182

이명박 시대, 검찰의 실체 / 검찰의 전방위적 활약과 민주주의의 후퇴 / 빈약한 인권 의식 / 공안검찰의 강화와 공안통치의 부활 / 이명박 정권 최고의 파트너 / 공익의 대표자이길 포기한 검찰

제3부 검찰이 바로 서야 나라가 산다_우리 시대가 바라는 검찰

제1장 사법 개혁의 단골 메뉴, 검찰 개혁__225
무소불위의 검찰 권력 / 검찰권 통제의 필요성 / 노무현 정부 vs. 이명박 정부 / 퇴행하는 한국 검찰

제2장 검찰 개혁을 위해 기울인 노력__233
사법개혁추진위원회의 개혁안 / 노무현 정부의 법무부·검찰 개혁 / 법무부·검찰 개혁에 대한 기대와 희망

제3장 환부를 드러낸 검찰과 법무부__239
의심받는 검찰·법무부의 정치적 중립성 / 정권과 코드 맞추기

제4장 검찰 바로 세우기__247
개혁의 기본 방향 / 법무부의 탈검찰화와 전문화 / 법무부장관의 수사지휘권 폐지 / 검찰권 분권화 / 검찰에 대한 사법적 통제와 시민 감시 / 검찰심급제 재고_고등검찰청의 폐지 / 감찰권 강화

제5장 법치주의의 수호자를 기다리며__273

검찰의 길을 묻다

_검찰의 역사

제1장 검찰의 역사를 보는 눈

이것은 검찰 CI(심벌마크+로고)다. 대검찰청 홈페이지에 실린 검찰의 심벌마크에 대한 설명은 이렇다.

대나무의 올곧음에서 모티프를 차용하고 직선을 병렬 배치하여 검찰의 중립성과 독립성 이미지를 담았습니다. 상단의 곡선으로 천칭저울의 받침 부분을, 중앙의 직선으로 칼을 형상화하여 균형 있고 공평한 사고와 냉철한 판단을 표현하였습니다. 다섯 개의 직선은 정의, 진실, 인권, 공정, 청렴을 뜻하며, 주색조인 청색은 합리성과 이성을 상징. 좌측으로부터 각 직선은 공정, 진실, 정의, 인권, 청렴을 상징하며 중앙에 칼의 형상인 정의가, 그 좌우에 각각 진실과 인권이, 다시 그 좌우에 공정성과 청렴이 있는 형태입니다.

검찰은 심벌마크에서부터 누구도 부인할 수 없는 숭고한 가치를 지향하고 있다. 정의, 진실, 인권, 공정, 청렴. 이 가슴 설레는 가치들이 공허한 말에 그치지 않고 검찰을 생각하면 자동적으로 떠올랐으면 하는 것이 검찰 구성원들의 바람이고, 또 국민들의 바람일 거다. 하지만 오늘날 검찰을 생각하면서 동시에 정의, 진실, 인권, 공정, 청렴을 떠올리는 사람이 얼마나 될까. 검찰에 대한 비판의 목소리는 차갑고 모질기까지 하다. 검찰에 대한 비판은 오랜 세월 동안 거듭되어왔다.

이창호 교수의 말을 들어보자.

> 검찰은 또한 범죄 수사와 처벌을 통하여 국가 질서를 지키기 위하여 밤잠 설치면서 일해왔다는 것을 자랑 삼아 떠들고 있다. 검찰이 지키려고 한 것은 누구의 질서였단 말인가. 그들이 지킨 질서는 일본제국주의 질서였고, 군사독재의 질서였으며, 분단의 토대 위에서 성장해온 재벌과 권력의 질서이다. 일제하에서 독립을 외치던 독립운동가를, 군사독재하에서 민주화를 외치던 민주인사를, 분단의 시대에 통일을 외치던 학생들을 잡아 가둔 주범이 바로 검찰이다. 이것이 검찰의 역사이다.
> ―「검찰 개혁의 방향과 과제」, 『민주법학』 제24호, 이창호, 2003.

검찰은 이 같은 혹독한 비판에 뭐라 답할까? 이 교수의 주장처럼 검찰에는 이렇게 오욕(汚辱)의 역사만 존재하는 걸까? 아니면 영욕(榮辱)의 역사가 교차되었을까? 우리는 검찰의 역사를 통해 무엇을 배워야 하고 또 어떤 과제와 만나게 될 것인가. 일제 강점에서 해방된 이후 한국 사회에는 무수히 많은 사건이 발생했다. 크고 작은 사건들 속에서 검찰은 어떤 모습이었을까? 검찰이 심벌마크를 통해 드러낸 정의, 진실, 인권, 공정, 청렴의 원칙은 실제 사건에서 실현되고 있을까?

2008년, 검찰은 조직 창립 60주년을 맞아 20대 사건을 자체 선정했다. 검찰이 꼽은 20대 사건과 간단한 개요는 다음 표1과 같다. 사건의 명칭과 간단한 개요는 모두 검찰이 붙인 것이다.

표1. 검찰 60년, 검찰이 뽑은 20대 사건

사건명	개요
현직 상공부장관 독직 기소 사건(1949년)	당시 상공부장관이던 임 모 씨 등 관련자 16명을 수뢰죄로 처벌, 건국 이후 최초의 고위 공직자를 상대로 한 수사
장면 부통령 암살미수 사건 배후 규명 사건(1956~1960년)	장면 부통령의 암살미수(1956년 9월 28일 발생) 사건에는 집권당인 자유당 간부 등이 개입됐던 것으로 판명
한국비료 사카린 밀수 사건 (1966년)	굴지의 대기업이 관련된 밀수 사건으로 세간의 이목이 집중됐던 사건
태영호 납북 귀환 어부 간첩 사건(1969년)	경찰 조사 시 가혹행위가 있었다는 주장에 따라 재심 재판을 통해 관련자가 무죄를 선고받은 사건
부산 미문화원 방화 사건 (1982년)	부산 미문화원 방화로 인해 사상자 발생, 관련자 16명 기소
이철희·장영자 어음사기 사건(1982년)	유례 없는 거액의 사기 사건으로 당시 영부인의 인척 등이 구속
명성그룹 사건(1982년)	명성그룹에 대한 탈세 횡령 혐의 사건. 전직 교통부장관 등의 뇌물수수 혐의 규명
부천서 성고문 사건(1986년)	경찰 조사 과정에서 성고문이 자행됐던 사건. 기소유예 처분됐던 가해자는 재정신청 후 재수사를 통해 처벌

박종철 군 고문치사 사건 (1987년)	경찰 조사 단순 쇼크사로 검찰에 보고, 두 차례 재수사 통해 당시 치안본부장 등 구속
오대양 집단 변사 배후 규명 사건(1991년)	1987년 경기도 용인에서 발생, 오대양 대표 박 모 씨 등 32명이 변사체로 발견됐던 사건
슬롯머신 관련 비리 사건 (1993년)	슬롯머신 대부 정 모 씨 등의 탈세 사실 등이 밝혀져 구속됐던 사건. 박철언 당시 의원 등 14명 기소
지존파 연쇄 납치 살인 사건 (1994년)	감옥과 소각로를 만들어놓고 5명을 연쇄 납치해 살해한 사건. '지존파' 두목 등 7명 구속
12.12 및 5.18 사건 등 전직 대통령 관련 사건(1995년)	검찰은 당초 성공한 쿠데타는 처벌할 수 없다는 논리로 공소권 없음 처분했지만 특별법 제정 후 처벌
한보 비리 사건(1997년)	한보그룹 총수 정태수 씨가 정관계에 거액의 뇌물 제공, 정 회장 등 관련자 처벌
대전 법조 비리 사건(1999년)	변호사가 판·검사들에게 금품을 제공한 사건. 상당수 판·검사 사직
대우그룹 분식회계 비리 사건 (2001년)	대우그룹 4개 계열사들의 41조 원 상당의 분식회계 적발, 기업 회계분석 수사에 큰 영향을 미친 사건
IMF 공적자금 관련 비리 사건 (2001~2005년)	IMF 사태 후 공적자금 투입 기관의 비리 사건을 파헤친 사건
홍 모 전 검사 독직 폭행 사건 (2002년)	조직폭력배 수사 도중 검찰의 가혹행위로 피의자가 사망한 사건
SK그룹 부당내부거래 및 분식회계 비리 사건 (2002~2003년)	비상장 주식을 이용한 부당내부거래 최초 적발
불법 대선 자금 및 대통령 측근 비리 관련 사건(2003~2004년)	2002년 대선과 관련, 대통령 측근 및 유력 대선후보 캠프 등에 전달된 거액의 뇌물 사건

검찰이 60년 역사를 맞아 20개 사건을 꼽은 의도가 무엇인지, 선정 기준이 무엇인지는 알 수 없다. 따로 선정위원회 같은 것은 없었고 전국 지

검, 지청의 검사와 수사관 등 3700여 명의 검찰 직원들을 대상으로 설문조사를 해 고른 결과라고 한다. 선정 근거가 없으니 뭐라 비판을 할 만한 근거도 없게 되었다. 검찰은 처음 설문 대상에는 '잘한 수사'만 60개 골라 보기를 제시했지만 '어두운 과거'도 포함되어야 한다는 내부 지적에 따라 4개의 '잘못한 수사' 사건을 추가해서 보기를 꾸몄다고 한다. 검찰이 잘못한 일이 4개뿐이라고 생각하는지 모르겠다. 부천서 사건이나 박종철 사건은 '고문'이라 표현하지만 2002년의 서울중앙지검 고문치사 사건은 '독직 폭행'이라고 표현하고 고문의 피해자를 굳이 '조직폭력배'라고 표현하고 있다. 가해자는 '홍 모 전 검사'라고 표현하면서 마치 현직 검사가 아닌 전직 검사가 고문을 한 것 같은 착각을 불러일으키고 있다. 2010년 양천경찰서 고문 사건 후 여론을 의식해 '재발 방지 결의대회'를 열고 인권운동가를 초청해 강의를 듣던 양천경찰서의 경찰관들이 "'고문'이 아니라 '가혹행위'"라고 반발했던 것과 꼭 닮았다.

이렇듯 보기로 꼽은 60개 사건이나 보기 중에 꼽은 20개 사건도 그 사건명과 개요까지 모두 검찰의 시각이 반영되었다. 그렇지만 검찰이 내놓은 결과를 그냥 무시하지는 않겠다. 검찰이 꼽은 사건들과 한국 현대사의 굵직굵직한 사건들을 중심으로 검찰을 들여다보겠다. 검찰이 한국 역사에서 어떤 역할을 해왔는지, 검찰은 정치권력과 어떤 관계 속에서 기능했는지, 검찰권 행사가 국민에게 미친 영향은 무엇이고 검찰은 국민과 어떤 관계를 맺어왔는지를 구체적인 사건 중심으로 살펴보겠다.

대한민국 정부가 수립된 직후인 1948년 10월 31일 권승렬이 초대 검찰총장으로 취임하면서부터 검찰의 역사는 시작되었다. 지금까지 63년이란 짧지 않은 시간이 흘렀다. 60여 년의 세월은 역동적이었고 파란만장했다. 한국 현대사는 검찰에 많은 영향을 미쳤고 검찰이 현대사에 미친 영향도 적지 않다.

　법, 그리고 법집행은 국민을 위한 최소한의 상식이자 갈등을 조정하고 정의를 실현하기 위한 최후의 수단이어야 한다. 검찰의 법집행이 과연 그런 모습이었는지 아니면 결국 야만의 다른 이름이었을 뿐이었는지 살펴보겠다. 이 작업의 잣대는 검찰의 정치적 중립과 독립, 엄정하고도 공정한 법집행이 될 것이다.

제2장 이승만 정권과 검찰

일제강점기가 끝나고 해방이 되었지만 정국은 요동쳤다. 혼란스럽기도 했다. 일제강점기에 민족과 민중을 배신하고 일제에 부역하며 권력과 부를 동시에 장악했던 친일파를 청산해야 한다는 민족적 요청은 '반민족행위처벌법'의 제정(1948년 9월 22일)으로 이어졌다. 그러나 이승만 정권의 기반은 친일파와 극우 세력이었다. 이승만 정권은 이 법에 따라 설립된 반민족행위특별조사위원회(반민특위) 활동을 조직적으로 방해하고 경찰을 동원해 반민특위를 습격하기도 했다. 1949년 6월 6일, 이승만의 지시를 받은 경찰은 반민특위 특경대원들을 납치, 폭행하고 반민특위의 서류와 장비를 압수하는 등 만행을 저질렀다. 친일파 청산 작업은 좌절되었다. 새롭게 출범한 신생 공화국이었지만 친일 잔재 청산을 통해 민족 정기를 바로 세우자는 국민의 열망은 철저히 무시당했다.

권력의 압박에 대한 검찰의 반발

　대한민국 최초의 여성 장관은 상공부장관 임영신(1899~1977)이다. 그는 경북 안동에서 열린 국회의원 보궐선거를 통해 최초의 여성 국회의원이 되었다. 1948년 5월 10일 최초의 총선거를 통해 당선된 제헌 국회의원 198명 중 여성은 1명도 없었기 때문이다. 당선과 함께 임영신에 대한 검찰 수사가 시작되었다. 임영신은 보궐선거 비용을 충당하기 위해 공금을 유용하고 뇌물을 받거나 기업체로부터 금품을 모집했고 통제물자를 선거운동에 도움을 준 사람에게 특혜로 분양하거나 이승만 대통령 생일 선물 명목으로 산하 기관과 기업으로부터 거액의 돈을 모금했다는 혐의를 받았다. 1949년의 '임영신 상공부장관 독직 사건'이다.

　임영신은 미국 유학 시절부터 이승만 대통령에게 도움을 준 인연으로 각별한 사이였다. 정치적 동지이기도 했다. 안동의 보궐선거에서 정치 거물 장택상을 꺾을 수 있었던 것도 이승만의 전폭적인 지원 때문이었다. 사건이 터지자 국회 감찰위원회는 임영신 장관에 대한 파면을 결의했다. 그러나 이승만은 국회의 파면 결의는 월권이며 법원의 판결이 있기 전까지는 파면을 보류한다는 담화를 발표했다.

　임영신의 독직 사건에 대한 수사를 총괄한 사람은 최대교(1901~1992) 서울지방검찰청 검사장(서울지검장)이었다. 최대교는 일제강점기에 검사로 일했지만 조선인 절도 피의자를 고문해 죽게 한 일본인 순사를 기소하는 등 강직한 업무 처리로 당시 조선 법조인들의 귀감이 되기도 했다. 반면 최대교는 민족문제연구소가 발표한『친일인명사전』에 포함되어 있기도 하다. 일제강점하에서 검사로 재직하면서 '위안부' 강제징용에 관한 유언비어 유포 혐의로 여러 사람을 기소했고, 일본 패망에 따라 조선 독립을 꾀해야 한다고 발언한 사람들을 기소하여 처벌을 받게 했다는 것 등이 이유다. 최대교의 일제강점시기 활동에 대해서는 서로 다른 평가가 존재하는 게 사실이다.

최대교는 수사 결과 임영신을 기소해야 한다고 판단했다. 그러나 이인 법무부장관은 기소하지 말라고 종용했다. 이인은 장관, 국회의원 등을 기소할 때는 사전에 검찰총장을 경유하여 법무부장관의 사전승인을 받아야 한다는 통지를 보내고 임영신 사건을 기소유예* 처분하라고 지시했다. 최대교는 검찰총장 권승렬을 통해 법무부에 이의를 제기했다. "기소·불기소는 검사의 전속(專屬)적 권한으로 형사소송법에 규정되어 있고, 검사가 아닌 법무부장관이 검사의 구체적 사건에 대한 기소·불기소에 관여하는 것은 법에 위반된다"는 내용의 항명 서신을 법무부장관에게 보내고 기소를 단행했다. 그리고 임영신에 대한 재판이 열리게 되었다. 그러자 이인과 임영신이 장관직에서 물러났다. 임영신 사건의 담당 재판부는 원래 사건을 배당받은 재판부가 아니라 대법원장의 특명에 의해 구성된 특별재판부였다. 이승만이 이인을 통해 대법원장 김병로에게 '유능하고 실력 있는 사람들'이 재판을 맡게 해달라고 부탁했기 때문이었다. 재판 결과 증거불충분을 이유로 임영신은 무죄를 선고받았다. 그러자 최대교는 사건

---

* 기소유예(起訴猶豫)는 범죄 혐의는 인정되지만 범인의 여러 가지 형편, 곧 범행 동기, 범행의 수단과 결과, 범행 후의 정황 등을 고려해서 법원에 공소를 제기하지 않는 처분이다. 즉, 죄는 인정되지만 검찰에서 죄를 묻지는 않겠다는 뜻이다.

주임검사와 함께 사표를 제출했다.

　법보다는 대통령의 말 한마디가 세상을 지배하던 시절이었다. 대통령과 법무부장관의 뜻에 거슬러 대통령이 총애하는 정치적 동지인 현직 장관을 기소할 수 있었던 것은 권력의 부당한 간섭과 압력에 굴하지 않겠다는 의연한 결단의 표현이었다. 물론 건국 초기의 혼란스러운 시절이었기에 정권이 검찰을 좌지우지하기 어려웠던 측면도 있었을지 모른다.

　최대교는 정치권력의 직접적인 압력에도 굴하지 않고 소신 있는 행동으로 검찰의 정치적 중립성과 독립성을 지키려고 했다. 재판에서 임영신이 무죄를 선고받았다는 것은 별개의 문제이다. '임영신 상공부장관 독직 사건'은 일종의 시험대 같은 사건이었다. 정치적으로 혼란스러웠던 격동의 시대, 아직 검찰의 위상도 제대로 정립되지 않았던 시절이었지만 최 검사의 행동은 검찰의 나아갈 바를 일러주는 이정표 역할을 했다.

정부의 조작극을 폭로한 검찰

　한국전쟁 직전인 1950년 4월 초. '대한정치공작대'라는 정보기관이 서울 북악산 밑의 인민군 특수사령부 근거지에서 다수의 무기를 압수하고 인민군 특수사령부 부사령관 집에서 권총을 압수했다는 사건이 발생했다. 이 사건이 터지자 김성수, 조병옥 등 거물급 야당 인사들이 남파간첩과 내통했다는 언론보도가 이어졌다. 국민들은 경악했다. 이른바 대한정치공작대 사건이다. 검찰이 수사를 시작하려 하자 이승만 대통령은 사건에 일체 관여하지 말라는 명령을 내렸다.

하지만 법무부장관 권승렬(1895~1980)과 검찰총장 김익진(1897~1970)은 서울지검을 통해 수사를 단행했다. 권승렬은 일제강점기에 변호사로 활동했고 반민특위 특별검찰부장으로 활동하다 1949년 제2대 법무부장관이 되었다. 김익진은 일제강점기에 변호사로 활동하다 건국 후 대법관을 지내기도 했다.

검찰은 수사에 착수했다. 수사 결과는 언론보도와 달랐다. 북한과 연계되었다는 혐의를 씌워 야당을 탄압하려는 조작극이었다. 심지어 대한정치공작대는 국가 조직이 아닌 사설 단체였다. 정부는 이 단체에 내무부 등 국가기관의 건물을 사용하게 했고 장관 명의의 신분증까지 발급해주었다. 또 죄 없는 시민의 집을 불법적으로 수색했고 미리 준비한 권총과 좌익 계열 신문을 갖다놓고는 인민군 특수사령부 부사령관의 집을 압수수색했다고 거짓말을 했다. 부사령관으로 지목된 사람도 북한과 아무런 관계가 없는 사람이었다. 경찰 프락치를 활용하여 조병옥 등의 야당 지도자들과 인민군 특수사령부가 연계된 것처럼 꾸미기 위해서 조작된 메모를 사용했다는 것도 검찰의 수사 결과 밝혀졌다.

이승만 정권이 야당 인사를 탄압하기 위해 꾸민 조잡한 연극이었다. 정권이 벌인 간첩 조작 사건의 전모가 검찰 수사로 밝혀진 것이다. 대통령이 담화까지 발표하면서 정권 차원에서 공을 들였던 조작 사건이었지만 검찰은 흔들리지 않았다. 검찰은 조작과 은폐를 넘어 진실을 파헤쳐야 한다는 본연의 임무에 충실했다. 검찰은 5월 19일 대한정치공작대 대원 11명을 기소했다. 검찰에 의해 사건의 진상이 밝혀지자 이승만 대통령은 분노했다. 결국 5월 22일엔 권승렬 법무부장관이, 6월 22일에는 김익진 검찰총장이 교체되었다. 김익진은 정권이 그만두라고 해서 그만두면 나쁜 선례가 되고 검사의 신분 보장 규정이 유명무실해진다면서 사직을 거부하다가 서울고검장에 임명되었다. 권승렬과 김익진은 장관과 총장이 함께 검찰의 정치적 중립을 지켜야 한다는 법의 정신에 충실하려고 노력한 법조인이었다. 권승렬과 김익진의 퇴장으로 정권에 의한 검찰 장악은 본격화되기 시작한다.

이승만 대통령은 자신을 곤란하게 한 김익진을 그냥 두지 않았다. 7월 25일 김익진을 면직하고 엉뚱한 사건을 끌어들여 살인 방조와 민심 교란 목적의 허위사실 유포 혐의로 기소했다. 재판 결과 무죄를 선고받긴 했지만 실체적 진실을 발견하기 위한 검찰권 행사에 대한 정권의 보복은 치졸했다. 한국전쟁이 한창이었고 한반도 대부분을 북한이 장악한 어려운 상황인데도 그랬다.

해야 했던 일, 해선 안 됐던 일

1950년 6월 25일. 북한의 전면적 남침으로 한국전쟁이 시작되었다. 3년 동안 지속된 전쟁의 결과는 끔찍했다. 전쟁 과정에서 수백만 명의 사상자가 발생했고 전국의 주택, 도로, 산업시설 등이 거의 파괴되었다. 전국이 폐허로 변했다. 전투 과정에서 사망한 군인의 숫자보다 훨씬 많은 민간인들이 국가에 의해 죽임을 당했고 개인 간의 사적 보복행위도 끊이지 않았다. 서로에 대한 증오가 넘쳤다. 상대방의 목숨을 빼앗기 위한 광기 어린 학살이 반복되었다. 죄 없는 민간인들은 북한에 의해 반동분자로 몰려 처형을 당하거나 남한에 의해 빨갱이 또는 부역분자로 몰려 처형을 당했다. 한국전쟁은 한반도에서 벌어진 20세기의 모든 비극적 사건을 다 합한 것보다 훨씬 더 큰 비극이었다.

비극이 반복되던 1951년 2월 '거창 민간인 학살 사건'이 벌어졌다. 경남 거창군 일대에서 국군은 공비를 토벌한다며 민가에 불을 지르고 공비와 내통했다는 이유로 700여 명의 죄 없는 민간인을 집단 학살했다. 민간인들을 커다란 구덩이에 몰아넣어 다이너마이트로 폭사시켰다. 폭발을 피해 살아남아 구덩이에서 기어 나오던 사람들을 총 쏴 죽였다는 증언도 있다. 증거를 없애기 위해 시신 위에 마른 나뭇가지를 올려놓고 기름을 뿌려 불로 태웠다. 어린아이도 예외는 아니었다. 학살이 자행되고 3년 후 암매장한 시신을 파내니 어린아이의 뼈만 '19가마'였다. 국회 차원의 조사 활동으로 확인된 15세 미만의 어린이 희생자만 344명이었다.

지역에 기반을 둔 빨치산 세력에 인민군의 잔류 병력이 합세하자 국군은 빨치산 토벌을 위해 '견벽청야(堅壁淸野)' 작전을 벌였다. 반드시 확보해야 하는 전략 거점은 벽을 쌓듯 견고하게 지키고 부득이 포기해야 하는 지역은 인원과 물자를 포기하되 적이 이용할 수 없도록 모든 것을 없애서 적이 발붙일 수 없는 빈 들판으로 만든다는 것이다. 지리산 자락의 거창에서 벌어진 민간인 학살도 적이 활동할 근거를 없애는 '청야(淸野)'를 위한 것이었다. 그러나 최소 700명이 넘는 민간인을 한꺼번에 학살하는 끔찍한 살육을 정당화할 명분은 세상 어디에도 없다.

끔찍한 사건이 알려지자 국회는 진상조사단을 구성해 현장을 방문했다. 그러나 갑작스러운 공비의 습격으로 현장조사를 할 수 없었다. 나중에 밝혀진 사실이지만 국회 조사단을 공격한 것은 공비를 가장한 국군이었다. 민간인 학살의 진상이 밝혀지는 걸 두려워한 국방부장관, 참모총장, 계엄군 사령관 등이 공모하여 저지른 일이었다. 당시 『경향신문』은 이 사건을 두고 이렇게 썼다. "자신들의 부형과 모매(母妹)를 향하여 발포한 군대는 국군의 명예와 그 존엄성을 모독하였다. 뿐만 아니라 이미 사병화하여 국가에 대하여 반란화하고 있었다는 것을 증명하고 있다. 이러한 통곡할 일이 어디 있을 수 있겠느냐."(『경향신문』, 1951. 8. 9.)

정부는 국회 차원의 진상 조사를 방해한 사건마저 왜곡했다. 공비들과 연계된 자들이 벌인 일이며 이들은 재판을 거쳐 처벌했다는 거짓 발표를 했다. 아울러 군의 명예를 더럽히는 자들에게는 철퇴를 가하겠다고 엄포를 놓기도 했다.

4·19혁명 직후인 1960년 5월. 거창 민간인 학살이 자행된 지 9년이 지났다. 이승만 정권이 물러나자 민간인 학살의 희생자 유족들은 원수를 갚겠다고 학살 당시 면장을 돌로 때리고 불태워 죽여버렸다. 진상 조사조차 진행되지 않았던 참극이 또 다른 비극을 낳았다. 경찰이 수사에 착수하자 주민 2000여 명이 경찰서로 몰려가 "우리가 면장을 죽였다. 우리를 다 죽여봐라" 하며 통곡했다.

거창 민간인 학살은 적법절차와 무관한 즉결처분이었다. 거창의 아픔은 거기서 끝나지 않았다. 1961년 5·16 군사 쿠데타가 일어나자 군인 세상이 되었다. 군사정부는 거창 민간인 학살 유족회 간부 17명을 반국가단체 가입 혐의를 씌워 투옥했다. 진상 규명을 바라는 유족들의 한 맺힌 절규마저 짓밟아버렸다. 군부 세력은 '특수범죄처벌에 관한 특별조치법'이라는 형사소급법*을 만들었다. 검찰은 진상 규명을 요구하는 유족들을 이적행위를 했다는 혐의 등으로 사후에 만든 법으로 구속하고 기소했다. 유족들은 법정에 세워져 재판을 받고 무거운 처벌을 받았다. 거창 민간인 학살뿐 아니라 전국 각지에서 자행된 학살에 대한 진상 규명을 요구했던 수많은 유족들의 아우성을 '특수 반국가행위'라는 애매한 개념으로 몰아세웠고 유족 단체를 이적단체로 둔갑시켰다. 그리고 이를 탄압의 근거로 삼았다.

군사정부의 탄압은 계속되었다. 유족들은 사건 후 3년이 지난 다음에야 학살 피해자들의 주검을 수습할 수 있었다. 그러나 한꺼번에 폭사시키고 불태우기까지 한 상태여서 누가 누군지는 도저히 알 수 없었다. 유족들은 학살 피해자들의 유골을 수습해 큰 뼈는 남자, 중간 뼈는 여자, 작은 뼈는 어린아이로 대충 구분했다. 유골들은 화장했고 517기를 합동묘소에 합장했다. 그리고 위령비를 하나 세워놓았다. 그렇게밖에는 수습할 수 없는 상황이었다. 그런데 경남도지사 최갑중은 유족들에게 합동묘소가 아닌 거주지 공동묘지에 개인별로 이장을 하라고 개장(改葬) 명령을 내렸다. 합동묘소의 위령비는 글자 한 자 한 자를 정으로 지워서 땅속에 파묻어버렸다. 현대판 부관참시였고 제2의 학살이었다. 억울하게 희생된 피

---

* 형사소급법이란 범죄와 형벌은 행위 시의 법률에 의하여 결정해야 한다는 헌법과 형법상의 소급효금지원칙(遡及效禁止原則)을 위반한 법률을 말한다.

해자들은 죽어서도 편히 눈감지 못했다.

이 사건의 직접 책임자인 김종원, 오익균, 한동석, 이종배는 군법회의를 통해 징역형을 선고받았으나, 1년도 되지 않아 대통령 특사로 모두 석방되었다. 심지어 김종원은 1956년 내무부 치안국장(지금의 경찰청장)에 임명되며 승승장구했다. 그는 자신은 거창 민간인 학살에 대한 책임이 없으며 오로지 국가에 충성을 다해왔다고 강변했다. 또 다른 한 명은 군에 복귀해서 승진을 했고, 또 다른 한 명은 공기업의 간부로 일하게 되었다. 당시 『한국일보』 기사의 한 토막이다. "견벽청야 전법으로 무고한 농민들의 어린 아들딸과 늙은 부모가 대량으로 학살되었으며 이 숫자는 공비 토벌의 혁혁한 전과로 보고되어 몇몇 무지한 군인들의 벼슬만 높인 셈이 되었다."(『한국일보』, 1960. 5. 17.)

학살자들은 처벌은커녕, 사건 이전보다 더 높은 지위에서 더 많은 혜택을 누리게 되었다. 하지만 단지 국군이 작전 중인 지역에 살았다는 이유만으로 비참하게 살해된 희생자들은 지금까지도 국가로부터 어떤 배상도 받지 못하고 있다. 국가의 존재 이유를 묻지 않을 수 없는 사건이 바로 거창 민간인 학살 사건이다.

'진실·화해를 위한 과거사정리 기본법'에 의해 설립된 진실·화해를위한과거사정리위원회(이하 진실·화해위원회)에 한국전쟁 전후 '민간인 집단 희생'으로 접수된 사건은 모두 8206건이며 이 중 2010년 11월 25일 기준으로 6742건(약 82퍼센트)이 무고한 민간인 희생으로 밝혀졌고 나머지는 진실 규명 불능 등으로 결정되었다.

전쟁이 비상사태이고 국가적 위기 상황이라는 건 분명하다. 그래도 자기 국민을 형사처벌하거나 사형을 집행할 때에는 적법절차에 따라야 하고 합당한 근거도 있어야 한다. 당시 공산군은 물론 국군과 경찰, 우익단체들은 법적 근거와 절차도 없이 민간인을 집단 살해했다. 헌법이 보장한 국민의 생명권을 유린했고 최소한의 방어권 행사를 위한 공정한 재판을 받을 권리 등 적법절차도 모두 무시했다. 전쟁을 빙자해 엄연히 존재하는 법을 모조리 무시해버린 것이다. 민간인 학살은 지금의 잣대로는 물론 당시의 법률 체계로도 명백한 불법행위였다.

형사소송법은 "검사는 범죄의 혐의가 있다고 사료하는 때에는 범인, 범죄사실과 증거를 수사하여야 한다"(제195조)고 규정하고 있다. 이는 형사소송법의 기본 규정이며 형사법의 이념이다. 한국전쟁 당시 최소한 30만 명에서 많게는 100만 명이라는 수많은 목숨이 명백한 범죄에 의해 억울하게 희생되었는데도 검찰은 수사하지 않았고 오히려 진실을 밝혀달라는 유가족들만 기소했다. 검찰은 해야 할 일은 하지 않았고 해서는 안 되는 일에는 적극적이었다.

현직 검사 총살 사건

한국전쟁 이전에도 억울한 죽음은 적지 않았다. 1948년 제주 4·3사건이나 여순사건(여수 순천 10·19사건)에서도 많은 무고한 민간인들이 학살되었고 집이 불태워지는 등의 피해가 있었다. 여순사건 당시 순천지청에서 근무하던 박찬길 검사. 그는 좌익 소탕 작전을 핑계로 무고한 민간인을 사살한 경찰관을 수사했고 징역 10년 형을 구형했다. 사살된 민간인은 산에서 나무를 하던 사람이었다. 갑자기 무장한 경찰관이 들이닥치자 무서워서 도망쳤을 뿐이었다. 경찰관은 도망치는 민간인에게 총을 쏘았다. 다리에 총상을 입고 쓰러져 있는 사람에게 다시 총을 쏴 확인사살까지 했다. 그 경찰관을 기소하고 법정에 세우자 경찰은 반발했다. 경찰은 박찬길이 좌익검사라고 상부에 보고했다. 박찬길을 노리던 경찰은 여순사건 진압 과정에서 경찰토벌대를 통해 박찬길을 체포했다. 박찬길이 좌익에 협조했고 인민재판의 재판장을 했다며 사실을 날조했고 재판 절차도 없이 곧바로 총살시켜버렸다. 현직 검사가 총살이라는 즉결처분을 당한 것이다.

　박찬길 검사의 유족들은 억울함을 호소했다. 현직 검사가 아무 죄 없이 경찰에게 즉결처분 당한 사건을 그냥 넘어갈 수 없었던 법무부도 검·군·경 합동수사반을 만들어 박 검사 피살 사건에 대한 조사를 마치고 책임자인 전남경찰청 부청장인 총경에 그 책임을 물으려 했다.(경찰은 당시 상황을 전시 상태로 규정하고 '즉결처분' 했다고 정당성을 주장했지만 엄연한 불법살해 행위였다.) 그러나 경찰은 강력하게 반발했다. 여순사건 과정에서 죽은 경찰관이 얼마나 많은데 그깟 검사 한 명 죽은 것 갖고 경찰 전체의 사기를 떨어뜨려야 하냐는 뻔뻔한 항의였다. 검찰의 수사가 순국 경찰관들을 모욕한다고 했다. 당시 법무부장관은 "재판도 받지 않은 상태에서의 사형 집행은 만 년을 두고 보아도 죄"라고 말하기도 했다. 검찰과 경찰은 심각하게 대립했고 논란은 확산되었다. 이승만은 이 사건에 대한 논란 자체를 부담스러워했다. 사건은 이승만의 지시로 불문에 부쳐졌고 종결되었다. 결국 박 검사 살해 사건으로 처벌받은 사람은 아무도 없었다.

  검찰은 한국전쟁 전후의 잇단 민간인 학살 사건에서 진실을 밝히고 가해자를 처벌하려는 노력을 하지 않았다. 심지어 동료 검사가 죄 없이 총살을 당했는데도 그 누명을 벗기지도, 가해자를 처벌하지도 못했다. 박찬길 검사 사건은 검찰이 스스로 정의의 편에서 불의한 상황에 맞서는 계기가 될 수도 있었다. 그러나 검찰은 권력자의 뜻에 따라 제 뜻을 굽히고 말았다. 이는 법치주의의 실종을 예고하는 것이었다. 검사의 죽음도 국가에 의해 묻히는 상황이니 일반 시민들의 억울한 죽음을 신원하는 건 무리인 것처럼 여겨지게 되었다. 극단적인 폭력을 주고받는 전쟁이라는 상황, 반공이 곧 생존처럼 여겨지는 사회 분위기가 부담스러웠을 수 있다. 하지만 그럴 때일수록 검찰이 나서서 진실을 밝혀야 할 일도 많이 일어났다. 그럼에도 검찰은 자신의 의무를 스스로 저버렸다.

  1949년 6월 말까지 처리된 형사사건 중 국가보안법 위반 사건은 1만 410건으로 전체 형사사건의 10퍼센트를 차지한다. 그만큼 혼란스러운 시절이었다. 그럴수록 검찰의 역할이 절실한 상황이었다. 그렇지만 검찰은 박찬길 검사 사건이 있고 나서 여순사건을 비롯해 여러 사건마다 벌어진 민간인 학살 진상 규명을 위한 수사에서 손을 떼다시피 했다. 그리고 무고한 시민들의 억울한 희생은 늘어만 갔다.

  검찰이 그렇게 제 역할을 하지 못하는 동안 이승만 독재정권은 나날이 승승장구했다. 한국전쟁이 끝나자 이승만 정권은 얼마 전 경험했던 전쟁의 공포를 동원해 반공을 전면에 내세웠다. 또 적과 싸워 이기기 위해서라는 명분으로 정치적 반대세력을 탄압했고 독재체제를 강화했다. 그리고 그 기세를 몰아 자신의 3선 연임을 위해 사사오입(四捨五入, 반올림)이라는 해괴한 논리까지 동원해 다시 한 번 대통령에 당선되었다. 반발하는 야당이 서울 장충단 공원에서 시국강연회를 열자 유지광 등 정치깡패를 동원해 집회를 습격하기도 하였다. 정부에 비판적인 경향신문을 폐간시켰고 진보당의 조봉암 당수에게 간첩혐의를 적용해 사형을 집행했다. 조봉암은 이승만과의 대통령 선거에서 2등을 한, 야당의 거물이자 이승만의 정적이었다.

정적 제거의 조력자

이승만 정권은 진보당 사건을 일으켰다. 진보당 당수 조봉암의 혐의 내용은 당시 HID(육군첩보부대, Headquarters of Intelligence Detachment) 공작요원이던 양이섭이 조봉암에게 북한의 지령과 자금을 전달하였으며 조봉암은 국가변란을 목적으로 평화통일을 정강정책으로 하는 진보당을 결성·조직하고 중앙위원장에 취임하여 수괴로 활동했다는 점 등이었다. 조봉암과 진보당의 평화통일 정책은 북진통일, 멸공통일을 주장하는 이승만 정권을 위협했다. 자칫 전쟁으로 이어질 수도 있는 호전적인 통일정책 때문에 불안감을 느끼던 사람들에게 평화통일 정책은 신선한 충격이었다. 조봉암은 1956년 대통령 선거에서 200만 표 이상을 득표하여 이승만의 부담스러운 정적으로 떠올랐다. 서울시 경찰국은 1958년 총선거를 앞두고 조봉암을 전격적으로 체포하고 진보당 정당 등록을 취소했다.

경찰과 검찰이 기세등등하게 조봉암과 그의 동료들을 기소했지만 1심 법원은 조봉암 등 진보당 간부들에 대한 국가변란 혐의에 무죄를 선고했다. 다만 조봉암에게 간첩 혐의가 아닌 국가보안법의 선동·선전 혐의를 적용하여 징역 5년을 선고했다. 그러나 2심과 3심의 판단은 전혀 달랐다. 서울고등법원과 대법원은 조봉암에게 국가변란 혐의 및 간첩 혐의에 대해 모두 유죄를 인정하고 사형을 확정했다. 그는 사형 집행 직전에 "나의 죄는 정치 활동뿐, 마지막 술 한 잔 달라"는 말을 남기고 형장의 이슬로 사라졌다. 이승만은 형식적 적법절차를 통해 정적을 제거했다.

조봉암 사건에 대해 2007년 9월 진실·화해위원회는 정권에 위협이 되는 야당 정치인을 제거하려는 의도에서 표적 수사에 나선 정치적 탄압 사건이었다고 밝혔다. 민간인에 대한 수사권이 없는 특무대가 진보당 인사 등 관련자들을 불법 감금하고 회유하여 받아낸 허위자백을 증거로 사용했고 국가변란 목적으로 진보당을 창당했다는 것도 아무런 증거 없이 그대로 재판에서 받아들여졌다고 밝혔다. 2011년 1월 대법원은 조봉암 사건의 재심*에서 조봉암에 대한 무죄를 확정했다. 그가 사법살해당한 지 52년만의 일이었다.

사건 조작을 위해 조봉암 사건의 결정적 증인이자 공범으로 기소된 양이섭을 영장도 없이 불법 체포했고 외부와의 연락이 차단된 여관에 감금

---

* 재심(再審)이란 유죄의 확정판결에 대해 일정한 사유가 존재할 때 법원이 다시 재판을 여는 제도를 말한다.

하는 불법행위를 자행했다. 수사권도 없는 특무대의 짓이었다. 이건 검찰이 조금만 살펴봐도 금세 알 수 있는 사실이었다. 그러나 검찰은 이 같은 총체적 불법행위를 묵인하고 방조했다. 형식적으로는 특무대의 수사 결과를 따르는 수동적인 역할이었지만 내용적으로는 조작 수사를 보완하는 적극적 역할을 했다. 아무리 독재정권 시절이라 해도 법을 수호할 책무를 지닌 사람들은 제 역할을 해야 했다. 검찰과 법원은 독재 권력을 비호하는 결정과 판결을 했고 죄 없는 한 정치인이 죽임을 당했다. 조봉암은 권력의 제물로 바쳐진 비운의 정치인이었다. 아무 죄 없는 사람이 형장의 이슬로 사라져가는 비극은 조봉암 사건에서 멈추지 않았다.

1960년 3월 15일. 대통령과 부통령을 뽑는 선거에서 이승만 정권은 이승만의 대통령 당선과 이기붕의 부통령 당선을 위해 대대적인 부정을 자행했다. 상상할 수 있는 모든 방법이 다 동원되었다. 민중들은 분노했다. 부정선거에 대한 저항은 경남 마산에서 시작되었다. 마산의 시민과 학생들은 3·15 부정선거를 규탄하는 시위를 전개했다. 마산에서 시작된 민주주의를 위한 투쟁은 4·19혁명으로 이어졌고 마침내 국민의 분노가 폭발했다. 국민의 분노 앞에서도 독재정권의 주구들은 요지부동이었다. 경찰은 시위 군중을 향해 무차별 총격을 했고 이승만 정부는 시위 대열의 배후에 공산당이 있다는 허위 선전을 했다. 그러나 물리적 탄압, 그리고 데마고그와 언론의 왜곡보도로 국민의 저항을 꺾을 순 없었다. 마침내 이승만 정권은 퇴진했고 과도정부를 거쳐 민주당 장면 정권이 출범했다.

혁명으로 정권이 바뀌자 검찰의 행태에 대한 국민의 여론도 들끓었다.

4·19혁명에 참여했던 학생과 시민들을 처벌하기 위해 구속영장을 청구했던 검사가 이제는 세상이 바뀌었다고 시위 참가자에게 발포 명령을 내린 사람들에 대해 공소를 제기하는 것은 부당하다는 여론이었다. 검찰은 혁명적 상황에 발 빠르게 대처하며 조직을 보위하려고 애썼다. 검찰은 이승만 정권 시기의 비리를 스스로 척결하고 검찰의 기풍을 쇄신한다며 검찰 자체 숙정(肅正) 작업을 단행했다. 검찰의 숙정 대상은 이승만 정권에서 권한을 남용해 부정축재를 저지르거나 3·15 부정선거 당시 부정 투·개표를 주도한 자, 4·19혁명 과정에서 발포 명령을 한 자들로 검사를 비롯한 고위공무원들이었다. 그 결과 검사장을 비롯한 검찰 고위간부가 인책사퇴하고 일부 검사가 해직되기도 했다.

전면적 조직 쇄신도 없었고 겨우 개별 인사에 대한 인책만으로 끝냈지만 검찰 숙정은 검찰이 정치적 중립성과 독립성을 지키지 못할 때 어떤 결과가 생기는지를 잘 보여주는 귀감이 되었다. 검찰의 자체 숙정은 국민에 의한 타율적인 숙청(肅淸) 작업을 막기 위한 것이었지만 그동안의 적폐(積弊)가 초래한 결과였다. 치안활동을 담당하는 경찰도 국민의 지탄을 받았고 강제적인 숙청 작업이 진행되었다. 검찰과 경찰, 그리고 국민 모두의 불행이었다.

제3장 박정희 정권과 검찰

1961년 5월 16일. 육군 소장 박정희와 일부 장교들이 군사쿠데타를 일으켰다. 장면 민주당 정권은 붕괴되었고 정치군인들이 정치권력은 물론 사회 각 분야의 실권을 장악했다. 쿠데타를 일으킨 박정희는 대통령이 되었고 4·19혁명으로 잠시 꽃폈던 한국의 민주주의는 다시 깊은 어둠과 시름에 빠지게 되었다.

정당한 기소 거부

박정희 정권은 집권 초부터 무리하게 한일 국교 정상화를 서둘렀다. 한일회담은 겨레 전체가 받은 상처를 몇 푼의 돈, 그것도 배상금이 아닌 '독립축하금'을 받는 것으로 굴욕적으로 진행되었다. 공화당 정치자금 등 몇 푼의 돈이 절실했던 박정희는 한일회담에 집착했다. 학생들을 중심으로 한일회담 반대 투쟁이 진행되었다. 저항 운동에는 시민들도 합세했고 투쟁은 전국으로 확대되었다. 단순한 한일회담 반대를 넘어 박정희 정권의 퇴진도 요구하게 되었다. 투쟁이 확산되자 박정희 정권도 반격을 시작했다. 반격은 국민들의 뿌리 깊은 반공의식을 자극하는 방식으로 진행되었다. 중앙정보부(현 국가정보원)는 이른바 인민혁명당 사건을 발표했다. 1964년 8월 14일, 중앙정보부는 "인민혁명당은 조선노동당 강령을 토대로 발족하여 전국 학생 조직에 현 정권이 타도될 때까지 학생 시위를 계속 조종함으로써 북한이 주장하는 노선에 따라 국가를 변란하고 남북평화통일을 성취할 것을 목적으로 활동해왔다"면서 수십 명을 검거했다. 도예종 등 22명은 구속, 12명은 불구속으로 검찰에 송치했다. 혐의는 반공법 위반이었다.

대규모 간첩단 사건의 전모를 밝혀냈다며 기세등등한 중앙정보부와 달리 검찰은 차분한 반응을 보였다. 인민혁명당 사건을 송치 받은 이용훈 검사 등 4명의 검사는 철저한 수사를 통해 "피의자들의 혐의를 입증할 증거가 전혀 없으며 피의자들은 중앙정보부에서 고문을 심하게 당한 것이 명확하다"는 이유 등을 들어 기소를 포기해야 한다고 상부에 보고했다. 그러자 서울지검 검사장 서주연은 '빨갱이 사건'은 일반 사건과는 다르게 취급해야 하는 것이라며 이 사건에 대한 공소제기는 법무부장관과 검찰총장의 명령이라고 했다. 기소를 하든 검사직에서 물러나든 둘 중 하나를 택하라고 했다. 기소를 해서 무죄가 되더라도 검사들에게는 책임을 묻지 않겠다는 거였다.

이용훈 검사 등은 기소하라는 상부의 지시를 거부했고 사표를 제출했다. 그러자 서울지검장은 당직 검사에게 이 사건을 기소하도록 지시했고 공소가 제기되었다. 재판 결과 47명의 수사 대상자 중에서 2명만이 1심에서 유죄가 인정되었고 나머지는 모두 무죄가 선고되었다. 그러나 항소심에서는 반공법 위반으로 13명에게 실형이 선고되었다. 상부의 지시에도 불구하고 기소를 거부했던 검사는 나중에 "도예종이 (진짜로) 당을 만들려고 하면 경계심을 일으키지 않는 이름을 썼을 것이며, 북한에서 돈을 받아서 만들었다면 혁명과 인민이라는 표현을 어떻게 사용할 수 있느냐. 심증도 물증도 전혀 없었다"라고 증언했다.

국가정보원 과거사건 진실규명을 통한 발전위원회(이하 국정원 발전위원회)는 이 사건을 다시 조사해 인민혁명당 사건이 날조되었다고 확인했다. 인민혁명당이 당명과 강령, 규약을 채택하고 국가변란을 기도한 반국가단체도 아니었으며 북한의 지령을 받은 적도 없고 관계자들이 남파간첩이라는 증거도 전혀 없다는 것을 확인했다. 또한 관계자들이 수사 과정에서 물고문, 전기고문 등 각종 고문을 당했다는 것도 밝혀냈다. 국정원 발전위원회는 인민혁명당 사건이 중앙정보부의 날조된 조작 사건이라고 밝혔다.

정치권력의 필요에 의해 결국 기소되었고 정치 재판을 통해 유죄를 선고받기는 했지만 인민혁명당 사건 관계자에 대한 기소 자체에 반대한 검사들은 용기 있는 사람들이었다. 정치권력의 뜻만 충직하게 따르는 상부에 의해 사표를 제출하고 검찰을 떠날 수밖에 없었지만 역설적으로 검찰이, 그리고 검사가 왜 존재해야 하는지를 확인시켜준 사람들이다.

국가형벌권을 행사하기 위한 수사와 기소도 중요하지만 억울하게 처벌받는 사람이 없도록 살피는 것도 '공익의 대표자'인 검사의 책무(검찰청법 제4조)다. 인민혁명당 사건을 맡은 검사들이 중앙정보부의 고문을 확인하고 서울지검장은 물론 검찰총장 신직수, 법무부장관 민복기와 차관 권오병의 직접적인 압력에도 굴하지 않고 기소를 거부했던 것은 모범이 되었다. 우리 시대도 이렇게 용기 있고 법의 원칙에 충실한 법조인을 원하고 있다.

재벌 비리 눈감아주기

공권력 전체가 신뢰받지 못하는 상황이 계속되었다. 일선 치안은 무너졌고 범죄는 증가했다. 한국은 여전히 가난한 나라였다. 생활필수품을 비롯한 여러 물자는 늘 부족했다. 이를 악용한 밀수사범이 극성을 부렸다. 대표적인 사건이 삼성그룹의 창업자 이병철(1910~1987)이 일으킨 사카린 밀수 사건이다. 이 사건은 경향신문의 보도(1966년 9월 15일)를 통해 세상에 알려졌다. 삼성의 이병철은 일본에서 차관을 들여와 한국비료(현 삼성정밀화학)의 공장을 건설하면서 건축 자재를 수입한다는 명목으로 몰래 사카린 60톤을 숨겨 들여왔다. 이병철은 설탕 대용으로 쓰이는 단맛 나는 합성 감미료 사카린을 시중에 유통시켜 거액의 자금을 조성하려다 발각되었다.

삼성의 이병철이 건축 자재로 꾸며 몰래 들여온 밀수품은 사카린만이 아니었다. 변기, 냉장고, 에어컨, 전화기, 목욕 욕조, 스테인리스 판 등 무려 1만 가지 종류의 소비재 상품들까지 몰래 들여왔다. 물자가 귀한 한국에서 돈이 될 수 있는 것이면 무엇이든 밀수를 했던 것이다. 돈을 벌 수 있으면 불법을 저지르는 것은 물론, 암을 유발하는 사카린처럼 인체에 해로운 것마저도 몰래 들여와 시중에 내다 팔려던 재벌의 행태는 충격적이었다. 언제나 최고를 지향한다는 재벌이 최소한의 양식마저 제쳐두고 돈을 벌기 위해서는 밀수도 불사하는 파렴치한 모습을 보며 국민들은 치를 떨었다.

1966년 9월 22일, 국회의원 김두환의 '똥물 투척 사건'도 이 과정에서 벌어졌다. 김두환은 탑골공원 화장실에서 퍼 온 똥물 20리터를 국회 연설 도중에 국회에 출석한 정일권 국무총리, 장기영 부총리와 장관들에게 뿌렸다. "장관들은 이 똥물이나 드시오. 이것이 국민들이 보내는 사카린이오. 자, 맛 좀 보시오." 국민의 분노를 대변한 김두환은 이 사건 직후 의원직을 헌신짝 버리듯 사퇴하며 박정희 정권에 항의했다.

국회의원 장준하는 박정희를 '밀수 왕초'라 공격했고 이 발언 때문에 명예훼손 혐의로 구속되기도 했다. 국회의원 김대중은 일본에서 비슷한 규모의 비료 공장이 얼마에 매각되었는지 조사해 한국비료 공장 건설 과정에서 1000만 달러 이상의 자금이 박정희와 공화당의 정치자금으로 흘러 들어갔다는 의혹을 제기하기도 했다.

이 사건의 실체는 사건에 연루된 이병철의 장남 이맹희의 자서전 『회상록-묻어둔 이야기』(1993년)를 통해 그 일부가 드러났다. 1967년 대통령 선거를 앞두고 정치 자금이 필요한 박정희와 건설 자금이 필요한 이병철의 공모로 조직적인 밀수가 벌어졌음이 당사자의 고백을 통해 밝혀진 것이다. 하지만 사건 발생 28년 만의 무책임한 고백이었다.

사카린 밀수 사건으로 국민의 분노가 들끓고 국회 똥물 투척 사건까지 벌어지자 이병철은 한국비료를 국가에 헌납하고 언론(동양방송, 중앙일보)과 학원 사업에서도 손을 뗄 것을 선언했다. 그렇지만 이병철은 약속을 지키지 않았다. 한국비료 헌납 각서까지 쓰며 경영 일선에서 은퇴할 것을 약속했던 이병철은 사카린 밀수 사건과 한국비료 헌납이 일부 과격한 언론이 만든 조작극이라고 주장하며 발뺌했다. 1967년 10월이 되어서도 국민적 분노가 진정되지 않자 한국비료 주식의 51퍼센트를 국가에 헌납했을 뿐 다른 약속은 이행하지 않았다.

삼성그룹 회장이자 한국비료 사장인 이병철은 대통령 박정희와 공모해 밀수를 벌인 주범답게 사법 처리를 피해 갔다. 검찰은 이병철의 차남 이창희와 삼성그룹 관련자들을 구속 기소했다. 아버지를 대신해 아들 이창희가 감옥에 가는 선에서 적절한 타협이 이뤄진 것이다. 검찰은 대형 불법 비리 사건이 터졌는데도 정권과 재벌, 그리고 중앙정부의 조율을 거쳐 미리 짜인 각본에 따라 충실하게 움직였다. 기업의 사회적 책임은 고사하고 노골적인 불법으로 국민과 국가에 피해를 입힌 밀수 사건에 대한 처리마저 이렇게 흐지부지 마쳤다. 재벌총수라도 범죄를 저지르면 당연히 법에 의해 심판받아야 한다는 상식은 외면되었다.

이병철과 삼성은 반성하지 않았다. 반성이 없으니 변화도 없었다. 최근까지도 에버랜드 전환사채 등을 이용해 이건희에서 이재용으로 불법 상속과 증여를 했고 X파일 사건 등에서 밝혀진 것처럼 삼성그룹의 불법행위는 계속되었다. 사카린 밀수 사건은 정권과 재벌의 조율에 의해서가 아니라 법에 규정된 그대로 엄정한 검찰권 행사를 통해 제대로 다뤄졌어야 했다. 그랬다면 삼성의 불법행위가 지금껏 이어지지는 않았을지도 모른다. 정치권력과 재벌과의 유착도 정리될 수 있었을지 모를 일이다.

독재 권력의 충직한 하수인

1967년 7월 박정희의 중앙정보부는 독일과 프랑스에 머무는 교민과 유학생 등 194명이 동베를린의 북한 대사관을 통해 북한과 접촉하고 평양을 드나들며 간첩 활동을 했다는 내용의 '동백림(東伯林, 동베를린) 사건'을 발표했다. 중앙정보부는 작곡가 윤이상, 화가 이응로를 비롯한 다수의 지식인, 문화예술인들이 이적활동을 했고 국내에 잠입해 간첩 활동도 했다고 주장했다. 중앙정보부가 간첩으로 지목한 교민과 유학생들은 서독에서 중앙정보부 요원들에 의해 납치되어 강제로 끌려오기도 했다.

검찰은 중앙정보부의 발표문에서 토씨조차 바꾸지 않고 공소장을 만들어 이들을 기소했다. 비밀정보기관의 요란한 발표와 달리 재판에 회부된 사람 중에 간첩 혐의로 유죄판결을 받은 사람은 아무도 없었다. 대법원은 2심에서 사형이 확정된 3명을 포함한 피고인 12명에 대해 원심을 파기하고 고등법원에 환송하기도 했다. 그러자 "김일성 앞잡이 대법원 판사를 처단하라"는 등의 괴벽보가 나붙었고 판사에게 협박 편지가 우송되는 사건도 발생했다. 사법부의 독립을 훼손하는 심각한 사건이었다. 그렇지만 범인은 체포되지 않았고 사건은 흐지부지 종결되었다. 사법부가 테러 위협을 받았는데도 검찰은 최소한의 관심도 기울이지 않았다.

2006년 1월 26일. 국정원 발전위원회는 동백림 사건에 대해 사건 관련자들의 단순한 대북 접촉과 동조 행위에 국가보안법과 형법상의 간첩죄를 무리하게 적용하여 사건의 외연과 범죄 사실을 확대, 과장했다고 밝혔다. 정부에게는 사건 조사 과정에서의 불법연행(납치)과 고문에 대해 사과하라고 권고했다.

박정희의 정권 연장, 나아가 종신 집권을 향한 야욕은 끝이 없었다. 박정희는 1969년 9월 야당과 재야의 반대를 무릅쓰고 공화당 의원만으로 대통령의 3선 연임이 가능하도록 헌법개정안을 통과시켰다. 일요일 새벽 2시 국회 본회의장이 아닌 제3별관에 공화당 의원들만 따로 모아 기명투표 방식으로 개헌안을 날치기 통과시켰다. 개헌에 성공한 박정희는 1971년 대통령 선거에 공화당 후보로 출마했고 관권 선거, 부정선거를 통해 신민당의 김대중 후보를 누르고 대통령에 당선되었다. 그렇지만 박정희는 세 번째 대통령 당선에 만족하지 않았다. 스스로 종신 대통령이 되고자 했다.

박정희는 분단 상황을 정치적으로 이용했다. 국가안보 위기를 과장했고 민주주의 제도가 소모적이라는 터무니없는 주장을 하며 1972년 10월 유신을 선포했다. 장기 집권을 위해 전국에 비상계엄을 선포하고 일체의 정치 활동을 금지했다. 대통령 직선제가 유지되면 아무리 금권, 관권 선거를 하더라도 국민의 심판을 받게 될 것이라는 두려움 때문에 판 자체를 갈아엎은 것이다. 이제 대통령은 국민의 직접선거가 아닌 체육관에서의 간접 선거를 통해 선출하게 되었다. 간접선거라지만 국민의 의사가 그대로 반영되는 구조도 아니었다. 박정희는 이로써 영구집권의 길을 열게 되었다. 박정희가 장충체육관에서 형식적 선거를 통해 새로운 임기 6년을 시작함으로써 우리나라에서 민주주의는 사라지게 되었다.

박정희의 끝없는 권력욕에 대한 저항도 계속되었다. 1973년 유신헌법 개정 100만 인 서명운동, 1975년 민주회복국민회의 결성, 1976년 3·1 민주구국선언 등 유신 반대 민주화 운동이 본격화되었다. 1974년 4월 전국민주청년학생총연맹(민청학련)을 중심으로 180명이 구속·기소되는 사건이 발생하기도 했다.

유신 반대 활동을 하며 일본에 머물던 김대중이 중앙정보부에 의해 납치되어 한국으로 끌려오기도 했고 유신체제에 반대하는 인사들에 대한 탄압도 이어졌다. 1976년 명동성당에서 열린 3·1절 기념미사 직후 유신체제에 반대하는 종교인, 지식인 등 재야 인사들이 '민주구국선언'을 발표했다. 흔히 '명동 사건'이라 불리는 이 사건으로 검찰이 지목한 관련자 20명 중에서 신현봉 신부, 문익환 목사, 안병무 박사 등 종교계 인사들과 김대중 전 신민당 대통령 후보 등이 구속되었고, 윤보선 전 대통령, 함석헌 씨알의 소리사 대표 등은 불구속 기소되었다.

대통령이 필요하다고 인정하는 때에는 헌법에 규정된 국민의 자유와 권리를 정지시키는 긴급조치(緊急措置) 시대도 시작되었다. 대통령이 내리는 긴급조치는 행정, 사법, 입법 등 국정 전반을 완벽하게 장악하고 무력화했다. 대통령만이 유일한 권력이었고 3권 분립의 원칙이나 민주주의 일반 원칙은 모두 짓밟혔다. 수많은 지식인, 학생, 시민들이 긴급조치 위반으로 처벌받았다. 1976년 3월 1일에 발표된 「민주구국선언문」을 갖고 있었다는 이유만으로 고등학생들까지 구속할 정도였다. 박정희만을 위한 시대였고 공포의 시대였다.

간첩 만들기

　독재의 시대였다. 세상을 떠들썩하게 만든 일도 많았지만 힘없는 민중들이 아무런 저항도 못하고 소리 소문 없이 법의 이름으로 가혹한 처벌을 받는 일이 매일 일어났다. 이른바 '납북 어부 간첩 사건'들도 그랬다. 1960년대부터 북한은 남한의 어선을 나포하는 일을 종종 벌였다. 고기 떼를 쫓다가 실수로 북한 지역에 들어가게 된 어선들을 나포하는 것은 물론, 북한 경비정이 직접 군사분계선을 넘어 들어와 남한 해상에서 조업하던 어선을 강제로 나포해 가기도 했다. 억지로 끌려간 납북 어부들은 북한 지역에 억류되어 북한의 체제 홍보에 이용되었다. 북한은 납치한 어부들을 산업체와 관광지 등을 견학시키면서 체제 우월성을 홍보하는 데 이용했다. 납북 어부들은 이렇게 분단의 희생양이 되었다. 남한 정부는 남북 어부 사건을 북한에 의한 비인도적 도발 행위로 간주했다. 장기간 억류당하다 풀려난 납북 어부들에 대해서도 별다른 문제를 삼지 않았다. 강제로 끌려간 사람들을 처벌할 까닭도 없었다. 그런데 납북 어부 사건이 자주 일어나게 되고 북한 경비정에 의한 남한 어선 나포가 무차별적으로 진행되자 남한 정부의 태도는 돌변했다. 정부는 국가안보 차원에서의 강력 대응 방침을 밝혔다. 고의 월선 여부와 상관없이 납북 어부들이 형사처벌을 받는 일이 벌어지기 시작했다. 형사처벌 후에도 A급, B급, C급으로 분류하여 지속적인 감시를 했다. 납북 어부는 남과 북 당국의 필요에 의해 또 다시 희생양이 되었다.

1968년 7월 3일. 북한은 경비정을 통해 경기도 옹진군(지금의 인천시 옹진군) 연평도 근처 해상에서 병치잡이 어로 작업을 하던 목조기관선 태영호를 나포했다. 태영호 선원 8명은 4개월 동안 북한에 억류되었다 풀려났다. 북한에서 풀려난 태영호는 곧바로 남한 경비정에 견인되어 인천으로 옮겨졌다. 어부들은 인천경찰서에서 3일 동안 조사를 받다가 태영호 주소지인 여수경찰서로 이송되어 수산업법 위반(어로저지선 침범)과 반공법 위반(탈출) 혐의로 구금되어 34일 동안 조사를 받았다. 하지만 순천지청의 불기소 송치 의견으로 모두 석방되었다. 순천지청은 "납북된 지역이 위험지역이라는 인식과 월경 탈출에 대한 인식이 없었다"는 결론을 내렸다. 순천지청은 이 사건을 선원들의 주소지 관할인 정읍지청으로 이송했다.

정읍지청은 순천지청과 달랐다. 태영호의 어부들이 어로저지선과 군사분계선을 넘어가 어로 작업을 함으로써 반국가단체인 북한이 지배하는 지역으로 탈출했다는 혐의로 선원 7명을 기소했다. 법원도 검찰의 판단을 따라 선원들에게 징역 1년에 집행유예 2년 등을 선고했다. 이 사건을 수사했던 정읍지청 검사는 해군본부에 7월 3일 사건 당일 연평도 근해 어로저지선 이남에서 어로 작업 중 북한 경비정에 의해 피랍된 어선이 있는지 확인해달라고 요청했다. 해군본부는 "어선 태영호가 주장하는 납북 일시 및 당군 사건일지의 조사 결과 1968년 7월 3일 오후 연평도 서남방 6마일 구(舊) 어로저지선 남방 1.5마일 지점에서 선명 불상의 어선 1척이 북한 경비정에 의해 피랍된 사실이 있음"이라는 회신문을 보냈다. 검사는 태영호 선원들의 무고함을 밝혀줄 이 결정적 증거를 은닉했다. 법원에 제출하지도 않았다. 선원들이 불법구금된 상태에서 가혹한 고문을 당했다는 사실도 외면했다.

태영호 선원들에 대한 고문은 마구잡이식으로 진행되었다. 피해자의 육성을 들어보자.

> "정보과 직원들은 자신들이 원하는 대로 진술하지 않으면…… 테이블에 올라가 무릎을 꿇어앉게 하고서 몽둥이로 허벅지를 때리거나 발바닥을 때렸으며, 차에 태워 지하실이 있는 건물로 데려가 옷을 전부 벗긴 후 병원 침대 같은 곳에 눕히고 손과 발을 침대 모서리에 묶은 다음 머리가 침대 밖으로 나오게 한 뒤 머리카락을 아래로 잡아당겨 고개를 뒤로 젖히고 얼굴에 수건을 덮어 노란 양철주전자에 있는 물을 수건 위에 부었다."
> ―「'태영호 납북 사건' 조사 보고서」, 진실·화해위원회, 2006. 12. 5.

선원들의 고통은 형사처벌을 받는 것으로 끝나지 않았다. 2달 넘게 계속된 고문의 후유증은 심각했다. 멍들거나 뼈마디가 저린 데 좋다는 속설을 듣고 똥물까지 받아 먹어야 할 정도였다. 어떤 사람은 고문 후유증으로 실명을 했고 숨진 사람도 있었다. 국가에 의해 빨갱이로 몰린 사람들은 생계마저 어려워졌다. 배를 타는 어부였지만 누구도 어선에 승선시켜 주지 않았다. 연좌제에 걸려 자식들도 취직조차 할 수 없었다. 경찰은 수시로 찾아와 감시했고 협박했다.

그저 먹고살려고 생업에 종사했던 평범한 시민들의 인생은 이렇게 망가졌다. 피의자신문조서를 읽지도 못할 정도로 배운 것 없고 힘없는 어부들이었다. 스스로 엘리트라고 자처하는 검사는 이들에게 너무도 가혹한 장난을 쳤다. 그 장난의 결과는 참혹했다. 그야말로 패가망신이었다. 만약 검사가 법령에 규정된 대로 수사를 하고 피고인들에게 결정적으로 유리한 증거를 일부러 은폐하지 않았다면, 불법구금과 고문에 대해 법조인으로서 최소한의 양식만 갖고 대응했더라면 어부들과 그의 식구들의 인생이 망가지는 일은 없었을 것이다.

태영호 선원들이 억울함을 푸는 데 40년 가까운 세월이 필요했다. 선원들은 2006년 2월에 진실·화해위원회에 진실 규명과 명예회복 신청을 해 억울함을 호소했고 위원회의 조사가 진행되었다. 조사 결과 여수경찰서에서 34일, 부안경찰서에서 30여 일 동안 불법구금을 당했다는 사실이 밝혀졌다. 선원들이 의도적으로 북한 지역으로 들어갔다는 혐의를 인정하라고 강요받았고 몽둥이로 마구 패는 등의 고문이 자행되었다는 사실도 함께 밝혀졌다. 긴 세월이 지났는데도 심각한 고문의 후유증이 아물지 않았다는 것도 확인되었다.

진실·화해위원회에 의해 진실이 밝혀지는 데 38년이 걸렸다. 죄 없는 어부들을 지켜줄 조국은 존재하지 않았다.

파쇼 시대, 독재의 주구

박정희의 유신시대는 곧 긴급조치 시대였다. 유신헌법이라 불린 제4공화국 헌법은 대통령의 권한을 왕권에 가깝게 만들어놓았다. 국가긴급권이 대표적인데 국가긴급권에는 긴급조치권(제53조)과 계엄선포권(제54조)이 있었다. 긴급조치권은 대통령이 천재지변 또는 중대한 재정·경제상의 위기에 처하거나 국가의 안전보장 또는 공공의 안녕질서가 중대한 위협을 받거나 받을 우려가 있어 필요하다고 인정할 때는 국민의 자유와 권리를 잠정적으로 정지할 수 있는 권한이다. 헌법은 단지 '우려'만으로도 긴급조치권 발동이 가능하다고 규정하고 있었다. 일상적으로 국민의 인권을 제한할 수 있는 파쇼 규정이었다. 박정희의 긴급조치를 위반하는 사람은 긴급조치 위반 사범이 되었고 가혹한 형사처벌의 대상이 되었다.

긴급조치의 시대, 대통령의 말 한마디가 헌법 위에 군림하는 파쇼 시대에도 검찰은 독재 권력의 하수인 역할을 마다하지 않았다. 오히려 충성 경쟁을 벌일 만큼 적극적으로 군사독재 정권의 일부가 되었다. 긴급조치 1호가 발동된 1974년 1월 8일부터 긴급조치가 해제된 1979년 12월 8일까지 5년 11개월은 권력의 광기가 절정에 오른 시기였다. 박정희는 파쇼 통치의 전형을 보여주었다. 국민들은 독재의 서슬 퍼런 광기 앞에서 고초를 겪어야 했다. 국민들이 겪는 고초는 미니스커트와 장발 단속 또는 대중가요의 금지곡 지정 정도에 머물지 않았다.

긴급조치 1호는 유신헌법을 '부정·반대·왜곡 또는 비방하는 행위'와 유신헌법의 '개정 또는 폐지를 주장·발의·제안 또는 청원하는 일체의 행위', '유언비어를 날조, 유포하는 행위'를 금하며 긴급조치를 어기거나 긴급조치를 비방한 사람은 징역 15년 이하에 처하도록 하고 있었다. 시민이 긴급조치를 위반하면 검찰은 어김없이 징역 15년 형을 구형했고 법원은 '그대로 들었다 놓아버리는 식'으로 징역 15년 형을 선고했다. 이를 두고 한승헌 변호사는 "정찰제 판결"이라고 비꼬기도 했다. 검찰은 긴급조치가 요구하는 가장 높은 형량을 구형하고 법원은 검찰의 주문과 똑같은 형량을 선고하는 우스꽝스러운 일이 반복되었다.

1974년 4월 3일 발표된 긴급조치 4호는 민청학련(전국민주청년학생총연맹)과 인혁당(인민혁명당) 재건위 사건에 대한 대응이었다. "민청학련이나 이와 관련된 단체를 조직하거나 가입하는 것은 물론 그 구성원과 회합, 통신 기타의 방법으로 연락하거나 구성원의 잠복, 회합, 연락 그 밖의 활동을 위하여 장소, 물건, 금품 기타의 편의를 제공하거나 기타 방법으로 단체나 구성원의 활동에 직접 또는 간접으로 관여하는 일체의 행위를 금"했고 이를 어길 때는 사형, 무기 또는 5년 이하의 유기징역에 처하도록 했다. 긴급조치 4호를 위반한 자는 "법관의 영장 없이 체포, 구속, 압수, 수색하며 비상군법회의에서 심판, 처단한다"는 조항도 있었다. 중앙정보부는 민청학련 사건의 전모를 발표한다면서 "민청학련은 공산계 불법단체인 인혁당 재건위 조직과 조총련계 및 국내 좌파 혁신계가 복합적으로 작용해 현 정부를 전복하고 공산주의 국가를 건설하려고 한 불순 반정부 세력"이라고 밝혔다. 조사를 받은 관련자는 무려 1024명이나 되었다. 이 중 253명이 비상군법회의에 송치되었고 180명이 기소되었다.

1974년 7월 13일 비상 보통군법회의 1심 재판부는 민청학련 관련자들

중에서 1차로 32명에 대해 중형을 선고했다. 김병곤, 김영일(김지하), 나병식, 여정남, 유인태, 이철, 이현배 등 7명에게는 사형을 선고했고, 김효순, 류근일, 서중석, 안양노, 이근성, 정문화, 황인성 등 7명에게는 무기징역형을 선고했다. 정윤광 등 12명은 징역 20년 형을, 김정길 등 6명은 징역 15년 형을 선고받았다. 쉽게 상상할 수 없는 엄청난 형벌이었다. 사형이나 무기형을 선고받은 사람들을 빼고서 유기징역형을 선고받은 사람들의 형량만 합해도 2000년이 넘을 정도였다.

민청학련 사건을 일으킨 중앙정보부의 칼날은 청년, 학생들만 겨눈 것이 아니었다. 민청학련을 돕거나 연계되었다는 이유로 윤보선 전 대통령, 지학순 주교, 김지하 시인 등 각계 인사들이 체포되거나 기소되었다. 강신옥 변호사는 재판 중에 "현재 법은 정치의 시녀, 권력의 시녀다. 애국 학생들을 국가보안법, 반공법, 긴급조치로 걸어 빨갱이로 몰아 사형을 구형하고 있으니 이는 사법살인 행위다. 악법은 지키지 않아도 좋으며, 저항할 수도 있고 투쟁할 수도 있다. 내가 차라리 피고인석에 서겠다"며 이들을 변론했다. 검찰은 공판 진행 중에 법정 모욕, 긴급조치 위반 등을 이유로 강신옥 변호사를 구속 기소했다. 연일 상상하기 어려운 일들이 꼬리를 물었다. 변호인이 피고인을 변론하는 행위조차 범죄가 되어버렸다. 강신옥 변호사가 무죄를 선고받은 것은 14년이나 지난 다음의 일이었다.

긴급조치는 일반 시민들에게도 적용되었다. 어린 학생들이 독재정권에 대한 항의 표시로 수업에 불참하자 5년 이상의 징역에 처했다. 한 외판원이 주변 사람들에게 "정부가 돼먹지 않아 학생들이 들고 일어난 것이다"라고 했다고, 닭 사육업자가 "긴급조치 4호가 정부의 잘못을 은폐하고 정부를 비판하는 학생들을 억압하려는 것"이라는 발언을 했다고 각각 10년씩 징역형을 선고받기도 했다. 어떤 학원강사는 수업 중에 "박정희는 군인출신이기 때문에 정치를 잘 할 수 없다. 100억 불 수출이라 하면서도 수입에 대해서는 은폐하고 있다. 정부에서 장려하는 것에 반대로 하면 잘 살 수 있다. 국어책은 정부를 선전하는 매개체에 불과하다. 언론의 자유는 없다"는 말을 했다고 징역 8년 형을 선고받기도 했다. 모두 오로지 말 때문에 이 같은 처벌을 받게 되었다. 독재정권은 평범한 시민들의 입까지 틀어막아버렸다. 심지어 야당 국회의원이 귀향 보고서에 "통일주체국민회의 대의원들이 대통령을 마음대로 뽑고 국민은 자기 뜻대로 대통령을 직접 선출하지 못한다. 유신체제는 많은 문제점을 낳고 있다. 이것이 무슨 민주주의냐. 긴급조치 9호로 언론의 자유가 탄압받고 있다"고 표현했다고 징역 3년 형을 선고받기도 했다. 법이 폭력의 도구가 되던 파쇼 시대, 그 주역은 검사와 판사였다.

긴급조치는 신성불가침의 자리를 차지했다. 긴급조치에 대한 문제 제기조차 허용하지 않았다. 긴급조치를 비판하면 그것도 긴급조치 위반으로 처벌받았다. 한승헌 변호사의 말처럼 "절도죄를 비방하면 절도죄로 다스린다"는 발상이었다. 긴급조치 위반 사건이 급증했고, 비상군법회의는 현직 검사, 판사를 파견받아 속전속결로 기소와 재판을 반복했다. 뭐든 엉터리 군대식이었다. 비상군법회의에 파견되어 독재의 주구 노릇을 했던 대부분의 검사와 판사들은 자신의 과거를 부인하거나 어쩔 수 없는 일이었다는 변명으로 일관하고 있다. 독재정권의 유지와 연장을 위해 민주화 운동가, 학생, 일반 시민들을 탄압했던 일을 그저 어쩔 수 없는 일이었다거나 시대가 그랬다는 말로 그냥 넘어갈 수 있는 일인가? 독재의 주구가 되었던 검사와 판사들이 그토록 지키고자 했던 질서는 오로지 독재자 한 사람만을 위한 질서가 아니었나. 독재자에 빌붙어 일정한 기득권을 보장받은 법조 관료 자신들을 위한 질서가 아니라고 할 수 있나. 잘못은 컸지만 잘못에 대한 고백도 사과도 없었다. 지금까지도.

 김대중, 노무현 정권 출범 이후 과거사 정리를 위한 다양한 시도가 있었다. '대통령 소속 의문사진상규명위원회'와 이를 잇는 '진실·화해를위한과거사정리위원회'가 출범해 활동했고 군, 경찰, 국가정보원 등의 기관들은 과거사 정리를 위한 위원회를 발족해 과거 청산 작업에 나섰다. 하지만 유독 검찰만은 예외였다. 검찰은 군, 경찰, 국가정보원과 달리 과거 청산을 위한 위원회 구성을 하지 않았다. 과거 청산의 시늉조차 하지 않았다. 지난 과오에 대한 반성도 없었다. 법원 차원의 과거사위원회가 구성되지 않은 것과는 또 다른 문제였다. 법원은 잘못된 사건에 대한 재심을 받아들여 잘못된 결정을 바꾸고 피해자들에게 여러 차례 사과하기도 했다. 과거 청산에 관한 한 법원과 검찰은 확실히 달랐다. 대법원은 2010년 12월 16일 긴급조치가 민주주의의 본질적인 요소인 표현의 자유 내지 신체의 자유, 헌법상 보장된 청원권을 심각하게 제한, 침해한 것으로 위헌이라고 선고하기도 했다.

 지금까지 모두 다섯 차례의 사법파동(司法波動)이 있었다. 첫 번째 사법파동은 1971년에 일어났고, 2차는 노태우 정권 시기 일부 소장판사들이 사법 개혁을 주장하면서 일어났다. 3차 사법파동은 김영삼 정부 때, 4차

사법파동은 대법관 인사 관행에 대한 항의로, 5차는 신영철 대법관의 2008년 촛불집회 재판 개입에 대한 법관들의 항의로 일어났다.

1971년 7월. 서울지검은 서울형사지방법원 항소부 재판부장 등 3명이 향응을 받았다며 뇌물수수 혐의로 구속영장을 청구했다. 법원은 이를 기각했다. 검찰은 국가보안법 위반 사건의 증인 신문을 위해 제주도에 갔을 때 판사들이 피고인의 변호사에게 향응을 제공받았다고 주장했다. 판사들의 주장은 달랐다. 문제의 발단은 국가배상법 때문에 당연히 받아야 할 배상을 받지 못한 베트남전 참전 군인들이나 유가족들의 문제 제기에 대해 대법원이 해당 법조항에 위헌 결정을 내린 것이었다. 이 때문에 정부의 재정 부담이 커졌다. 국가보안법 등 시국사건에서 무죄가 선고되는 일도 종종 있었다. 검찰은 법원에 반발했다. 판사들을 용공분자 취급했고 판사들의 예금통장을 조사하는 등 사찰을 진행했다. 판사들은 판사 개인의 비리가 문제된 것이 아니라 법원이 정부 방침에 협조하지 않았다고 보복을 한 것이라고 반발했다. 판사들은 사법권 침해 사례들을 공개하며 사법권 독립 보장과 검찰 관계자의 인책을 주장하는 결의안을 채택했고 집단으로 사표를 제출했다. 이러한 행동에는 전국 판사들의 3분의 1가량이 참여했다. 그러자 서울지검 검사들은 판사들의 요구가 검찰권에 대한 정면 도전이라는 결의문을 내는 것으로 맞섰다. 결국 담당 검사는 문책 인사를 받고 해당 판사는 자진 사퇴를 하고 사표를 낸 판사들은 사표를 철회하면서 사법파동은 마무리가 되었다.

이때의 사법파동에서는 여러 가지 쟁점이 함께 부딪혔다. 법원이 시국사건에 대해 무죄판결을 하자 검찰이 불만을 갖고 사건을 일으켰다는 의혹도 있었고, 판사들의 뇌물 사건을 다루면서 피의사실공표죄를 범한 검사에 대한 처벌 문제를 비롯해서 사법부 독립, 검찰 중립화를 위한 여러 입법 과제가 쟁점으로 떠올랐다. 사법파동을 일으킨 검사에 대한 인책도 중요한 쟁점이 되었다. 뚜렷하게 밝혀진 것은 아무것도 없지만 이 사건을 통해 행정부가 검찰권을 사용해 법원을 길들이려고 했다는 의혹은 점점 더 커져갔다. 검찰의 정치적 중립성이 흔들리고 불신의 대상이 되었다. 사법파동을 겪은 다음 박정희는 유신헌법을 통해 법관 재임용 제도를 도입했다. 재임용 제도로 전체의 10퍼센트 넘는 판사가 법원에서 쫓겨났고 국가배상법 위헌 결정에 참여했던 대법원 판사 9명은 모두 옷을 벗어야 했다. 검찰을 통한 법원 길들이기가 뜻대로 이뤄지지 않자 정권이 직접 나서 법원 길들이기를 자행했다.

국제적 사건에도 드러내지 않은 존재감

1971년 대통령 선거에서 김대중은 박정희의 강력한 라이벌이자 최대 정적이었다. 유신이 선포된 뒤 김대중은 더욱 활발하게 민주화 운동을 진행했다. 박정희에게 김대중은 눈엣가시였다. 일본에 머물며 반유신 민주화 운동을 전개하던 김대중은 일본의 한 호텔에서 중앙정보부 요원들에게 납치되었다. 1973년 8월 8일, 권총 등으로 무장한 중앙정보부 요원과 괴한들은 김대중 전 신민당 대통령 후보를 납치했다. 눈을 가리고 입에 재갈을 물리고 손발을 묶었다. 괴한들은 김대중을 바다로 옮겨 갔다. 그

곳에는 중앙정보부의 공작선이 기다리고 있었다. 그들은 김대중을 바다에 빠트려 수장시키려 했다. 다행히 김대중 납치 사건은 신속하게 알려졌고 미국과 일본의 적극적인 개입으로 김대중을 살해하려던 계획은 실행되지 못했다. 김대중은 납치 5일 만인 8월 13일 밤, 서울 동교동 자택 앞에 버려졌다.

김대중 납치·살해 미수 사건은 엄청난 파장을 몰고 왔다. 중요한 정치 쟁점이었던 것은 물론 외교적으로도 중요한 사건이었다. 한국의 비밀경찰이 일본에서 직접 정계 주요 인물을 납치해 살해를 시도하는 등의 테러 행위를 자행했다는 것이 확인되면서 한일 관계는 한일 국교 정상화 이후 최대의 위기를 맞게 되었다. 사건 초기 일본 경찰은 김대중이 납치된 호텔에서 외교관 신분으로 일본에 머물던 중앙정보부 요원의 지문을 발견했다. 이 때문에 이 사건의 실체에 대한 접근은 그리 어려운 일이 아니었다. 박정희에 의한 직접적인 지시 문제는 권력의 매우 은밀한 부분이기에 확인하기 어렵다 하더라도 최소한 중앙정보부의 직접적인 개입은 이미 확인된 상태였기 때문이다.

김대중이 돌아온 다음 서울지검은 특별수사본부를 설치하고 수사를 진행했지만 형식적인 수사만 반복하고 시간만 끌었다. 수사는 흐지부지되고 말았다.

국정원 발전위원회는 김대중 납치·살해 미수 사건에 대한 조사 활동을 진행했고 2007년 10월 조사 결과를 발표했다. 누구나 납득할 수 있는 명쾌한 결과는 아니었다. 그래도 중앙정보부장 이후락의 직접적인 지시에 의해 계획적으로 자행되었다는 점은 분명히 확인되었다. 박정희가 직접 개입했다는 증거는 찾아내지 못했지만 중앙정보부 차장 이철희가 납치를 반대하자 이후락이 "나는 하고 싶어서 하는 줄 알아"라며 역정을 냈다는 등의 사실은 확인되었다. 위원회는 이후락과 사건 관련자들이 사건 발생 이후에도 처벌받지 않고 박정희에 의해 적극적인 보호를 받았으며 박정희가 직접 나서서 일본과의 마찰을 수습한 일 등 여러 정황에 비춰볼 때, 박정희의 직접 지시 또는 최소한 묵시적 승인이 있었다고 추정했다. 위원회는 사건 발생 이후에는 정부 차원의 조직적인 진상 은폐 시도가 있었다는 사실도 발표했다. 최소한 박정희 정권이 자신의 정적을 제거하기 위해 정보기관을 이용해 불법 테러 활동을 했다는 사실은 명백하게 밝혀졌다.

김대중 납치·살해 미수 사건과 관련해 검찰이 어떤 태도를 지녔었는지는 구체적으로 확인할 수는 없다. 가능성은 낮지만 최선을 다해 수사를 했는데 정치권력이나 정보기관의 조직적인 은폐나 압력 때문에 진실 규명을 하지 못한 것일 수도 있다. 아니면 애초부터 수사에 대한 의지조차 없었고 다만 수사하는 시늉만 냈던 것인지도 모른다. 하지만 야당의 직전 대통령 후보였으며 박정희의 가장 강력한 정적이었던 김대중을 납치해 살해하려 했던 사건과 관련해 검찰이 어떤 역할도 하지 않았다는 점은 분명하다. 진실 규명에 나서지도 않았다. 이 사건에 관해 검찰은 아예 존재감조차 없었다. 그저 시대가 그랬다고, 당시는 서슬 퍼런 독재의 시절이었다고만 하면 그만인가. 범죄를 수사해야 할 법적 의무가 있는 검찰이 최소한의 존재감조차 없었던 현실은 과연 면책받을 수 있는 일인가.

사법 역사상 암흑의 날

'인민혁명당'이란 이름의 사건은 1964년 사건으로 끝나지 않았다. 민청학련 사건이 터지자 박정희의 중앙정보부는 민청학련 사건의 청년, 학생들이 북한과 연계되었다고 조작하기 위한 연결고리를 만들기 위해 인민혁명당 재건위원회 사건을 터트렸다. 중앙정보부에게서 사건을 넘겨받은 검찰은 북한의 지령을 받아 유신체제에 반대하는 민청학련을 조종하고 국가를 전복하려 했다는 혐의를 씌워 25명을 기소했다. 이 중 8명이 대법원의 사형 선고 직후 사형 집행으로 목숨을 잃었고 17명은 무기징역형을 선고받게 되었다.

인혁당 재건위 사건도 1964년의 인혁당 사건과 마찬가지로 불법체포와 고문으로 조작된 사건이었다. 그러나 고문을 당했다는 관계자들의 호소는 외면당했다. 중앙정보부가 고문으로 사건을 조작하자 검찰은 기계적인 기소에다 높은 형량으로 화답했고 법원은 검찰의 주장을 인용하기만 했을 뿐이다. 고문과 조작의 진실이 알려지는 것이 두려웠던 박정희 정권은 대법원에서 사형이 확정되자 그야말로 판결문의 잉크도 채 마르기 전인 18시간 만에 전격적으로 사형을 집행해버렸다. 사형수라 해도 집행을 이렇게 신속하게 한 적은 없었다. 몇 년씩 사형수로 지내는 경우도 많은데 이런 식의 속전속결은 유례가 없는 일이었다.

스위스 제네바에 본부를 둔 국제법학자협회는 사형이 집행된 1975년 4월 9일을 '사법 역사상 암흑의 날'로 선포했다. 정말 그랬다. 캄캄한 암흑뿐이었다. 사형 집행을 당한 사람들의 시신조차 가족들에게 넘겨주지 않았다. 시신을 돌려달라고 서울구치소 앞에서 절규하는 유족들을 경찰력으로 밀어붙이고 크레인까지 동원해 시신을 빼앗아 갔다. 유족들을 감금한 경찰은 시신을 화장 처리했다. 시신에 남아 있는 고문 흔적을 없애기 위한 만행이었다. 터무니없는 사형 선고에다 전격적인 사형 집행도 모자라 시신까지 빼앗아 화장시켜버리는 일이 모두 자칭 법치주의 국가라는 데서 일어났다.

2002년 의문사진상규명위원회는 인혁당 재건위 사건이 중앙정보부의 조작이라는 결론을 내렸다. 당시 중앙정보부장을 지낸 사람은 후일 이 사건이 박정희와 이후락의 지령을 받은 신직수와 그의 심복들이 조작한 것이라고 증언하기도 했다. 국정원 발전위원회도 이 사건의 관련자들이 권위주의 정권에 대한 반대 활동을 하기는 했지만 체제 전복을 기도했다고 볼 근거가 없고, 관련자들이 '인혁당 재건위'를 결성한 사실도 없으며 수사 과정에서 가혹한 고문을 당했다는 조사 결과를 발표했다. 법원은 인혁당 재건위 사건에 대한 재심 개시 결정을 내렸고 서울중앙지법은 2007년 1월 이 사건에 연루된 피고인 전원에게 무죄를 선고했다. 기존의 판결이 고문에 의한 허위자백을 근거로 했다는 점을 인정하고 무죄로 선고한 것이다. 박정희 정권에 의해 억울하게 목숨을 잃은 지 32년 만의 일이었다.

만일 인혁당 재건위 사건 때도 1964년 인혁당 사건 때의 담당 검사 같은 사람이 있었다면 현대 사법 역사상 가장 치욕스러운 사건, 국제사회에서 사법 역사상 암흑의 날이라고 비난받는 사법살인은 막을 수 있었을 거다. 비록 다시 열린 재판에서 무죄를 선고받고 죽은 사람들과 유족들의 명예가 회복된 것은 다행이지만, 그렇다고 억울하게 죽임을 당한 목숨을 되살릴 수는 없는 일이다.

검찰은 정치적 중립성도 독립성도 저버렸고 검사는 법조인으로서 최소한의 양심도 저버렸다. 사법부는 검찰의 횡포에 맞장구를 쳤다. 그 결과 8명이 사법살해당했고, 수십 명이 오랜 세월 옥고를 치러야 했다. 인혁당 재건위 사건에 관여한 검사와 판사들은 재심 결정에도 불구하고 지금껏 의례적인 반성도 하지 않았다. 다만 말뿐이라도 사과조차 하지 않았다. 검찰이 휘두르는 칼에 정의가 존재하지 않으면 그것은 폭력배가 휘두르는 회칼과 다름없다.

박정희는 검사든 판사든 모두 군대의 부하처럼 여겼다. 박정희가 검찰을 어떻게 생각했는지를 가장 잘 알려주는 것은 신직수(1927~2001)의 검찰총장 임명이었다. 신직수는 겨우 36살의 젊은 나이에 검찰총장이 되었다. 위계와 서열을 중시하는 법조계에서 이런 파격적인 인사가 가능했던 것은 전적으로 박정희의 신뢰 때문이었다. 신직수는 박정희가 사단장이던 시절 법무참모였다. 신직수는 역대 검찰총장 가운데 가장 오랫동안 검찰총장에 재직했다. 제11대 검찰총장 신직수의 재직기간은 1963년 12월부터 1971년 6월까지 무려 7년 반이었다. 검찰총장을 지낸 신직수는 법무부장관으로 2년 반, 중앙정보부장으로 3년 동안 일하며 승승장구했다. 박정희는 사단장 시절의 법무참모에게 검찰총장, 법무부장관, 중앙정보부장 등의 요직을 13년 동안 시켰다.

제4장
전두환·노태우 정권과 검찰

1979년 10월 부마항쟁이 일어났다. 부산과 마산의 시민, 학생들이 유신정권에 저항한 운동이었다. 부마항쟁에 대한 박정희의 대응은 거침없고 적대적이었다. 부산에서 1000여 명, 마산에서 500여 명을 체포했다. 박정희 정권의 무력진압으로 저항은 주춤해졌으나 부마항쟁은 유신의 심장을 멈추게 하는 견인차가 되었다. 1979년 10월 26일. 박정희가 자신의 최측근 김재규 중앙정보부장에게 피살된 것이다. 이로써 유신체제는 막을 내리게 되었다. 하지만 박정희가 길러낸 전두환, 노태우 등 일단의 정치군인들은 12월 12일 군사 쿠데타를 일으켜 실권을 장악했다. 군사독재가 연장되려는 상황, 박정희의 유신체제에 이어 이제는 신군부가 집권하는 상황이 닥친 것이다.

시민, 학생, 재야 세력은 반발했고 민주화 이행을 요구했다. 이 잠깐의 시간을 역사는 '서울의 봄'이라 부른다. 학생과 재야는 서울의 봄마저 신군부가 악용하는 것을 우려해 민주화 시위를 중단하고 평화적인 민정 이

양을 요구했다. 그러나 신군부의 집권 시나리오는 이미 작동되고 있었다. 신군부는 계엄령을 전국으로 확대했고 일체의 정치 활동을 금지했다. 김대중과 재야인사들은 내란음모죄로 체포했고 김영삼은 가택 연금시켰다. 서울의 봄은 끝났다. 한국의 헌정 질서는 다시 유린되었다. 민주주의의 시계는 잠깐 움직이는 듯했지만 금세 작동을 멈춰버렸다.

전두환 등의 신군부는 광주 전남대 앞의 작은 시위를 빌미로 삼았다. 전남대생들이 계엄 철폐와 민주 헌정 회복을 요구하는 시위를 하자 신군부는 미리 준비한 공수부대를 투입해 무참히 진압했다. 유혈 진압은 의도된 도발이었다. 광주 시민들은 공수부대의 유혈 진압에 경악했다. 그리고 항의 운동을 진행했다. 5·18광주민주화운동이다. 전두환은 박정희보다 훨씬 더 포악했다. 전두환 일당은 광주 시민들을 무자비하게 학살했다. 광주는 핏빛 도시가 되었다. 전두환의 집권을 위한 희생양이었다.

전두환은 결국 대통령이 되었다. 전두환 정권은 침묵과 굴종을 강요했지만 침묵은 오래가지 않았다. 광주 학살의 진상을 밝히자는 민중들의 외침이 곳곳에서 터져 나왔다. 전두환의 파쇼 통치에 저항하는 운동은 가열차게 전개되었다.

1987년 대학생 박종철이 남영동 대공분실에서 고문으로 목숨을 잃는 고문치사 사건이 발생했다. 최루탄을 맞은 대학생 이한열의 희생과 함께 이 사건은 6월 항쟁의 기폭제가 되었다. 직선제 개헌과 민주주의 이행을 위한 전 국민적인 항쟁이 전개되었다. 1987년 6월 항쟁은 불완전하지만 중요한 진전으로 이어졌다. 최소한 절차적 민주화를 진행할 근거가 마련된 것이다.

인간 파괴를 조장하는 법률 기능공

김근태는 전두환 정권 최초의 공개적 민주화 단체의 대표였다. 김근태를 비롯한 학생운동 출신의 민주화 운동가들이 결성한 민주화운동청년연합(민청련)은 지속적으로 전두환 정권 퇴진 운동을 전개했다. 정권 입장에서는 눈엣가시 같은 존재인 민청련과 김근태를 그냥 둘 수 없었다. 1985년 9월 민청련 의장 김근태는 남영동 대공분실로 끌려갔다. 남영동은 이근안을 비롯한 고문경찰관들이 상주하며, 밤낮 없는 고문으로 이미 유명한 곳이었다. 남영동에서 김근태는 11차례에 걸쳐 물고문과 전기고문을 당했다. 김근태의 육성을 직접 들어보자.

> 가방을 갖고 다니면서 그 가방에 고문도구를 들고 다니는 건장한 사내는 본인에게 "장의사 사업이 이제야 제철을 만났다. 이재문(남민전 사건의 주범, 옥사했음)이가 어떻게 죽었는지 아느냐. 속으로 부서져서 병사를 했다. 너도 각오해라. 지금은 네가 당하고 민주화가 되면 내가 그 고문대 위에 서줄 테니까 그때 너가 복수를 해라." 이러한 참혹한 이야기를 하며 본인에 대한 동물적인 능욕을 가해왔습니다.
> 뿐만 아니라 고문을 받는 과정에서 본인은 알몸이 되고 알몸 상태로 고문대 위에 묶여졌습니다. 추위와 신체적으로 위축돼 있는 상태에서 본인에 대해 성적인 모욕까지 가했습니다. 말씀드리면 제 생식기를 가리키면서 "이것도 좆이라고 달고 다녀? 민주화 운동을 하는 놈들은 다 이따위야." 이렇게 말하자면 깔아뭉개고 용납할 수 없는 만행을 저질렀습니다. 고문을

할 때는 온몸을 발가벗기고 눈을 가렸습니다. 그다음에 고문대에 눕히면서 몸을 다섯 군데를 묶었습니다. 발목과 무르팍과 허벅지와 배와 가슴을 완전히 동여매고 그 밑에 담요를 깝니다. 머리와 가슴, 사타구니에는 전기고문이 잘되게 하기 위해서 물을 뿌리고 발에는 전원을 연결시켰습니다.

처음에는 약하고 짧게 점차 강하고 길게, 강약을 번갈아하면서 전기고문이 진행되는 동안 죽음의 그림자가 코앞에 다가와 …… 이때 마음속으로 '무릎을 꿇고 사느니보다 서서 죽기를 원한다'는 노래를 뇌까리면서 과연 이것을 지켜내기 위한 인간적인 결단이 얼마나 어려운 것인가를 절감했습니다. 죽음의 그림자가 드리울 때마다 아우슈비츠 수용소를 연상했으며 이러한 비인간적인 상황에 대한 인간적인 절망에 몸서리쳤습니다.

—『1970년대 민주화 운동(제3권) : 기독교 인권운동을 중심으로』,
한국기독교교회협의회 인권위원회 편, 한국기독교교회협의회, 1987.

김근태는 의지가 강한 사람이었다. 육신의 고통에 못 이겨 고문에 굴복했지만 고문받은 사실을 알리기 위해 몸에 난 딱지를 떼어 은밀하게 간직했고 그것을 부인 인재근에게 몰래 전달했다. 고문받았다는 사실을 폭로하는 것 자체가 또 다른 고문을 불러오는 일이기도 했다. 김근태는 용감했다. 김근태가 고문을 받았다는 사실을 확인한 대한변호사협회 인권위원회는 고문경찰관들을 서울지검에 고발했다. 그렇지만 서울지검은 고발당한 경찰관 모두에게 무혐의 결정을 했다. 1987년 1월의 일이다.

김근태의 변호인단은 검찰의 무혐의 결정에 반발해, 법원에 재정신청*을 냈다. 서울고등법원은 결정을 계속 미루다가 부천서 성고문 사건으로 고문에 대한 여론의 질타가 이어지자 재정신청을 받아들였다. 1988년 12월의 일이다. 고문경찰관들에 대한 처벌이 그제야 가능해졌다. 그래도 고문 기술자 이근안은 처벌되지 않았다. 이근안은 정권과 경찰 조직의 비호를 받았으며 민주화는 매우 더딘 속도로 조금씩 진전되고 있었기 때문이다.

김근태 사건에서도 검찰은 아무런 역할도 하지 않았다. 후일 김근태 사건 담당 검사는 "다리를 절룩거려 고문이 있었을 것으로 직감했으나 수사해달라는 명확한 의사를 밝히지 않아 수사하지 않았다"고 변명했다. 검찰 고위간부들의 고문 은폐 대책회의가 보도되기도 했다. 할 말을 잃는다. 이렇듯 검찰이 있어야 할 자리는 비어 있었다. 늦게나마 법원이 그 공백을 메웠다. 고문을 근절하겠다는 능동적인 의지 따위는 검찰에게는 물론 고문을 애써 외면한 법원에게도 없었다. 1987년 6월 항쟁으로 세상이 조금 바뀌고 부천서 성고문 사건의 진상이 밝혀지자 여론의 압력에 밀려 재정신청을 받아들였을 뿐이다. 김근태 사건에서도 검찰은 고문의 방조자이자 적극적인 조력자였을 따름이다.

민주화 운동가들에 대한 전두환 정권의 보복은 직접적이었고 악랄했다. 최소한의 법적 절차도 모조리 무시되었다. 불법체포와 장기간에 걸친 불법구금이 반복되었다. 불법구금 기간 동안에는 잔인한 고문을 반복했

---

* 재정신청(裁定申請)이란 검사가 사건에 대하여 법원에 기소를 하지 않는 결정, 즉 불기소 처분을 할 때 검사의 불기소 처분에 대하여 불복하여 검사의 처분이 맞는 것인지 틀린 것인지의 당부(當否)를 심판해줄 것을 법원에 신청하는 제도다. 법원은 검사의 불기소 처분이 부당하다고 판단하는 경우에는 검찰이 법원의 결정에 따라야만 하는 직접 기소제기 결정을 내릴 수 있다.

다. 고문은 허위자백을 받아내는 가장 효과적인 수단이었다. 국가안전기획부 지하 조사실과 여러 곳의 분실들, 남영동 대공분실 등 전국적으로 40여 개가 넘는 경찰의 대공분실과 수백 개의 경찰서, 그리고 국군보안사령부(지금의 기무사령부) 서빙고 분실을 비롯한 여러 곳의 특별조사실에서 고문은 매우 조직적으로 진행되었다. 고문은 허위자백으로 이어졌고 허위자백은 형사처벌의 유일한 근거가 되었다. 증인도, 증거도, 알리바이도, 다른 그 무엇도 모두 필요 없었다. 피의자의 자백만이 증거의 여왕이었다.

> 반공이 국시였던 70, 80년대에는 소위 조작간첩 사건의 경우 공통적으로 불법연행, 장기구금, 고문 → 허위자백 → 번복 → 고문, 비공개재판, 자백의 증거능력 인정, 높은 형량 등 수사 및 공판 절차에서의 불법 및 인권 침해가 공공연하게 자행되었다. 더욱이 이렇게 불법적이고 탈법적인 과정을 통해 부풀려져 왜곡·조작된 사건들은 정치적 목적을 위해 악용되었다. 그 과정에서 안타까운 피해자와 희생자들이 양산되었던 것이다. 심각한 것은 이러한 관행이 단지 사법경찰, 안기부, 기무사뿐만 아니라 인권수호 기관이어야 할 검찰 및 인권 보장의 최후 보루라 자임하는 사법부에 이르기까지 정도의 차이는 있으나 공통적으로 나타나는 문제였다는 사실이다.
>
> ─『국가보안법 고문 용공조작 피해자 증언대회 자료집』,
> 국가보안법폐지국민연대, 2004.

이 시대에는 온통 고문의 피비린내와 피울음이 이 땅 위에 진동했다. 이러는 사이 법은 누더기가 되고, 원망과 조롱의 대상이 되며, 법치주의와 법의 권위와 위신은 땅에 떨어졌다. 법 절차는 단지 권력자의 폭압을 정당화하는 수순에 지나지 않았다.

―『야만시대의 기록』(제1권), 박원순, 역사비평사, 2006.

그랬다. 인권은 숨조차 쉴 수 없게 되었다. 피의자, 피고인의 인권은 그 개념조차 존재하지 않았다. 국가폭력의 희생자인 고문 피해자의 인권도 없었다. 인권의 수호자라는 검사도 없었다. 검사는 고문 피해자의 호소에 귀 기울이지 않았다. 잠깐만 살펴봐도 누구나 금세 알 수 있는 사실도 외면했다. 고문 가해자들을 적발하고 처벌하려는 검사도 없었다. 검사들은 그저 법의 지배라는 요식절차를 이행하는 데 필요한 실무자이자 법률 기능공들이었을 뿐이다. 그렇게 권력의 시녀로 충직하게 일하면서 그들은 제 몫만 챙겼다.

간첩으로 둔갑한 어부

전두환 정권은 민주화 운동에 참여했던 사람들의 인권만 짓밟았던 게 아니었다. 서슬 퍼런 정권의 무도한 짓은 일반 시민들에게도 자행되었다. 무고한 민간인들까지 간첩으로 몰아 처벌하는 일도 전혀 주저하지 않았다. 1960년대 후반부터 국민의 안보 공포를 자극하기 위해 자행되던 납북 어부 관련 사건들은 1980년대 중반까지 계속되었다. 북한에 의해 납북되었다가 귀환한 어부들을 다시 수사기관에 끌고 와 모진 고문을 했다. 그들은 고문을 이길 수 없었다. 수사기관의 주문대로 허위자백을 했다. 허위자백은 형사처벌로 이어졌다. 이들은 어로저지선을 일부러 월선했다는 혐의를 뒤집어썼다. 그리고 수산업법 위반과 국가보안법 위반으로 처벌받았다. 독재정권 유지를 위해서는 반공을 빌미로 간첩 검거가 절실했고 손쉬운 대상으로 가장 힘없는 납북 어부들을 간첩으로 기획수사했다. 만만하고 손쉬운 대상으로 어민을 선정한 것이다.

'납북 귀환 어부 이상철 간첩 사건'도 수사기관에 의한 전형적인 조작 사건이었다. 이상철이 승선한 대복호는 1971년 9월 26일 독도 동북방 공해상에서 조업하다가 갑자기 들이닥친 태풍 탓에 어로저지선을 넘게 되었다. 북한 영해에 들어선 것을 알고 남쪽으로 돌아오기 위해 필사적으로 노력했지만, 북한 경비정의 총격을 받고 피랍되었다. 북한은 1년 동안 대복호 선원들을 억류했다가 1972년 9월 7일 풀어주었다. 이상철은 남북 대결의 피해자였지만 다른 납북 어부들처럼 반공법 위반으로 유죄선고를 받았다. 그러나 그게 끝이 아니었다.

이상철이 1971년의 납북 사건으로 처벌을 받은 다음, 경찰은 이상철을 진짜 간첩을 잡으려는 미끼로 이용했다. 이상철에 대한 조사 과정에서 이상철이 북한에 머물 때 북한의 공작원이 내려오면 접선하라는 지령을 받았고 접선 방법 등을 교육받았다는 사실을 알고 있었기 때문이다. 경찰은 이상철이 석방될 때 트랜지스터라디오를 주고 '접선 공작'을 하라고 요구했다. 북한에서 교육받은 것과 똑같은 방법이었다. 신문에 "김○○를 찾습니다"라는 광고를 내고 이상철은 집에서 기다리도록 했다. 마당에 빨래를 널어놓되 가운데는 빨간 옷을 걸어두는 방식으로 표식을 했다. 경찰은 간첩을 잡기 위해 이상철 주변을 철저하게 감시했다. 이상철은 적극적으로 당국의 요구에 응하며 협조를 아끼지 않았다. 그러던 어느 날 이상철은 갑자기 보안부대에 의해 불법체포되었다. 이상철은 간첩을 낚기 위한 미끼요 경찰의 협조자였지만 간첩 검거라는 실적이 필요했던 보안부대가 이상철을 거꾸로 간첩으로 만들어버린 것이다. 간첩 검거를 위한 협조자를 간첩으로 둔갑시킨 비결 역시 고문이었다.

이상철의 증언이다.

> "수사관들이 나의 옷을 다 벗겨 놓고 무릎을 꿇게 하여 조사를 하였다. 수사관들이 전기고문을 할 때는 양쪽으로 4명, 앞뒤에 1명씩이 서 있었고 물에 젖은 가마니를 바닥에 쭉 깔아놓았으며, 그 추운 겨울에 발가벗겨 의자에 앉혀놓고 손과 발을 묶고, 나의 성기(귀두)에다 전기선을 감아 전기고문을 하였고, 또 봉을 만들어서 전기스파크가 생기면 나의 앞가슴을 쳤다. 그 충격에 의해서 내가 쓰러지면, 수사관들이 의자와 나를 함께 잡아서 다시 똑바로 앉혀서 전기고문을 반복하였다. 수사관들이 내가 전기고문을 받다가 기절을 하면, 바케스에 물을 갖다놓고 내 온몸에 부었다."
>
> "수사관들이 물고문을 할 때는 나의 양손을 발 사이로 해가지고 봉을 끼워 매달아놓고(돼지 먹 딸 때처럼 거꾸로 매달아가지고), 물탱크에 통째로 집어넣었다. 수사관들이 물을 실컷 먹고 기절해버린 나를 끄집어내어 발로 밟아 물을 토하게 하였다."
>
> "잠은 하루에 2시간밖에 못 자게 하였고, 2시간 재우는 것도 군용 야전침

대에 군용 담요를 하나 주어 잠을 자게 하였다."

"정말 고통스러운 것은 수사관들이 나를 발가벗겨 벽에 세워놓고, 나의 성기(귀두)에다 고무줄을 묶어서 팽팽하게 당겼다. 그러면 성기가 늘어지는데, 그 고통이 컸다. 그리고 조사받을 때 나의 머리는 장발에 가까웠다. 수사관들이 나에게 졸지 말라고 발뒤꿈치 들리게끔 천장에다 머리를 묶어서 매달아놓고, 내가 조금이라도 껌뻑거리면 머리가 빠졌다."

"어느 날에는 수사관들이 나를 사흘인가 굶기더니, 내 앞에서 불고기를 앞에다 놓고 술을 먹기까지 하였다. 그 불고기 냄새 때문에 내가 미칠 지경이었다. 수사관들이 나에게 '지장을 찍고 고기를 먹으라'고 하였다."

"검찰에서 조사를 받을 때도 검사실에 보안사 수사관들 4명이 버티고 있어서 말 한마디도 하지 못하였다. 당시 검사가 수사관한테 허리를 굽히고, 검찰청에 아가씨도 있는데, 검사가 직접 차를 수사관들에게 가져다주었다."

— 「'납북 귀환 어부 이상철 간첩 조작 의혹 사건' 조사 보고서」,
진실 · 화해위원회, 2010. 1. 12.

저들의 고문은 언제나 옷을 벗기는 것부터 시작된다. 사람을 굴복시키기 위한 것이다. 옷은 인간과 비인간의 경계와도 같다. 그들 앞에 알몸으로 놓이는 그 순간부터 인간이 아닌 고문의 대상, 고문의 객체로 전락한다. 심지어 보안부대에서 조사를 받은 이상철의 부인은 보안부대 수사관에게 강간을 당했다고 증언하기도 했다. 보안부대는 민간인에 대한 수사권이 없는데도 이렇게 했다. 수사권이 없다는 사실을 은폐하기 위하여 국가안전기획부 직원의 이름을 빌려 수사 서류를 허위로 꾸미기도 했다.

당시 이상철을 이용하여 공작을 벌이던 경찰관의 증언이다.

"이상철이 보안대에 연행되었다는 소식을 듣고, 502보안대로 찾아가 보안대장(중령)을 만나 항의를 했다. 보안대장에게 '우리들이 이상철에게 접선 공작을 장기적으로 하고 있는데, 이렇게 빼앗아 가면 어떡하냐, 지금이라도 늦지 않았으니 내놓아라. 국가를 위해서 상부선을 잡아야지 피라미를 잡아서 되느냐'라고 하였지만, 보안대장은 꿈쩍도 하지 않았다."

"이상철에 대한 접선 공작이 장기화되자 이상철도 먹고살아야 하기에 우리들이 신원보증을 해주고 대우조선소에 취업을 시켰다. 그래서 이상철은 낮에는 대우조선소에서 일을 하였고, 밤에는 집에서 접선 공작에 협조하였다. 그리고 공작 차원에서 트랜지스터라디오도 주었다. 그래서 이상철은 일본에서 사람이 왔을 때에도 협조 차원에서 유○○ 형사에게 신고를 하였던 것이다"

―「'납북 귀환 어부 이상철 간첩 조작 의혹 사건' 조사 보고서」,
진실·화해위원회, 2010. 1. 12.

검찰은 이상철이 1971년 9월 26일 북한 경비정에 피랍되어 1972년 9월 7일 귀환될 때까지 북한 평화통일위원회 소속 대남공작원 서명남 등으로부터 사상 교육을 받고 포섭된 뒤 노동당에 입당하는 한편, 간첩 교육을 받고 특수지령을 받아 국가기밀을 탐지하고 북한의 우월성을 찬양·고무하였다는 혐의로 기소했다. 1984년 5월 2일 법원은 이상철에게 징역

17년과 자격정지 17년의 중형을 선고했다. 이상철은 김대중 정부가 출범한 1998년 8·15 특사로 석방될 때까지 수감의 고통을 겪어야 했다. 이상철은 노무현 정부 때 출범한 진실·화해위원회에 억울함을 호소했다. 위원회의 조사 결과, 수사권조차 없는 보안부대가 이상철을 33일 동안 불법 구금했고, 고문으로 허위자백을 받아 간첩으로 조작했다는 사실이 밝혀졌다. 위원회는 이상철이 조작된 증거와 조작된 허위자백으로 장기간 징역형을 살게 된 인권 침해 사건이라고 그 진상을 밝혔다.(2010년 1월 12일 결정)

이상철 사건에서도 검찰이 할 수 있는 일은 많았다. 그런데도 고문과 불법구금을 알면서도 묵과했고 그를 기소하기까지 했다. 경찰의 강압이 있었지만 이상철은 나름의 방법으로 국가에 협조하던 사람이었다. 그런데도 국가는 이상철을 철저하게 파괴했다. 법을 집행한다는 사람들이 악귀처럼 한 인간을 파괴했다. 절규에 귀 기울이는 사람도 없었다. 법률 전문가인 검사와 판사도 마찬가지였다. 이상철은 심각한 고문 후유증에 시달렸다. 사람으로서 견딜 수 없는 모진 고통이 계속되었다. 15년 동안 억울한 구금을 당한 이상철은 고문으로 망가진 몸과 마음을 추스르며 불가에 귀의하여 스님이 되었다. 보광스님이 된 이상철은 만행을 저지른 국가와 가해자들을 용서했다. 그래도 다시는 이런 억울한 일이 반복되지 말아야 한다는 생각에 최소한의 진실만은 알려줄 것을 요구했다. 하지만 보광스님 이상철은 진실·화해위원회에 진상 규명을 신청한 지 3개월 만에 입적했다. 오로지 진실만이라도 알리고 싶었지만 보광스님이 세상과 맺었던 인연은 거기까지였다. 보광스님이 온갖 악행을 겪고 번뇌하면서 생각했던 법과 검찰의 모습은 어떤 것이었을까.

중앙정보부가 간첩으로 둔갑시킨 납북 귀환 어부 수는 1951년~1969년 사이에 40명, 1970년~1979년 사이에 37명, 1980년 이후 26명에 달하였다. 소름끼치는 고문과 인간으로서 견딜 수 없는 극한적인 능욕과 상처, 고통에 대해 책임지거나 말로라도 사과를 했던 군인, 경찰관, 검사, 판사는 지금껏 아무도 없었다.

일상화된 사건 조작과 은폐

1986년 부천서 성고문 사건이 터졌다. 서울대 학생 권인숙은 노동 현장 취업을 위해 주민등록증을 위조했다는 공문서 변조죄 등의 혐의로 부천경찰서에 연행되어 수사를 받게 되었다. 권인숙은 수사 과정에서 불법 사실을 순순히 자백했다. 그렇지만 수사를 맡은 부천서 형사 문귀동은 '공문서 변조'에 만족하지 않았다. 더 큰 사건을 그리기 위해 고문을 자행했다. 문귀동은 이해할 수 없고 용서하기도 힘든 성고문을 자행했다. 문귀동은 권인숙의 옷을 벗기고 알몸 상태에서 수갑을 채웠고, 무릎을 꿇게 하고 자신의 성기로 추행을 하고 가슴을 만지는 등의 성고문을 했다.

권인숙과 그의 변호인단은 문귀동을 강제추행죄로 인천지검에 고소했다. 그러자 문귀동은 명예훼손 혐의로 권인숙을 맞고소했다. 양립할 수 없는 서로 다른 주장이 제기되었다. 세상은 검찰의 판단을 주목했다. 검찰은 "권인숙이 조사받은 방은 안이 들여다보이는 곳이고 다른 경찰관들이 옆방에서 날씨가 무더워 모두 문을 열어 넣고 왔다갔다하는데 성고문이 있었다는 주장은 인정할 수 없다"며 성고문에 대해 '혐의 없음'이라 결정했다. 겨우 폭언과 폭행에 의한 가혹행위 부분만 인정된다고 했다. 그나마 문귀동이 직무에 집착해서 벌인 우발적인 범행이고, 경찰관으로서 그동안 성실하게 봉사했다는 이유를 들어 기소유예 결정을 했다. 검찰은 단순히 사건을 축소하는 데 멈추지 않았다. 검찰은 보도자료를 배포하면서 "급진좌파 사상에 물들고 성적도 불량하여 가출한 자가 성적 모욕이라는 허위사실을 날조·왜곡하여 자신의 구명과 수사기관의 위신을 실추시키고, 정부의 공권력을 무력화시키려는 의도"라고 발표했다. 심지어 이 보도자료를 검찰이 아니라 안기부와 문화공보부에서 작성한 것이라는 사실을 당시 검찰총장 서동권이 밝히기까지 했다. 검찰에게는 최소한의 자존심도 없었다. 검찰총장은 남이 베껴준 허위 내용을 앵무새처럼 읊조린 거라고 인정한 셈이다.

언론은 검찰의 보도자료와 군사정권의 보도지침에 따라 왜곡 보도를 일삼았다. 성폭력 피해자의 절규를 '운동권의 공권력 무력화 책동', '급진세력의 투쟁 전략·전술의 일환', '혁명 위해 성까지 도구화한 사건'이라고 매도했다. 이런 보도의 대가로 기자들은 법무부 고위당국자로부터 거액의 촌지를 받았다. 법무부장관 김성기는 검찰 간부들에게 격려금을 보내기도 했다.

검찰의 결정에 대해 대한변호사협회는 법원에 재정신청을 냈다. 서울고등법원은 성고문 사실은 인정하면서도 검찰의 불기소와 같은 이유를 들어 재정신청을 기각했다. 즉, 문귀동의 고문은 중대한 범죄로 재발하지 않도록 응징해야 마땅하다고 하면서도 "비등한 여론으로 형벌에 못지않은 고통을 받았다"는 어처구니없는 이유를 들어 재정신청을 기각한 것이다. 1987년 6월 항쟁이 없었다면 권인숙이 당한 성고문 사건은 그대로 묻힐 뻔했다. 1988년 2월에야 대법원은 재정신청을 받아들였고 문귀동은 기소되어 징역 5년 형을 선고받았다.

한 여성이 경찰에 끌려가 성고문을 당한 충격적인 사건이 벌어졌는데도 가해 기관인 경찰은 물론, 검찰과 법원, 그리고 언론까지 그저 독재정권의 충직한 시녀 노릇만 했다. 진실을 밝히는 것은 거의 불가능해 보였다. 사건을 맡은 조영래 변호사의 말처럼 이 사건은 "탄압에 굴하지 않는 불굴의 용기와 진실을 향한 피해자의 헌신"이 없었다면 그대로 묻히거나, 아니면 피해자가 오히려 체제를 위협하는 악당으로 역사에 기록될 뻔했다.

"이 빛나는 영혼의 아름다움을 간직한 순결무구한 처녀는 이 시대의 모든 죄악과 타락과 불의를 속죄하는 제물로 역사의 제단 앞에 스스로를 바쳤으며, 우리들 중 누구도 이 시대에서 가장 죄가 없는 이 처녀를 단 한 시라도 차디찬 감옥 속에 갇혀 있게 하는 죄악의 공범자가 되어서는 안 된다"고 권인숙의 변호인 조영래는 절규했다. 그러나 권인숙은 13개월을 차디찬 감옥에 갇혀 있었다.

문제는 이 사건의 진실을 가장 잘 알고 있는 검찰이 앞장서서 진실을 호도하고 범죄자에 대해 불기소 처분을 했으며 더 나아가 보도자료까지 내서 국민을 속이려 했다는 것이다. 죄 없는 성고문 피해자의 억울함, 그가 겪은 수치스러운 모욕은 이들의 고려 대상이 아니었다. 검찰의 행태는 마치 중세시대의 마녀사냥을 연상시켰다. 검찰의 수사는 마녀 수사였고 법원은 마녀 재판을 했다. 진실만 좇아야 할 검찰은 고문 사건을 정치적 사건으로 왜곡했다. 검찰이 나서서 적극적인 정치 행위를 한 것이다. 부천서 성고문 사건은 어쩌면 검찰의 역사에서 가장 수치스러운 결정으로 꼽아야 할지 모른다. 수사 책임자였던 당시 인천지검장 김경회는 회고록을 통해 이 사건을 "검사 생활 중 가장 치욕스럽고 부끄러운 사건"이라며, 당시 수사에 참여했던 한 검사는 수사 결과 발표가 있던 날 검사장실에서 열린 간부회의에 들어와 대성통곡을 했다는 사실을 전해주고 있다. 늦어도 너무 늦은 부끄러운 고백이었다. 그나마 이런 때늦은 고백조차도 기대하기 힘든 것이 법조 현실이다.

검사의 기소 여부에 대한 재량과 결정은 오로지 '정의의 나침반'으로 사용되어야 한다. 그런데 검찰은 과연 정의의 나침반으로 컴컴한 암흑 속에서 한줄기 횃불 역할을 하였는가. 검찰은 사슴(한 여성의 억울함)을 말(혁명을 위해 성까지 도구화한 자)이라고 우기는 지록위마(指鹿爲馬)의 죄를 범했다. 이 사건을 변론한 조영래 변호사의 유고집 제목처럼 '진실을 영원히 감옥에 가두어 둘 수 없습니다'라는 평범한 진리마저 검찰은 짓밟았다.

김수환 추기경의 말을 들어보자. 1987년 1월 26일 명동성당에서 열린 박종철 추모 미사의 강론이다.

> 형사소송법 260조에는 재정신청을 규정하여, 수사기관의 불법행위에 대한 이의 절차를 두고 있습니다. 또 고문, 폭행, 협박, 부당한 장기 구속 등의 방법으로 강요된 피의자의 진술은 그 증거능력을 인정할 수 없다는 규정도 있습니다. 그럼에도 불구하고 고문에 의한 자백도 법원에서 공안 사

건의 경우 거의 다 채택됨으로써 그 규정이 지켜지지 않았고, 재정신청의 경우에는 지난 1973년 이 조항이 개정된 이후 14년 동안 유신체제를 거쳐 오면서 많은 고문 시비가 있었는데도 단 한 건도 받아들여진 적이 없다고 합니다.

특히 작년 6월 부천경찰서 성고문 사건 시에는 우리가 잘 아는 바대로 법원이 성고문의 실재를 인정하면서도 변호사들이 낸 재정신청을 기각시켰습니다. 이렇게 인권 옹호의 법과 제도가 있는데도 이것을 따르지 않음으로 휴지화해버렸습니다.

이것은 무엇을 말합니까? 인권 옹호의 법은 엄연히 있지만, 이를 앞장서 지켜야 하고 감시 감독해야 할 경찰과 검찰이 이 법이나 규정을—그들 자신은 마치 법을 초월한 존재이듯—법을 무시하며 지키지 않았고 또한 법의 존엄을 수호해야 할 사법부가 자신에게 맡겨진 인권 옹호의 의무를 다하지 않았다는 것입니다. 그 결과로 이 땅에는 고문이 관행처럼 되었고 마침내는 이번의 고문치사의 비극을 낳게 된 것입니다.

—『김수환 추기경의 신앙과 사랑』(제1권),
천주교 서울대교구 편, 가톨릭출판사, 2008.

1980년대의 검찰의 과오는 시국 사건에서만 나타난 것은 아니었다. 대다수 국민의 의혹이 집중된 사건에서도 정치권력의 의중을 좇았다. 비교적 투명하고 엄정하게 수사했다는 평가를 받는 '이철희·장영자 어음 사기 사건'이나 '명성 사건'에서도 마찬가지였다. 거악을 쫓아 대형 경제 부정사범에 일정한 성과를 보여주었지만, 검찰의 수사는 어디까지나 정권의 사전 내락을 받은 범위 내에서 진행되었다.

이철희·장영자 어음 사기 사건은 중앙정보부 차장 출신인 이철희와 전두환 대통령의 부인 이순자와의 인연을 내세운 장영자가 자신들의 경력과 주변인들과의 신분을 이용해 일으킨 사기극이었다. 이들 부부는 대기업에 실현 가능성이 없는 유리한 조건을 내세워 거금을 대여해주기도 했다. 대여금 상당액의 어음과 대여금 이상의 담보어음을 교부받아 이를 모두 사채시장에서 할인하여 약속한 대여금을 지급하고, 나머지 할인금을 주식에 투자하거나 같은 방법으로 기업에 대여하는 방식을 반복했다. 취득한 어음을 다시 사채시장 등에서 할인하는 방법으로 굴지의 기업들을 상대로 1800억 원가량을 사기쳤다. 강남 지역 부동산 투기가 한창이던 시절이었다. 이때 서울 서초동의 신축 아파트는 평당 100만 원에 거래되었다. 그러니 당시의 1800억 원은 서울 강남에서 25평 아파트를 7200여 채나 살 수 있는 어마어마한 액수였다.

명성 사건은 명성그룹 회장 김철호가 상업은행 혜화동 지점 대리 김동겸을 통해 은행금리보다 높은 시중의 사채이자율로 이자를 지급하고, 전주(錢主)에게는 수기통장을 발행해준 다음, 그중 일부의 소액만 정식예금으로 하고 나머지는 가명의 비밀계좌에 입금시켜주었다가 예금주 명의의 인장을 위조하여 수시로 인출하여 명성그룹의 예금구좌에 입금시켜 주는 방식으로 총 1066억 원을 횡령한 사건이다.

두 사건 모두 거액을 사기치고 횡령한 사건이었다. 또한 이 정도의 천문학적 액수를 사기치고 횡령하는 건 상당한 금액이 정치권에 흘러들어가야 가능하다는 게 상식이었다. 그러나 배후를 캐기 위한 진상 규명 노력은 없었다. 수사는 대통령 각하가 원하는 딱 그만큼까지만 진행되었다. 정치자금 유입설, 권력개입설, 배후설 등은 그저 '설'로만 그쳤다.

외면당한 죽음

1987년 6월 항쟁의 도화선이 되었던 박종철 고문치사 사건은 이한열 사망 사건과 함께 현대사적으로 매우 중요한 의미를 갖는다.

1987년 6월 9일. 다음 날 열릴 '박종철 고문살인 은폐조작 규탄 및 민주헌법 쟁취 범국민대회'를 알리기 위해 연세대 정문 앞에서 시위를 벌이던 이 대학 경영학과 2학년 이한열이 경찰이 쏜 최루탄에 맞았다. 최루탄 파편은 뇌간에 박혔고 이한열은 의식을 잃고 쓰러졌다. 이한열은 끝내 일어나지 못했고 7월 5일 숨졌다. 이 사건에서도 검찰은 이미 밝혀진 부분, 누구도 부인할 수 없는 부분만을 확인할 뿐이었다. 검찰은 최루탄을 쏜 전경대원을 특정할 수 없고 전경들의 상관들이 최루탄 발사 요령을 어기도록 방치한 증거가 없다는 이유로 누구도 기소하지 않고 불기소 처분을 했다. 범인을 색출하지 못한 것이 아니라 색출하지 않은 것이다. 전경대원들이 시위진압 시 안전수칙을 일상적으로 위반했고 전경 진압부대의 경찰관들은 명백한 직무유기 등의 책임이 있다는 비판 여론이 들끓었으나 검찰은 꿈쩍도 하지 않았다. 피해자는 있어도 가해자는 없다는 게 검찰의 일관된 태도였다.

1987년 1월 14일 새벽. 서울대 언어학과 학생 박종철은 남영동 대공분실 요원들에 의해 불법체포되었다. 서울대 민민투 사건의 수배자였던 선배 박종운의 행방을 알아내려고 남영동 대공분실로 끌고 간 것이다.

그들은 처음부터 고문을 했다. 남영동 대공분실 509호였다. 박종철의 옷을 모두 벗긴 다음 물을 가득 채워 넣은 조사실 욕조에 박종철의 머리를 쳐넣는 물고문이었다. 양손과 양발을 결박하고 겨드랑이를 잡고 누르며 박종철의 머리를 물속으로 집어넣었다 빼는 물고문이 반복되었다. 물고문은 10시간 이상 지속되었고 박종철은 목숨을 잃었다. 사건 직후 언론인 김중배는 절규했다. "그의 죽음은 이 하늘과 이 땅과 이 사람들의 희생을 호소한다. 정의를 가리지 못하는 하늘은 제 하늘이 아니다. 평화를 심지 못하는 땅은 제 땅이 아니다. 인권을 지키지 못하는 사람들은 제 사람들이 아니다."

경찰은 처음부터 박종철 사건을 단순 쇼크사로 조작했다. 밤사이 술을 많이 마셔 갈증이 난다며 물을 여러 컵 마신 박종철이 신문 시작 30분 만에 수사관의 추궁을 받다가 갑자기 쓰러졌다고 했다. "책상을 탁! 하고 치니 억! 하고 쓰러졌다"는 게 경찰의 공식 발표였다. 경찰은 진실을 숨기기 위해 박종철의 시신을 화장하려고 했다. 그러나 시신의 처리는 경찰 마음대로 할 수 없는 사안이었다. 검찰의 지휘를 받아야 했다. 다행히 경찰과 검찰의 협조는 원만하지 않았다. 경찰은 부검의 황적준에게 사인을 심장마비로 하라는 협박을 하기도 했지만 이미 박종철의 시신을 본 사람은 검안한 의사 오현상, 부검의 황적준 등을 포함해 한둘이 아니었다. 이들에 의해 박종철의 사망 원인이 물고문이라는 사실이 언론에 알려졌다. 경찰은 사건 발생 5일 만에 물고문 사실을 공식 인정하고 고문경찰관 2명을 구속했다. 그렇지만 사실이 드러나면 드러난 그만큼만 인정하고, 나머지 진실은 감춰두는 경찰의 행태는 여전했다. 다시 김수환 추기경의 말을 들어보자.

> 오늘 미사의 제1 독서에서는 야훼 하느님께서 동생 아벨을 죽인 카인에게 "네 아우 아벨은 어디 있느냐?" 하고 물으시니 카인은 "제가 아우를 지키는 사람입니까?" 하고 잡아떼며 모른다고 대답합니다. 창세기의 이 물음이 오늘 우리에게 던져지고 있습니다. 지금 하느님께서는 우리에게 묻고 계십니다. "너희 아들, 너희 제자, 너희 젊은이, 너희 국민의 한 사람인 박종철은 어디 있느냐?"
>
> "'탕' 하고 책상을 치자 '억' 하고 쓰러졌으니 나는 모릅니다." "수사관들의 의욕이 좀 지나쳐서 그렇게 되었는데 그까짓 것 가지고 뭘 그러십니까?" "국가를 위해 일을 하다 보면, 실수로 희생될 수도 있는 것 아니오?" "그것은 고문경찰관 두 사람이 한 일이니 우리는 모르는 일입니다"라고 하면서 잡아떼고 있습니다. 바로 카인의 대답입니다.
>
> —『김수환 추기경의 신앙과 사랑』(제1권),
> 천주교 서울대교구 편, 가톨릭출판사, 2008.

경찰의 더러운 범죄 조작이 드러난 것은 사건 발생 4개월만의 일이었다. 1987년 5월 18일 천주교정의구현전국사제단의 김승훈 신부는 김수환 추기경 집전하에 명동성당에서 열린 5·18민중항쟁 기념미사에서 박종철 고문치사 사건이 조작되었다는 사실을 폭로했다. 치안본부(지금의 경찰청) 대공국장(지금의 보안국장)인 치안감 박처원이 경정 계급 등의 부하들을 동원해 사건을 축소하고 은폐, 조작했고 고문에 가담한 경찰관도 애초 경찰의 발표와 달리 2명이 아니라 5명이었다는 사실이 밝혀진 것이다. 경찰의 반응은 즉각적이었다. 터무니없는 주장이라고 반박했다.

사제단의 폭로 3일 후 서울지검은 고문경찰관 3명과 범인 축소와 은폐에 관련된 치안본부 차장 등 6명의 고위직 경찰관들을 범인 도피 등의 혐의로 구속 기소했다. 검찰은 사제단의 폭로와 별개로 독자적인 재수사를 통해 밝힌 결과라고 했다. 뒷날 검찰 간부는 당시 경찰이 사건 은폐를 끈질기게 요구했지만 거부했다고 했다. 그러나 검찰의 입장은 그저 변명에 불과한 것이었다. 사제단과 달리 독자적으로 밝혀냈다는 그 사실을 왜 사제단의 발표 이전까지는 밝히지 않았는지 모르겠다. 또 다른 은폐와 축소 시도가 검찰 차원에서도 진행되었지만 사제단의 발표 때문에 어쩔 수 없이 밝힐 수밖에 없었던 것은 아닌지 의문으로 남아 있다.

박종철 사건에 대한 손해배상 청구소송 소장의 일부다.

> 공권력의 조직적 폭력 앞에서 외부로부터 철저히 격리된 채 무방비의 상태에서 한없이 고문당하고 학대당하며, 좌경사상을 가지고 있다는 허위 자백을 해야 하고, 무고한 학우나 동료를 공범으로 끌어내야 하며, 진실이 밝혀져야 할 신성한 법정에서는 어떠한 진실도 외면한 채 무조건 유죄라는 재판부의 절규를 끝으로 또다시 고문과 폭력이 기다리는 기나긴 옥중 생활을 시작하게 된다. 어떠한 고문을 해서라도 허위자백을 받아내고 무고한 사람들을 얽어 넣으면 그 가해자는 포상을 받고 승진의 영광을 누

리며 피해자는 고문의 결과를 승인하는 검찰에 의해 유죄로 인정되는 상황에서, 또한 권력의 궁극적 담당자들이 상상을 뛰어넘는 폭력으로 정권을 잡고 국민을 상대로 매일같이 전투경찰을 동원하여 진압 작전을 하는 상황에서 '고문을 해서는 안 된다'는 생각은커녕 '고문을 하지 않으면 안 된다'는 확고한 신념이 공안 사건을 담당하는 수사기관 종사자들의 마음속에 자리 잡게 되었다.

국가는 주권자인 국민을 위해 존재한다. 국가는 국민이 행복하게 살아가기 위한 한 수단일 뿐이다. 국민이 없는 국가는 존재할 수도 없고 존재할 필요도 없다. 국가의 존립은 인권, 곧 모든 사람이 존엄하고 가치 있다는 중요한 원칙을 지키기 위해 필요할 뿐이다. 이게 대한민국 헌법 체제의 핵심이다. 너무도 존엄하여 그 존재 자체로 우주의 무게와도 같다는 인간의 존엄과 가치를 지키기 위한 것이 법이다. 이런 법의 원칙과 정신을 지키는 사람들이 법률 전문가들인 검사와 판사다.

이 시기 국가는 국민의 자유와 권리를 보장하기는커녕 오히려 짓밟았다. 국가가 국가범죄를 자행할 때 검사는 도대체 어디에서 무엇을 했는가? 사람들은 야만의 시절은 이제 끝났다고 한다. 폭력의 광풍이 불던 시대는 이제 반복되어선 안 된다고도 한다. 하지만 정말 그런 시대는 끝났는가. 이제는 진정으로 법이, 그리고 법률가들이 제 역할을 하는 시대가 온 것일까?

제5장
김영삼 정권과 검찰

현란한 말 바꾸기

　1980년대는 5월 광주의 학살로 시작되었다. 광주 시민들은 12·12 군사 쿠데타를 일으킨 전두환 등 신군부에 항거해 광주민주화운동을 전개했지만 전두환 일당은 무자비한 학살을 감행했다. 공수부대가 앞장선 학살은 사망자 207명, 부상자 2392명, 사망 추정 행방불명자 207명, 기타 희생자 987명이라는 엄청난 피해를 낳았다. 공식 확인된 피해만 이랬다. 비극이었다.

　1993년. 김영삼이 대통령이 되었다. 최규하가 전두환의 얼굴마담처럼 잠시 대통령이었던 적을 빼면 1961년 박정희의 집권 이후 처음으로 군인 아닌 민간인이 대통령이 된 것이다. 그래서 김영삼은 자신이 지도하는 정부의 이름을 '문민정부'라고 불렀다. 비록 신군부 일파와의 야합인 3당 합당을 통해 집권에 성공하긴 했지만 왕년의 '민주인사'에 대한 일말의 기대는 있었다. 김영삼 정부가 출범하자 정승화 등 12·12 사태의 피해자들은 전두환 일당 34명을 내란목적 살인죄 등으로 대검찰청에 고소했다. 1993년 7월 19일의 일이다. 정승화 등은 전두환 일당이 12·12 군사 쿠데타와 5·18 광주 학살을 자행했다고 이들의 처벌을 요구했다. 그러나 1994년 10월 29일 대검찰청은 전두환 등에 대해 기소유예로 불기소 처분을 했다. 국론 분열 우려가 있고 전두환, 노태우 등이 국가 발전에 기여한 공로가 있으며, 남북통일에 대비해 사회 안정이 필요하다는 등의 이유에서였다.

검찰이 밝힌 기소유예 사유를 좀 더 살펴보자.

> …… 대다수 국민들도 더 이상 지난 일로 갈등과 반목을 지속하여 국가적 혼란을 초래함으로써 국가 발전에 지장을 주는 것을 바라지 아니할 것이다. 한편, 위 피의자 등이 지난 14년 간 우리나라를 통치하면서 나름대로 국가 발전에 기여한 면이 있음을 인정하지 아니할 수 없고, 또 이 사건이 선거의 쟁점으로 부각되었던 제13대 대통령 선거에서 이 사건의 주역의 한 사람인 대통령 후보가 당선되고, 이른바 5공 청문회를 거치는 등으로 이미 국민적 심판을 받았다고도 볼 수 있으며, 특히 전직 대통령 등을 법정에 세워 단죄하는 경우에는, 그동안 형성된 제반 기성 질서와 관련하여 국민에게 심정적으로 혼돈을 느끼게 할 우려가 있는 점 등 여러 가지 정황도 참작하지 아니할 수 없다.
>
> 아울러 지금은 전 국민이 힘을 합하여 치열한 국제 경쟁을 이겨내고 숙원인 남북통일에 대비해야 할 시기이고, 이러한 시기에 그 어떤 명제보다도

가장 절실히 요구되는 것은 국민 화합을 토대로 정치와 사회의 안정을 기하고 이를 바탕으로 국가 경쟁력을 강화하여 지속적인 국가 발전을 도모하는 것인 바, 이러한 시점에서 과거에 집착하여 미래를 그르치는 것은 결코 바람직하지 아니하다는 점을 심각하게 고려하지 아니할 수 없다. 이에, 어떤 결정을 하는 것이 국가의 장래를 위하여 최선인가 하는 관점에서 위와 같은 제반 요소를 종합적으로 검토한 결과, 사회 안정과 국가 발전을 위하여 위 피의자 등에 대한 소추처분을 유예하기로 하였다. ……

피해자들의 고소와 뜻있는 사람들의 고발이 또다시 제기되었다. 다시 고소 고발 사건을 수사한 서울지검 공안1부(부장검사 장윤석, 현 한나라당 의원)는 1995년 7월 18일 피고소·피고발인 58명 전원에 대해 '공소권 없음' 결정을 내렸다.

검찰은 "비상계엄의 전국 확대와 정치 활동 금지, 국보위 설치 운영 등 당시의 일련의 조치는 정치적 변혁 과정에서 기존 통치질서를 대체하고 새로운 헌법질서를 형성하는 기초가 되었다는 점에서 사법 심사의 대상이 되지 않는다. 따라서 피고소·고발인의 행위에 대하여 구체적으로 내란죄에 해당되는지 여부를 판단하지 않고 공소권 없음 결정을 내렸다"고 발표했다. 한마디로 성공한 쿠데타는 처벌할 수 없다는 논리였다. 이에 대해 피해자 등 고소인들이 검찰의 불기소 처분이 잘못되었다고 헌법재판소에 헌법소원을 냈지만 헌법재판소도 검찰의 결정이 잘못되지 않았다는 판단을 했다.

전두환, 노태우 등의 범죄를 수사하면서 일선의 수사검사들은 유죄를 입증하기 위해 심혈을 기울였을지도 모른다. 그러나 검찰의 결정은 엉뚱하기 짝이 없었다. 검찰은 정치권력의 정치적 판단에 기댔다. 배가 산으로 가버린 결정이었다. 검사는 정치적 판단을 하는 정치인이 아니라 순수하게 법률에 따른 판단을 해야 하는 법조인이다. 검사들은 경미한 범죄에 대해서도 추상같은 엄벌을 내린다. 한 조각 빵을 훔친 사람도 교도소에 보내면서 이럴 수는 없는 일이다. 법치주의의 모든 것을 파괴하고 헌정질서를 유린했으며 민간인을 학살한 주범들을 처벌하지 않고서 법치주의 수호 운운할 수는 없는 일이다. 검찰의 결정은 또 다른 법치주의의 포기였다. 군사반란과 내란목적 살인이라는 중대한 범죄를 저지른 사람들은 이렇게 해서 국가의 처벌을 면할 수 있게 되었다.

법률적 절차는 다 끝났다. 이제는 전두환 일당을 합법적으로 처벌할 수단이 없어졌다. 하지만 광주 학살의 주범을 법정에 세워야 한다는 국민들의 요구는 끝나지 않았다. 국민 여론은 들끓었고 저항도 계속되었다. 결국 김영삼 정부와 여당은 굴복했다. '5·18 민주화 운동 등에 관한 특별법'(1995년 12월 21일)이 제정된 것이다. 이 법은 1979년 12월 12일의 쿠데타와 1980년 5월 18일 광주 학살을 전후하여 발생한 전두환 일당의 헌정 질서 파괴 행위에 대해서는 노태우의 임기 마지막 날인 1993년 2월 24일까지 공소시효의 진행이 정지된 것으로 보는 것 등을 주요 내용으로 하고 있다.

검찰은 특별법이 공포되기도 전에 12·12 및 5·18 사건 특별수사본부를 설치하고 전두환을 체포했다. 예전과는 전혀 다른 발빠른 행보였다. 여당 사무총장이 특별법 제정 방침을 밝힌 직후였다. 노태우는 11월에 이미 거액의 수뢰 혐의로 체포된 상태였다. 검찰은 전두환, 노태우 등을 군사반란, 내란목적 살인죄 등으로 구속 기소했다. 대법원은 1997년 4월 17일 전두환에게 무기징역형, 노태우에게 징역 17년 형을 확정했다.

1979년 10·26 직후부터 1993년 2월까지 실질적으로 집권했던 신군부의 핵심이 사법 처리를 당했고 역사의 심판을 받았다. '땡전 뉴스'를 틀어대며 정권에 아부했던 방송과 신문은 한마디 반성도 없이 군사 반란의 실체를 드러내겠다고 설쳤다. 갑작스러운 태도 변화는 검찰도 마찬가지였다. 자발적인 변화는 없었다. 특별수사본부가 구성된 직후 한 검사는 기자에게 자조적으로 말했다. "우리는 개다. 물라면 물고, 물지 말라면 안 문다."

전두환, 노태우는 이 재판을 통해 각각 2259억 원과 2839억 원이라는 천문학적 금액을 추징당하기도 했다. 추징에 끝내 응하지 않고 전 재산이 29만 원이라는 등의 뻔뻔한 변명으로 일관하고 있기에 전두환, 노태우에 대한 법의 심판은 아직도 끝나지 않고 있다. 전두환과 노태우가 대통령 재임 시절에 재벌 등으로부터 어마어마한 돈을 받아 비자금을 조성하여 사용했다는 것은 이미 1993년 동화은행 비자금 사건을 통해 밝혀졌다. 당시 검찰 수뇌부는 수사검사의 거듭된 수사 요청도 묵살했고 진실을 은폐했다. 그러나 1995년 10월 야당 의원이 비자금 관리자, 예치 내용과 형태, 차명계좌를 빌린 이름과 계좌번호 등 구체적인 물증을 제시하자 검찰은 어쩔 수 없이 수사에 나섰다. 재판 결과 추징액은 2000억 원대였지만 노태우는 스스로 5000억 원대의 비자금을 조성했다고 고백하기도 했다. 국민을 살해하고 정권을 빼앗은 정치군인들에게 바쳐진 뇌물이었다. 이

것이 그들이 내건 '정의사회 구현'과 '선진조국 창조' 그리고 '위대한 보통사람들의 시대'의 실체였다.

12·12 및 5·18 사건에 대한 검찰의 논고문 일부다.

이제 우리는 이 사건들의 진실이 무엇인지를 밝히고 책임자들을 단죄해 우리 가슴을 억눌러왔던 이 불행한 과거사를 청산해야 할 시점에 있습니다. ……국가권력을 불법적으로 이용해 군의 통수 체계 및 민주헌정 질서를 뿌리째 와해시키고 건전한 경제 구조를 왜곡시킴으로써 국민 모두에게 쉽게 치유될 수 없는 상처를 안겨주며 역사 발전의 수레바퀴를 오욕과 퇴보의 늪으로 떨어뜨린 반국가적·반역사적 범죄입니다. 특히 이들 사건은 그 과정에서 국민의 군대로 하여금 동료 및 상관은 물론 더 나아가 선량한 시민에게까지 발포하게 해 엄청난 개인적·국가적 피해를 야기하였음은 물론 인간의 존엄과 가치를 비롯한 국민의 기본권을 침해하고 민주화를 열망하던 국민 모두로 하여금 참을 수 없는 분노와 참담한 좌절을 느끼게 한 비인도적·반민주적 범죄입니다. ……피고인들의 범죄는 역사상 그 어느 범죄보다도 사안이 무겁고…… 범행의 동기·방법 등에 비추어 볼 때 죄질이 매우 좋지 않습니다. ……국민의 군대를 피고인들의 정권 장악을 위한 도구로 전락시키고 자신의 불법적 기도에 반대하는 민주시민들을 폭도·불순분자 등으로 매도하면서, 계엄군으로 하여금 국민의 가슴에 총부리를 겨누도록 하였던 것입니다. 또한 권력형 부정축재 사건 관련 피고인들은 자신들이 불법적으로 정권을 장악하여 차지하게 된 공직을 개인의 탐욕을 충족시키는 수단으로 악용하여 거액의 뇌물을 받았습니다. ······아직도 잘못을 뉘우치지 못하고 사건의 진상을 왜곡·조작하려는 반역사적인 기도를 계속하고 있습니다.

······과거를 망각한 자는 그 실수를 되풀이하기 마련입니다. 진실로 과거를 바로잡지 않고서는 오늘을 바로 세울 수 없으며, 오늘을 바로 세우지 않고서는 올바른 미래를 기대할 수 없을 것입니다. ······다시는 이 땅에서 헌정 질서를 파괴하고 국민의 자유를 억압하거나 뇌물 수수로 국가 경제를 총체적으로 부패시키는 범죄행위가 되풀이 되지 않도록 하는 것이 우리의 시대적 소명이라 확신합니다. 정의와 진실의 법정이 되기를 간절히 소망하고 있습니다.

우리는 바로 이 법정이 국민 모두와 후손들에게 결국은 정의가 불의를 이긴다는 것을, 진실보다 더 큰 힘은 없다는 것을 실증적으로 보여줄 수 있는 정의와 진실의 법정이 되기를 간절히 소망하고 있습니다. ······이 재판이 법과 정의가 살아 있다는 것을 보여주는 역사적 이정표로 승화할 수 있도록 피고인들에게 추상같은 법의 심판을 내려 주실 것을 기대하며 ······ 전두환 사형, 노태우 무기징역······.

구구절절 옳은 말들이다. 마치 인권단체의 성명서를 보는 것처럼 정의로운 말들뿐이다. 물론 이 말들은 지금도 여전히 검찰에게 요구되는 기본 덕목이다. 하지만 검찰의 이런 태도는 전두환 등이 국가 발전에 일정한 공로가 있다면서 기소유예 결정을 하고, 또다시 성공한 쿠데타는 처벌할 수 없다던 것과 완전히 상반된 것이었다. 아침에 다르고 저녁에 다른 조변석개(朝變夕改)였다. 왜 진작 정의의 칼을 뽑아 사용하지 않았을까. 왜

검찰의 태도가 이렇게까지 극적으로 돌변했을까. 왜 불과 몇 년 사이에 극도로 모순되는 서로 다른 태도를 보였을까. 불기소 처분과 이 논고문의 차이는 검찰의 실체를 고스란히 보여주었다. 국민의 분노가 쌓여 정치권력을 움직이고, 정치권력이 다시 검찰을 움직여야만 검찰에 의한 법의 심판도 가능해졌다. 검찰은 법과 정의가 살아 있다는 것을 능동적으로 보여줘야 하는 역사적 사건에서 수동적인 역할 이상은 하지 않았다. 언제나 검찰은 그저 정권의 충직한 하수인일 뿐이었다.

죽어가는 권력 깃털 뽑기

한보그룹 총회장 정태수는 1992년부터 1996년 12월까지 금융기관에서 대출을 받기 위해 국회 재정경제위원회 위원장을 비롯한 여러 국회의원들에게 청탁을 했다. 청탁을 들어준 이들에게는 대가로 몇 억 원씩 나눠줬다. 한보에 대한 문제가 불거지려고 하자 국정감사에서 잘 봐달라는 청탁과 함께 국회의원들에게 또 몇 억 원씩을 건네주었다. 은행 관계자에게도 적잖은 뇌물을 뿌렸다. 제일은행 행장과 조흥은행 행장에게도 당진 제철소 건설 과정에서의 자금 지원 대가로 몇 억 원씩을 주었고 건설부장관 등 고위 공직자에게도 뇌물을 주었다. 한보그룹 정태수는 무언가 역할을 해줄 만한 사람들에게 천문학적 액수의 뇌물을 뿌렸다. 단군 이래 최대의 정경유착 사건으로 불릴 정도였다.

정태수의 범죄는 뇌물을 뿌린 것만이 아니었다. 1996년 11월 말 한보그룹 계열 당진제철소의 자금 사정이 나빠져 어음을 결제할 수 없게 되었다. 그런데도 정태수는 같은 해 12월 3일부터 다음 해 1월 18일까지 86회에 걸쳐 융통 어음을 발행했다. 그리고 어음을 속여서 할인하는 방식으로 1078억 원 상당을 편취했다. 1994년 1월부터 1995년 9월까지는 자금 분식을 통해 현금을 인출하여 개인적으로 부동산 구입 등에 쓰면서 938억 원을 횡령했고, 당좌수표를 부도낸 것도 539억 원쯤 되었다. 정태수의 아들이자 한보그룹 부회장인 정보근은 정태수와 공모하여 주식회사 한보철강공업의 운영 자금을 인출하여 정보근 개인의 세금 납부 등에 쓰는 등 수십 차례에 걸쳐 488억 원을 횡령했다. 한보그룹 재정본부장 김종국도 같은 시기에 151억 원 상당의 회사 자금을 횡령했다.

대검찰청 중앙수사부(대검 중수부)는 1997년 1월 27일 부당 대출, 특혜 대출의 배경을 수사하기 위해 나섰다. 2월 19일에는 한보그룹 총회장 정태수 등 9명을 구속 기소했고, 뇌물을 받은 정치인 등도 기소했다. 그리고 한보사태에 대한 검찰의 수사는 종결되었다.

한보사태는 IMF 구제금융 사태의 신호탄이었다. 한보그룹의 부도는 대기업 연쇄 부도의 출발점이 되었다. 한보그룹이 부당하게 특혜로 대출 받은 금액은 수조 원대에 이르렀다. 담보도 없는 비정상적인 대출이 마구잡이식으로 반복되었다. 이는 은행의 부실로 이어졌고, 마침내 IMF 사태를 불러왔다. 한보그룹의 정태수는 뇌물을 이용해 부정 대출을 받고 이를 통해 사업을 확장하는 방식으로 기업을 키웠다. 개인적으로 횡령한 돈만 해도 천문학적 액수였다. 한보그룹의 붕괴는 그래서 필연이었다.

검찰은 한보사태에 대한 수사를 종결했지만 세간의 의혹은 국회의원 정도의 배경으로 그런 총체적인 부정이 가능했겠느냐는 데로 모아졌다. 부당 특혜 대출의 배경에 김영삼 대통령의 차남 김현철이 있다는 의혹이 있다. 대검 중수부 부장이 나서 최종 수사 결과를 발표했지만 여론은 싸늘했다. 여론조사 결과 국민의 74퍼센트가 수사 결과를 믿지 못한다고 했다. 몸통은 빼고 깃털만 몇 개 뽑고 말았다는 '깃털론'도 불거져 나왔다. 깃털수사에 대한 비난이 커지는 가운데, 김현철이 한 의사와 나눈 대화가 담긴 동영상이 공개되기도 했다. 이 동영상은 김현철이 소통령(小統領)으로 국정 전반에 막강한 영향력을 미치며 국정을 농단하고 있다는 중요한 단서였다. 검찰의 깃털만 뽑은 수사에 반발하는 여론이 높아졌다. 수사를 종결하며 수사 결과를 발표했던 대검 중수부장은 한 달 후 보직 이동을 당했다. 수사검사가 김영삼과 같은 PK(부산경남)에다 공안 출신이어서 청와대의 의중만 좇는다는 여론이 높았다.

중앙수사부장은 인천지검장으로, 인천지검장이 중앙수사부장으로 보직을 바꾸는 인사 이동이 있었다. 야당과 언론, 시민사회단체는 김현철에 대한 철저한 수사를 요구했다. 정권 말에 터진 아들 문제로 급격히 레임덕에 빠진 김영삼은 비등한 여론을 달랠 수밖에 없었다. 새로 대검 중수부장이 된 사람은 심재륜 검사장이었다. 심재륜은 한보 재수사의 책임을 맡아 김현철을 구속 기소했다. 김현철은 아버지가 대통령으로 재임할 때 아들이 구속되는 첫 번째 사례가 되었다. 김현철은 알선수재 혐의로 유죄 판결을 받았다. 심재륜 검사장은 퇴임사에서 이렇게 말했다. "검찰은 (정권의) 충실한 시녀 역할을 수행했다. 정권은 유한한 거다. 정권에 얽매여서는 안 된다."

권불십년(權不十年)이라지만 임기 5년의 단임제 대통령제에서는 기껏해야 권불오년(權不五年)도 안된다. 오년(五年)이 오년(汚年)이 되어서는 안 된다.

검찰이 살아 있는 권력 핵심부를 단죄한 사건이었다. 그렇지만 이미 김영삼 정권의 임기가 1년도 채 남지 않은 정권 말이었고 김현철에 대한 구속 수사 없이는 정권을 유지하기도 힘들 정도로 김영삼 정권이 끝까지 몰린 상황이었다. 김영삼 대통령의 지지도가 9퍼센트까지 추락한 최악의 상황이었다. 진짜 살아 있는 권력은 아니었다. 사라져가는 권력에 대한 처리였다. 정의를 위해 조직과 개인의 명운을 걸고 살아 있는 권력을 겨냥한 싸움은 검찰의 사전엔 없었다.

제6장
김대중 정권 이후의 검찰

　김대중 정부가 출범했다. 헌정사상 최초의 평화적 정권 교체였다. 그동안 정권 이양이나 정권 재창출 또는 정변에 의한 정권 교체는 있었지만 국민의 선택에 의한 평화적 정권 교체는 처음이었다. 김대중 정부에 이어 노무현 정부까지 10년 동안, 정부는 처음으로 검찰 개혁을 구상하고 실행에 옮기기 위한 노력을 기울였다. 결과적으로 크게 바뀐 것은 없었다. 민주파가 집권한 10년 동안 검찰은 정치적 독립성을 상당한 정도로 확보했다. 그동안 검찰은 정권의 하위 파트너로 기생했지만, 민주파 집권 후반기 들어 검찰은 정권과 대등한 파트너로 성장하게 된다.

　한동안 검찰은 중앙정보부, 국가안전기획부 등의 이름을 가진 비밀정보기관이나 국군보안사령부, 또는 경찰의 위세에 밀리기도 했지만 전두환, 노태우 정권 시기부터 힘을 쌓아왔다. 민주파 집권 시기에 검찰은 빠른 속도로 성장했고 파워 엘리트 집단으로 막강한 힘을 발휘하게 되었다. 민주화의 역설이었다. 김대중, 노무현 정부에서도 권력형 비리 사건, 법조 비리, 재벌 관련 사건들이 끊이지 않았다.

특별검사제 도입

김대중은 대통령 선거 과정에서 특별검사(特別檢事) 도입을 공약했다. 특별검사는 검찰 조직에 속하지 않으면서도 검사와 동일한 수사와 기소권을 갖는다. 특별검사는 일반 검사와 달리 검찰총장의 지휘·감독을 받지 않고 독립적으로 활동할 수 있다. 그렇지만 대통령 취임 이후 김대중은 특별검사제 도입을 반대했다. 대통령이 되기 전과 되고 난 다음의 차이였다. 이번엔 거꾸로 특별검사제를 반대했던 야당이 도입을 주장하기 시작했다. 역시 집권여당일 때와 야당이 되었을 때의 차이였다. 여야로 입장은 갈렸지만 집권 세력이 검찰을 정치적 도구로 쓸 수 있음을 서로 잘 알기 때문에 입장이 거꾸로 바뀐 것이다. 검찰은 언제나 특별검사제 도입을 반대했다.

특별검사제를 도입하자는 움직임은 일찌감치 시작되었다. 1989년 2월 평화민주당 등 야3당은 '특별검사 임명 및 직무 등에 관한 법률안'을 발의하기도 했다. 특별검사에 대한 최초의 입법 발의였지만 13대 국회의 임기 만료와 함께 법률안도 자동 폐기되었다. 14대 국회인 1993년에도 민주당의 입법 발의가 있었지만 법률로 제정되지는 못했다. 전두환, 노태우 등의 12·12, 5·18 사건에 대해 검찰이 '공소권 없음' 결정을 하자 다시 특별검사 관련법이 발의되기도 했다. 1995년 9월의 일이다. 그러나 실제로 특별검사제가 도입된 것은 김대중 정부 출범 후였다.

옷 로비 의혹 사건이 터졌다. 신동아그룹 최순영 회장의 부인이 외화 밀반출 혐의를 받고 있던 남편의 구명을 위해 김태정 검찰총장 부인 등에게 고가의 옷을 선물하면서 로비를 했다는 거다. 의혹은 검찰총장 부인에게 쏟아졌다. 검찰의 수사로는 의혹을 해소할 수 없게 되었다. 투명한 수사를 기대하기도 어렵지만 투명한 수사를 해도 불신을 해소할 수 없는 상황이 되었다. 결국 특별검사제가 도입되었다.

한번 물꼬가 트이자 특별검사제는 유사한 사건을 해결하는 모델로 자리 잡았다. 1999년 6월 7일. 대검찰청 공안부장 진형구는 대전고등검찰청 검사장으로 영전되었다. 점심 반주로 폭탄주 몇 잔을 마신 진형구는 집무실로 돌아와 기자들과 대화를 나누다 1998년 11월 공기업 구조조정 과정에서 일어난 한국조폐공사의 파업은 본보기를 삼기 위해 검찰이 유도한 것이라고 말했다. 폭탄 발언이었다. 진형구의 발언은 그대로 언론에 보도되었다. 수사에 들어간 검찰은 파업 유도는 사실이지만, 진형구의 단독 범행이라고 결론을 내렸다. 그러나 파문은 가라앉지 않았다. 해법은 특별검사제 도입이었다. 옷 로비 특별검사와 파업 유도 특별검사는 같은 날 시작되었다. '한국조폐공사 노동조합 파업 유도 및 전 검찰총장 부인에 대한 옷 로비 의혹 사건 진상 규명을 위한 특별검사의 임명 등에 관한 법률'이라는 긴 이름의 법이 통과되었다.

2001년에는 이용호 게이트에 대해 특별검사제가 도입되었다. 이번에는 '주식회사 지엔지 대표이사 이용호의 주가 조작 횡령 사건 및 이와 관련된 정관계 로비 의혹 사건 등의 진상 규명을 위한 특별검사의 임명 등에 관한 법률'이라는 좀 더 긴 이름의 법이 만들어졌다. 김대중 정부에서는 모두 세 차례 특별검사제가 도입되었다.

　민주화가 진행되면서 세간의 이목을 집중시킨 사건들은 과거 독재정권 시절과 달리 고문이나 조작 사건 등은 아니었다. 2002년 홍 검사 고문치사 사건이 터지는 등 고문과 조작이 근절된 것은 아니었지만 예전에 비해 상당히 줄어들었기 때문이다. 김영삼 정부 이후에는 오히려 권력형 비리나 부패 사건 등이 더 큰 주목을 받게 되었다. 특별검사제는 상시적인 제도는 아니다. 개별 사건에 한해 한시적으로 진행되었다 해도 가장 큰 타격을 받은 곳은 역시 검찰이었다. 특별검사제는 검찰 수사에 대한 불신, 공정성에 대한 의심에서 비롯되었다. 사람들은 권력형 비리 사건에 대해 검찰이 공정하고도 투명한 수사를 할 거라 생각하지 않았다. 검찰 조직과 검사가 의심받는 경우도 많았다. 검찰 수사에 대한 불신은 검찰 조직 자체에 대한 불신으로 이어졌다. 특별검사제가 한 번 도입되자 이제는 구체적인 사건에서 검찰에 대한 불신이 커지면 특별검사제는 언제든 다시 도입될 수 있는, '변수' 아닌 '상수'로 등장했다. 야당과 여당의 신주류가 정치적 이해를 같이해 도입한 '대북송금 특검' 정도만 빼고, 이후 도입된 특별검사제는 모두 검찰 수사에 대한 불신이 바탕이 되었다.

　특별검사제 무용론도 일부에서 거론되었지만 특별검사제는 나름대로 성과를 거두기도 했다. 무엇보다 수사의 공정성과 신뢰성에 대한 의혹으로부터 상대적으로 자유로울 수 있었다. 하지만 검찰 입장에서는 사실상 국민에게 파산선고를 받은 것과 진배없는 치욕 그 자체였다. 특별검사제가 가능했던 단 하나의 이유가 검찰에 대한 불신이기 때문이다. 특별검사제는 지금까지 10번에 걸쳐 진행되었다. 검찰의 진정한 변화가 없다면 지금처럼 특정한 사건에 한정된 한시적 특별검사가 아니라 상시적 특별검사 또는 그 이상의 비상한 대책이 나올 수밖에 없는 상황이다. 검찰이 스스로 엄정한 중립과 공정성을 확보하지 못한다면 1999년 이후 지금까지 확인된 것처럼 특별검사제는 앞으로도 반복될 것이다. 특별검사가 등장하는 경우가 많아진다는 것은 바로 검찰의 공정성과 신뢰성에 대한 가장 확실한 경고음이자 검찰의 현주소를 알려주는 가장 중요한 신호이다.

어긋난 개혁

노무현 정부는 검찰과의 새로운 관계 설정을 원했다. 노무현 정권에서 검찰은 역대 어느 정권보다 확실하게 중립성과 독립성을 보장받았다. 자존심도 존중받았다. 노무현은 검찰권을 정권 유지에 사용하지 않겠다는 약속을 지키려고 노력했다. 전체적인 방향은 옳았다. 그런데 검찰은 중립성과 독립성 보장을 통해 더욱 견고해졌다. 선출되지도 교체되지도 않는 권력, 그것도 현실적 위력을 갖는 수사권과 기소권을 배타적으로 갖고 있는 권력 집단에게 견제 장치 없이 독립성만 보장하는 것은 위험한 일이었다. 대통령 퇴임 후, 노무현은 검찰 개혁을 제대로 하지 못했다고 안타까워했다. 노무현의 회한은 여기서 비롯된 것이다. 중립성과 독립성을 보장하되 더 강력한 민주적·시민적 통제 방안도 마련했어야 했다. 통제 없는 중립성, 독립성은 결국 검찰의 힘만 더 키워준 결과를 낳았다. 1987년 6월 민주항쟁 이후의 민주화와 민주파의 집권으로 이전 정권이 권력 유지에 활용했던 국정원, 기무사 등 기존 권력기관이 활동할 수 있는 공간은 확실히 줄어들었다. 그 공백을 검찰이 메웠다. 이로써 권력은 검찰에게 독점되었다. 통제받지 않은 권력기관이 시민들에게 어떤 폐해를 미치는지 알 수 있는 사건들이 잇따르고 있다. 검찰이 중립성을 지키지 않는 상태에서 검찰의 독립성은 오히려 검찰을 더 폐쇄적이고 독선적인 관료 조직으로 강화시켰다. 그 결과는 노무현 개인에게도 불행한 영향을 미쳤다.

노무현의 비극적 죽음 이후, 김대중은 자서전에 이런 말을 남겼다.

> 이 나라의 최대 암적 존재는 검찰이었다. 너무도 보복적이고 정치적이며, 지역 중심으로 뭉쳐 있었다. 개탄스러웠다. 권력에 굴종하다가 약해지면 물어뜯었다. 나라가 검찰공화국으로 전락하고 있는 것 같아 우려스러웠다.
> —『김대중 자서전』(제2권), 김대중, 삼인출판사, 2010.

검찰에 대한 인식은 노무현도 비슷했다. 노무현 자서전의 한 대목을 읽어보자.

> 결국 검·경 수사권 조정도 공수처(고위공직자비리수사처) 설치도 모두 물거품이 되고 말았다. …… 검찰 개혁을 제대로 추진하지 못한 가운데, 검찰은 임기 내내 청와대 참모들과 대통령의 친인척들, 후원자와 측근들을 집요하게 공격했다. 검찰의 정치적 독립을 추진한 대가로 생각하고 묵

묵히 받아들였다. 그런데 정치적 독립과 정치적 중립은 다른 문제였다. 검찰 자체가 정치적으로 편향되어 있으면 정치적 독립을 보장해주어도 정치적 중립을 지키지 않는다. 정권이 바뀌자 검찰은 정치적 중립은 물론이요 정치적 독립마저 스스로 팽개쳐버렸다.

검·경 수사권 조정과 공수처 설치를 밀어붙이지 못한 것이 정말 후회스러웠다. 이러한 제도 개혁을 하지 않고 검찰의 정치적 중립을 보장하려 한 것은 미련한 짓이었다. 퇴임한 후 나와 동지들이 검찰에 당한 모욕과 박해는 그런 미련한 짓을 한 대가라고 생각한다.

—『운명이다』, 노무현재단 엮음, 유시민 정리, 돌베개, 2010.

반쪽짜리 성과

판도라의 상자가 마침내 열렸다. 2004년 5월 21일 대검 중수부는 2002년 16대 대선에서의 불법 선거 자금에 대한 수사 결과를 발표했다. 그동안 대통령 선거를 위해 천문학적 액수의 자금이 동원되는 것은 일종의 관행이었다. 이게 문제가 되어 사법 처리의 대상이 되는 일도 없었다. 1997년 15대 대선 직전, 여당인 신한국당은 김대중 후보가 비자금을 조성했다고 폭로하며 김대중 후보를 특정범죄가중처벌법상 뇌물수수 및 조세 포탈 혐의와 무고 혐의로 대검찰청에 고발했다. 사실 여부를 떠나 대선 직전, 검찰이 유력 후보에 대해 수사를 착수하는 것만으로도 대선에 큰 영향을 미칠 수 있는 휘발성 강한 사건이었다. 검찰은 수사를 대선 이후로 미룬다고 발표했다. 김영삼 대통령은 자신의 결단 때문이라 하고 검찰은 스스로의 결단이라고 했다. 신한국당의 폭로가 근거 없는 것이어서도 그랬지만 자칫하면 검찰권의 행사가 대선 자체를 무의미하게 만들 수도 있는 상황이기 때문에 그렇게 했던 것이다. 그렇지만 16대 대선 수사는 달랐다. 노무현 정부의 검찰은 자유롭게 그리고 활발하게 움직였다.

검찰의 수사 결과 한나라당 이회창 후보는 약 823억 원, 노무현 후보는 약 113억 원의 불법 정치자금을 받은 것으로 나타났다. 한나라당은 기상천외한 방법으로 불법 대선 자금을 끌어모았다. 화물 트럭에 현금을 가득 싣고 와 트럭의 열쇠를 넘기거나, 차 트렁크에 현금을 싣고 와 다른 차에 옮겨 싣는 등의 방법이 자주 사용되었다. 한나라당은 '차떼기 당'이란 비난을 받았다.

돈을 주고받은 사람들이 형사처벌을 받았다. 많은 기업인들, 그리고 23명에 이르는 현직 국회의원이 사법 처리되었다. 그렇지만 불법 대선 자금 사건에서 100억 원의 불법 자금을 제공한 삼성, LG, 현대자동차 그룹 등 재벌그룹의 총수들은 입건은커녕 검찰 조사도 받지 않았다. 삼성 등의 재벌보다 훨씬 적은 돈을 준 한진그룹 등의 그룹 회장들은 기소되었는데도 그랬다. 삼성 등 거대 재벌의 힘만을 확인시켜준 엉터리 수사였고 반쪽 수사였다. 그래도 불법 대선 자금 수사는 검찰이 정치권력으로부터 독립성을 획득하는 데 중요한 계기를 만들어주었다. 집권 초기의 살아 있는 권력과 야당을 함께 수사 대상으로 삼고 한국 정치의 추악한 고리를 하나씩 끊어나갔다는 것도 평가할 만한 점이었다. 그 후 각종 선거에서의 불법 자금 문제에 대해 경종을 울리고 투명한 선거가 진행되도록 하는 전기가 마련된 것이다.

살아 있는 권력을 겨냥한 검찰의 수사는 대통령 노무현의 의지 때문에 가능했다. 검찰을 정치 도구로 이용하지 않겠다는 의지였다. 노무현은 자서전에서 "대선 자금과 관련하여 내 자신도 자유롭지 않은 상황에 직면했다. ……나는 검찰 수사를 지시하지 않았다. 그러나 수사를 막지 않았다", "나는 검찰의 중립을 보장한 것에 대하여 자부심을 느낀다"라고 회고했다.

불법 대선 자금 수사를 통해 검찰이 새로운 전환점을 맞은 건 분명했다. 국민적 기대도 높아졌고 검찰권의 올바른 행사가 정치 발전만이 아니라 국가 발전도 앞당길 수 있다는 점을 모두가 확인할 수 있었다. 김대중의 말처럼 "검찰이 바로 서야 나라가 바로 선다"는 점을 확인하는 중요한 계기였다. 적어도 2004년 봄은 그랬다. 그때는 희망이 있는 것처럼 보였다.

백척간두에 선 검찰

우리 검찰에도 기회는 충분히 있었다. 국민의 봉사자, 공익의 대표자로서 성실하게 일하는 검사들은 예전에도 있었고 지금도 곳곳에서 활동하고 있다. 일반 국민은 전혀 모르는, 이름조차 알려지지 않은 익명의 검사들이 권력의 압력과 회유, 부당한 간섭과 청탁을 뿌리치고 소신을 지키며 오로지 진실을 밝히기 위해 헌신하고 있는 것도 사실이다. 지역이나 출신 학교 등의 연고를 앞장세우고, 정치적 연줄을 따라 오로지 자신의 출세만을 위해 뛰는 검사들도 있고 그들이 현실적인 힘을 갖고 있는 것은 사실이다. 그렇지만 초심을 잃지 않으려고 누구보다 자신에게 먼저 엄격하려고 노력하는 검사들도 적지 않다. 검찰은 문제투성이 조직이지만 검찰 구성원 모두에게 문제가 있는 것은 아니다. 그래서 희망의 끈을 완전히 놓아버릴 수는 없다. 검사와 검찰 직원 다수의 선의를 그냥 무시할 수도 없다.

그래서 일부 정치검찰의 잘못을 전체 검찰의 잘못인 것처럼 매도하면 안 된다는 항변은 나름의 설득력을 갖는다. 그렇지만 검찰은 검사동일체 원칙이 지배하는 조직이다. 검찰총장을 수뇌로 하여 모든 검사들이 한 몸으로 묶여 있다. 그래서 선의의 검사들도 검찰 조직 전체에 대한 비판과 비난에서 자유로울 수 없는 일이다. 그래도 검찰 전체를 매도하지 말라는 항변이라도 하는 사람들은 낫다. 그나마 자존감을 갖고 검찰과 국가공동체의 발전을 위해 무언가를 고민하는 사람이라고 볼 수 있기 때문이다. 다만 그런 검사들이 다수인지는 의문이다.

이명박 정부가 들어서자 검찰은 더 초라해졌고 더 우스꽝스러워졌다. 대통령은 '법질서'를 주권자인 국민을 윽박지르는 수단 정도로 생각할 만큼 수준이 낮았다. 검찰은 그런 대통령에게 완벽하게 장악되었다. 검찰의 중립성과 독립성은 수십 년 전으로 후퇴했다. 형벌 과잉 정책을 통해 더 큰 힘을 향해 검찰은 나아갔지만 그럴수록 권력의 진정한 원천인 국민에게서는 멀어져만 갔다. 한때의 기대가 있었기에 실망은 금세 냉소가 되었다.

우리 국민은 스스로 운명을 부지런히 개척해왔다. 우리는 민주화와 산업화에 동시에 성공했다는 이야기에 더 이상 스스로 놀라지 않지만 제2차 세계대전 이후 우리처럼 두 마리의 토끼를 다 잡은 나라는 찾아보기 힘들다. 전적으로 국민의 역동성이 만든 성과였다. 당장은 아닐지 몰라도 언젠가는 검찰의 무소불위 행태에 대한 국민적 심판은 반드시 일어날 것이다. 그게 검찰을 지키는 일이고, 검찰을 통해서 지키고자 하는 정의를 실현하는 길이다.

검찰은 지금 벼랑 끝에 서 있다. 그야말로 백척간두(百尺竿頭)다. 100자의 높이만큼 국민과 먼 거리에 떨어져 있다. 100자나 높이 올라갔지만 검찰을 지탱하는 것은 겨우 대나무 줄기 끝이다. 발 딛고 서 있기조차 어려운 좁은 공간만이 검찰에게 주어져 있다. 이런 절박한 심정이 없다면 검찰 스스로 새로운 검찰이 될 수 없다. 검찰 스스로 혁신을 위한 피나는 노력을 해야 한다. 그렇지만 그런 노력이 실제로 진행될 가능성은 높지 않다. 그것은 우리의 경험이 알려주는 사실이다. 검찰 스스로 혁신하지 않는다면 검찰 조직 전체가 지금까지와는 전혀 다른 차원의 타율적 개혁을 강제 당하게 될 것이다.

권력의 은총에 자랑스러워하지 않고 국민의 신뢰와 사랑을 자랑스러워하는 모습이 검찰의 갈 길이다. 검찰이 쓰는 칼은 정의의 칼이 될 수도 있지만 악마의 도구로 사용될 수도 있다.

제2부

대한민국은 검찰공화국이다
_검찰의 현주소

제1장
전 세계에서 가장 강력한 권한을 지닌 검찰

검사는 검찰권을 행사하는 국가기관이다. 그리고 검찰은 검사들로 이루어진 국가조직이다. 법률은 사법정의의 실현을 위해 검사에게 범죄 수사와 기소, 재판과 형의 집행에 이르기까지 광범위한 분야에 관여할 수 있는 권한을 주고 있다. 아울러 '공익의 대표자'로서 피고인의 정당한 이익을 보호하고 국민 전체에 대한 봉사자로서 정치적 중립을 지키고 권한을 남용하지 못하도록 하고 있다.

검찰청법 제4조 〔검사의 직무〕를 읽어보자.

① 검사는 공익의 대표자로서 다음 각 호의 직무와 권한이 있다.
1. 범죄 수사, 공소의 제기 및 그 유지에 필요한 사항
2. 범죄 수사에 관한 사법경찰관리 지휘·감독
3. 법원에 대한 법령의 정당한 적용 청구
4. 재판 집행 지휘·감독

5. 국가를 당사자 또는 참가인으로 하는 소송과 행정소송 수행 또는 그 수행에 관한 지휘·감독

6. 다른 법령에 따라 그 권한에 속하는 사항

② 검사는 그 직무를 수행할 때 국민 전체에 대한 봉사자로서 정치적 중립을 지켜야 하며 주어진 권한을 남용하여서는 아니 된다.

현재 한국의 검찰이 검찰청법의 규정대로 '공익의 대표자'요 '국민 전체에 대한 봉사자'이며 '정치적 중립을 지키고 권한을 남용하지 않'는지, 검찰이 법 규정을 제대로 지키고 있는지는 앞에서 살펴본 검찰의 역사를 통해 미루어 짐작할 수 있고 뒤에서 좀 더 구체적으로 살펴볼 것이다. 일단은 검찰제도가 어떻게 생겨났는지부터 살펴보자.

로마법에 기초를 두고 법률 체계를 발전시켜온 독일과 프랑스 등의 대륙법계 전통의 국가들은 소추권과 재판권을 모두 법관에게 집중시키는 규문주의(糾問主義) 전통을 갖고 있었다. 프랑크 왕국 시대부터 기원을 갖는 이 제도는 프랑스 대혁명까지 근 1000년 동안 유럽대륙의 전통이었다. 우리나라에도 고을의 수령이 범죄자라 의심되는 사람을 수사하여 재판에 세우기도 했고, 직접 재판을 하면서 형을 선고하기도 했다. 근대 이전에 진행된 이런 형사사법제도는 신속한 재판이 가능하다는 점 말고는 별다른 이점이 없었다.

기소와 재판을 모두 법원이 하면서 마구잡이 기소와 극형 처분 등 갖가지 폐해가 생겼다. 억울한 희생이 끊이지 않았다. 검사제도는 프랑스 대혁명 후 이 같은 규문주의의 폐해를 극복하기 위해 등장한 제도다. 검사

의 공소제기가 있어야만 소송 절차를 시작하는 탄핵주의(彈劾主義)를 채택하게 된 것이다. 검사라는 별도의 국가기관을 만들어 소추권을 부여하고 재판권을 행사하는 법관과 분리함으로써 권력의 집중으로 인한 오남용과 전횡을 막고 법관이 공정한 심판자로서 재판을 할 수 있도록 한 것이다. 모든 권력은 나뉘어야 한다는 민주주의의 상식이 검찰제도가 시작된 바탕이었다.

오늘날 여러 나라의 검찰제도, 법원과 검찰의 관계, 검찰과 경찰의 관계 등은 그 나라의 역사, 법문화, 제도적 전통의 차이에 따라 서로 다른 모습을 띠고 있다. 영국에 기원을 두고 영어를 쓰는 나라나 영연방 국가 등으로 발전해간 영미법계의 검찰은 대체로 수사에는 관여하지 않고 기소와 공소유지에 치중하는 반면, 대륙법계의 검찰은 기소와 아울러 수사에도 직접 관여하고 있다. 영미법계냐 대륙법계냐의 차이에도 불구하고 검찰제도는 공소기관과 재판기관을 분리한다는 근대형사소송의 탄핵주의 원칙과 국가소추주의가 결합하여 탄생한 제도이다. 따라서 검찰제도의 본질적 기능은 기소와 공소유지에 있다.

한국의 검찰제도는 대륙법계의 검찰제도에서 비롯된 것이다. 하지만 한국의 검찰제도가 프랑스 대혁명 이후 근대 형사사법의 설계자들이 규문주의의 폐해를 극복하려 했던 그 취지를 얼마나 살리고 있는지 의문이다. 피고인, 곧 시민의 인권 보호를 위해 엄격하게 판단해 혐의가 있는 사람만을 재판에 세운다는 그 취지 말이다. 오늘날 한국의 검찰이 책임 있는 국가기관으로서 치우침 없는 공정한 수사와 기소를 통해 사법정의를 실현하는 기관인지, 그리고 공익의 대표자로서 오로지 국민만을 위해 본연의 임무에만 충실한지에 대해서는 심각한 회의가 든다. 앞서 살펴본 검찰의 역사는 내놓고 자랑할 만한 것이 없는 부끄러운 역사였다.

어떤 사람에게 범죄의 혐의가 있다고 수사를 진행하고, 그 사람을 재판에 세우는 일은 피해자를 돕고 공동체의 이익과 법의 정의를 세우기 위할 때만 제한적으로 진행해야 하는 국가 활동이다. 재판에 세우고 형사처벌을 하지 않고도 문제를 해결할 수 있다면 그 방법을 먼저 찾아야 한다. 형사처벌을 받는 것은 물론, 수사를 받는 것만으로도 그 사람에게 치명적인 결과를 가져오기 때문이다. 그래서 국가의 형사소추는 최후의 수단(Ultima Ratio)이어야 한다고들 한다.

검찰을 통한 형사사법은 기본적으로 한계를 갖고 있다. 국가가 형벌권이라는 강제 수단을 통해 갈등을 조정하거나 누군가에게 무거운 책임을 묻는 것 자체가 당사자에게 미치는 부정적 영향이 크기 때문이기도 하지만, 기본적으로 갈등은 사회 구성원들의 대화와 타협을 통해서 해결하는 게 바람직하기 때문이다. 그런 점에서 검찰은 모든 사회적·정치적 문제의 해결사가 될 수 없고 되어서도 곤란하다. 가령 인터넷상의 글쓰기가 사회적으로 문제가 있다면 인터넷 공간 등 사회의 영역에서 그 문제를 풀어야 한다. 검찰이 개입해 형벌권을 행사하면 인터넷 환경 전체가 위축되고, 당사자들은 불필요한 고초를 겪는 부작용이 생기기 마련이다. 그러나 한국의 검찰은 형사사법 만능주의로 일관하며 검찰이 개입하지 말아야 할 다양한 정치적·사회적 쟁점에 개입하고 있다. 사회 정의보다는 검찰의 권력을 위한 작용으로 보인다.

지난 2010년 6월 2일 지방선거에서 서울시장 선거에 출마했던 한명숙 후보는 그야말로 박빙의 승부를 펼쳤으나 간발의 차이로 낙선했다. 한명숙은 검찰의 수사를 받고 있었지만, 다행히 선거 전에 선고 공판이 열렸고 무죄를 선고받았다. 만약 한명숙 재판이 선거 때까지 끝나지 않았다면, 한명숙은 검찰의 수사 대상이 되었다는 이유만으로 선거에서 매우 어려운 상황에 처했을 것이다. 본인은 억울하지만, 사람들은 '아닌 땐 굴뚝에서 연기나랴'는 식으로 쉽게 생각하기 때문이다. 수사와 재판으로 인한 피해는 돌이키기 어렵다.

오늘날 한국 검찰의 모습은 어떨까? 수사와 기소로 인해 국민이 입을 피해에 대해 신중하게 생각하며 진정으로 형사소추를 제한적으로 사용해야 하는 최후의 수단으로 여기고 있을까? 국민이 위임해준 수사와 기소권이라는 막강한 권한을 국민을 위해 제대로 사용하고 있을까? 공익의 대표자로서 임무를 충실히 수행하고 있을까? 그게 아니라면 자신이나 자기 조직의 기득권을 확대·재생산하기 위해 집권 세력과 결탁하고, 권력을 잘못 쓰고 있거나 남용하고 있지는 않을까? 이제 그 구체적인 모습을 살펴보자.

제2장 대한민국 검사의 지위와 권한

지나친 자신감의 근거

2003년 노무현 대통령의 법무부장관 인사는 파격적이었다. 노무현은 '민주사회를 위한 변호사 모임'의 부회장을 지낸 강금실 변호사를 법무부장관에 임명했다. 강금실은 검사 출신도 아니었고 남성도 아니었다. 법무 행정의 책임자가 굳이 검사 출신이거나 남성이어야 할 이유는 어디에도 없다. 그런데도 법무부와 검찰 조직은 인사 문제 등을 내걸고 조직적으로 반발했다. 서열을 중시하는 검찰에서는 법무부장관이 검찰총장보다 사법시험 기수로 10년 후배였다는 것도 문제 삼았다. 노무현은 정권과 검찰 사이의 유착 관계를 해체하려고 노력했고, 검찰 고위직 인사를 통해 물갈이를 시도하기도 했다.

법무부는 무엇을 하는 곳일까? 또 법무부의 장관은 어떤 일을 하는 걸까? 먼저 법률을 보자. 정부조직법 제27조다.

> 법무부장관은 검찰·행형·인권옹호·출입국 관리 그 밖에 법무에 관한 사무를 관장한다.

이번에는 보다 구체적으로 규정된 시행령을 보자. 법무부와 그 소속기관 직제 제3조다.

> 법무부는 검찰, 보호처분 및 보안관찰처분의 관리와 집행, 행형, 소년의 보호와 보호관찰, 갱생보호, 국가보안사범의 보도(輔導, 도와서 올바른 데로 이끌어 감), 사면, 인권 옹호, 공증, 송무, 국적의 이탈과 회복, 귀화, 사법시험 및 군법무관임용시험, 법조인 양성제도에 관한 연구·개선, 법무에 관한 자료 조사, 대통령·국무총리와 행정 각 부처의 법령에 관한 자문과 민사·상사·형사(다른 법령의 벌칙 조항을 포함한다)·행정소송 및 국가배상 관계 법령의 해석에 관한 사항, 출입국·외국인정책에 관한 사무 기타 일반 법무행정에 관한 사무를 관장한다.

법무부장관은 기본적으로 법률에 대한 전문적 식견을 갖고 있어야 하지만 꼭 검사 출신이어야 할 이유는 없다. 검사 출신이 아니면 감당할 수 없는 특별한 업무도 없다. 어쩌면 수사와 기소라는 제한적 분야만 다루는 검찰에만 몸담았던 경력이 형의 집행, 인권 옹호, 출입국 관리, 국가소송 등 전문적 분야의 업무 수행에 지장을 줄 수도 있다. 강금실은 20년 이상 판사, 변호사로 활동했던 중견 법조인이었지만 그가 법무부장관에 임명되자 '검찰 출신이 아닌 여성'이라는 이유만으로 검찰 조직 전체가 술렁였다. 검사들은 강도 높게 반발했다. 물론 검사들이 법무부장관이 여성, 또는 판사 출신이라는 점을 꼬집어 반발하지는 않았다. 검사들의 반발은 새로운 법무부장관의 인사 지침에 집중되었다. 검사들은 검찰의 정치적 중립화를 내세우며 검사들에 대한 인사권을 검찰에 넘기라고 요구했다.

노무현 대통령이 생각한 돌파구는 직접 검사들과 대화를 나누는 것이었다. 노무현 대통령은 강금실 법무부장관을 배석시킨 상태에서 '대통령과 평검사와의 대화'를 마련했다. 텔레비전을 통해 생중계된 이 '대화'는 대통령과 검사들 사이의 간극이 얼마나 큰지를 보여주었다. 텔레비전 토론에서 검찰은 취임한 지 보름도 지나지 않은 대통령을 향해 호기롭게 맞짱을 뜨기도 했다. 대단한 기세였다. 임기를 막 시작한 대통령 앞인데도 젊은 평검사들은 당당하기만 했다. 젊은 사람의 당당함은 잘못이 아니다. 그렇지만 부하 공무원으로서 최소한의 예의는 필요했다. 더구나 텔레비전으로 생중계되어 많은 시민들이 함께 지켜보는 자리였다. 대화가 끝난 다음 청와대 비서관이 "입건도 가능한, 대통령에 대한 명예훼손이 3건 있었다"고 말할 정도로 대화의 수위는 높았다. 검사는 행정직 공무원이다. 그런데도 행정부 수반인 대통령 앞에서도 전혀 기죽지 않고 강도 높은 말을 서슴없이 했다. 젊은 검사들의 자신감은 어디서 나온 것일까? 대통령의 고유 권한인 인사권을 검찰에 넘기라는 그 호기는 어디서 나온 것일까?

노무현 정부 초기에 검찰총장으로 임명된 송광수는 검찰 내부에서 기개 있는 총장으로 통했다. 외부에서 검찰권 행사에 대해 문제 제기가 있을 때마다 맞섰다. 여당이 대검 중수부 폐지 움직임을 보이자 "내 목을 먼저 치라"고 강단을 보였다. 사안에 따라서는 대통령이나 법무부장관 등과

정면 대결도 서슴지 않았다. 어쩌면 외풍에 대한 단호한 저항이었고, 어쩌면 항명이었다. 노무현, 이회창 후보가 맞붙었던 대통령 선거 자금에 대한 수사에서는 당시 집권 세력도 예외 없이 수사했고, 그 결과 노무현 정부는 집권 초기부터 최측근이 구속되는 등의 상처를 입기도 했다. 대선 자금 수사는 검찰의 주가를 높여주었다. 권력에 주눅 들지 않는 이 당당함, 이 기개와 자신감은 도대체 어디서 나온 것일까?

특권적 지위 향유

흔히 행정고시라고 부르는 행정고등고시 시험을 통해 행정부에 진출하는 사람들은 5급 사무관에 임용된다. 외교관을 선발하는 외무고등고시의 경우도 마찬가지다. 3차 면접시험까지 합격하면 5급 사무관에 임용된다. 하지만 검사는 곧바로 3급 부이사관에 임용된다. 검사도 행정부 소속 공무원이지만, 다른 고등고시 출신 공무원들이 평균 13년에서 15년 정도 걸려야 승진할 수 있는 높은 지위와 더 많은 급여를 시작부터 보장받고 있는 거다. 한마디로 특별대우다.

검사는 법무부에 소속된 행정 관료이다. 하지만 범죄의 수사와 기소, 재판의 집행을 맡고 있기에 업무의 내용이 사법권과 밀접한 관계에 있다. 그래서 사법권 독립의 정신을 검사에게도 요구하고 있다. 검사는 행정기관이면서도 동시에 진실과 정의만을 추구해야 하는 법조기관의 성격을 갖고 있다. 검사를 특별대우 하는 것은 검찰이 준(準)사법기관 또는 사법

기관적(的) 역할을 수행하기 때문이다. 특별한 대접을 해줄 테니 그 대신 부정부패에 물들지 말고 사법정의를 세우는 일에만 충실하라는 거다. 검사들에 대한 특별대우는 이뿐이 아니다.

2010년 10월 현재 해외에서 연수 받는 검사들은 58명이다. 2001년부터 10년 동안 705명의 검사들이 해외 연수의 혜택을 받았다. 2009년 한 해 동안 검사들의 해외 연수에 쓴 예산은 30억 원을 넘었다. 한편 검찰청 직원은 2010년 10월 현재 13명이 해외 연수를 받고 있다. 검사 정원은 1942명이고, 검사가 아닌 검찰청 직원의 정원은 대검 467명과 고검과 지검 7406명 등 총 7973명이니, 검사들의 해외 연수도 검찰청 안에서만 비교해봐도 특별대우가 아닐 수 없다. 그러면 검사들의 자신감과 기개는 이런 특별한 대접을 받는 데서 나오는 걸까?

행정부 소속 공무원인 일개 검사, 그것도 젊은 검사들이 행정부의 최고 책임자인 대통령에게 한 치도 밀리지 않고 당당할 수 있을 정도로 자신감을 가지는 까닭을 단순히 좀 더 높은 직급과 좀 더 많은 급여와 혜택을 받는다는 것만으로는 설명할 수 없다. 뭔가 다른 특별한 이유가 있을 것이다. 무슨 순교자라도 되는 것처럼 "내 목을 먼저 치라"며 세상에 대고 선전포고를 할 정도라면 훨씬 특별한 다른 이유가 있어야 한다.

검찰 또는 검사들의 자신감은 한국의 검찰이 세계 어느 나라의 검찰과 견주어도 뒤지지 않을 만큼 강력한 권한을 독점적으로 갖고 있는 데서 나온 것이다. 한국의 검찰은 세계적으로 가장 강력한 권한을 갖고 있다. 그 나라의 검찰제도가 어떤지 알 수 있는 자료조차 없는, 이름조차 낯선 어느 나라에 예외가 있을지 모르지만, 적어도 우리가 그 이름을 알고 있는 나라들 중에서는 한국의 검찰이 가장 막강한 권한을 갖고 있다.

수사권, 경찰에 대한 수사지휘권, 독점 영장청구권, 독점 기소권, 기소재량권, 형 집행권 등 법률에 정해진 권한만도 막강한 데다, 범죄 예방, 정보 수집 등 법률로 정해지지 않은 활동까지 벌이고 있다. 권한은 막강하지만 검찰에 대한 견제 장치는 없다. 막강한 권한을 지닌 데다 누구의 견제나 통제도 받지 않는 건 누구도 넘보지 못할 독보적인 자리다. 2005년 검찰과 경찰의 수사권 조정에 대한 논의가 한창일 때 검찰은 수사권 조정 요구에 응하지 않으려고 다양한 해외 사례를 들기도 했다. 이때 일부 경찰관들은 미국, 일본, 독일 어느 나라든 그 나라의 수사권 시스템을 고스란히 도입하자고 주장하기도 했다. 어느 나라의 제도를 들여오든 지금보다는 훨씬 낫다는 거였다.

한국에서 발생하는 형사범죄의 대부분(97퍼센트가량)은 경찰이 처리하고 있다. 하지만 검찰은 현행 법률상 유일한 수사 주체이다. 형사소송법은 검사만을 수사의 주체로 규정하고 있고 경찰, 곧 사법경찰관리는 범죄 수사에서 검사를 보좌·보조하는 보조적 역할만을 수행하도록 규정하고 있다. 검·경 수사권 조정에서도 가장 중요한 쟁점이 되었던 조문이니 한번 읽어보자. 형사소송법 제195조와 제196조다.

제195조〔검사의 수사〕 검사는 범죄의 혐의 있다고 사료하는 때에는 범인, 범죄 사실과 증거를 수사하여야 한다.

제196조〔사법경찰관리〕 ① 수사관, 경무관, 총경, 경감, 경위는 사법경찰

관으로서 검사의 지휘를 받아 수사를 하여야 한다.

②경사, 순경은 사법경찰리로서 검사 또는 사법경찰관의 지휘를 받아 수사의 보조를 하여야 한다.

③전2항에 규정한 자 이외에 법률로써 사법경찰관리를 정할 수 있다.

물론 수사는 경찰의 직무도 규정되어 있고, 실무에서는 경찰이 독자적으로 범죄를 입건하는 등 실질적인 수사 개시권(開始權)을 행사하고 있지만, 수사를 마무리할 수 있는 수사 종결권(終結權)은 경찰에게 주어져 있지 않다. 경찰이 수사를 하면 반드시 그 결과를 모두 검찰에 보내야 하고(전건송치의무, 全件送致義務), 사람을 체포하거나 압수 수색을 하는 등의 강제수사를 할 때에는 반드시 검찰을 통해서만 영장을 청구할 수 있다. 경찰은 독자적으로 수사를 종결할 수 없고, 체포, 구속, 압수, 수색 등의 영장을 청구할 수도 없다. 검찰에게 법원에 영장을 청구해달라고 신청할 수 있을 뿐이다. 뿐만 아니라, 경찰은 검찰에게 수사 사무 보고, 정보 보고를 의무적으로 해야 하고, 관할이 아닌 지역에서 수사 활동을 할 때도 보고 의무를 지고 있다.

반면 검찰은 경찰 수사에 대한 일반적 지휘권은 물론, 경찰이 피의자를 체포하거나 구속하는 장소(유치장)에 대한 감찰권을 비롯해 변사자 사체에 대한 검시 지휘권, 사법경찰관리에 대한 행정적 책임 요구권, 경찰 수사 중지 명령권, 사법경찰관리의 체임(遞任) 요구권, 즉 자리를 바꿀 것을 요구하는 권한까지 갖고 있다. 수사에 있어서 검찰과 경찰의 관계는 수직적인 상명하복 관계다. 이는 법률로 강제되어 있다. 축구에서 열심히 드리블도 하고 크로스를 통해 골문 앞까지 공을 몰고 가더라도 골을 넣는 것은 언제나 부대장의 몫이어야 하는 엉터리 군대 축구와 꼭 닮아 있다.

어떤 제도든 문제점만 있는 것은 아닐 것이다. 경찰을 검찰의 완벽한 통제에 둔 것은 경찰 권력이 비대해져 오로지 정권의 편에서 국민을 탄압하고 전횡을 일삼던 이승만 정부 시절의 폐해를 극복하기 위한 것이다. 이승만 정권 시기의 경찰은 친일, 부역자투성이었다. 일제경찰을 그대로 답습한 경찰을 믿을 수는 없다는 것이 당시 입법자들의 판단이었다. 규문주의의 폐해를 극복하기 위해 탄핵주의를 채택하고 검사제도를 역사에 등장시킨 프랑스 대혁명의 정신도 이런 취지였을 것이다. 그러나 1945년 해방 후 도입된 제도가 60여 년이 훨씬 지나 우리 사회의 민주주의가 많이 성숙한 이 시점에도 그대로 유지될 당위성이 있는지는 의문이다.

또 다른 문제는 검찰과 경찰이라는 두 개의 수사기관이 수직적 상하관계로 규정되어 있기 때문에 생기는 문제들이 적지 않다는 거다. 일단 검사가 저지르는 범죄에 취약하다는 구조적 결함이 있다. 검사도 범죄를 저지를 가능성이 있다는 것은 상식이다. 그것은 교사나 다른 노동자가 범죄를 저지를 가능성과 마찬가지다. 아니, 어떤 의미에서는 검사처럼 막강한 권한을 지닌 사람이 저지르는 범죄가 훨씬 더 죄질이 나쁘고 사회나 피해자에게 미치는 영향이 클 가능성이 높다. 하지만 세상을 떠들썩하게 했던 부산지검의 '스폰서 검사' 사건이나 2010년의 서울중앙지검의 '그랜저 검사' 사건에서처럼 검사의 범죄는 대부분 유야무야 묻히기 마련이다. 검찰은 경찰관의 비리와 부패를 단속하고 사법 처리하기도 하지만, 수직적 상하관계 때문에 경찰이 검사의 비리를 수사하거나 사법 처리하는 일은 절대 일어나지 않는다. 경찰은 그래도 다른 기관에 의해 통제받으며 구성원들의 비리와 부패가 적발되기도 하지만, 검찰은 다른 기관의 통제를 받지 않고 검사의 비리는 오로지 동료 검사에 의해서만 적발되고 수사 대상이 된다. 하지만 팔은 언제나 안쪽으로 굽는다는 그들만의 원칙에 따라 한 식구끼리 제대로 된 수사가 진행되는 경우는 거의 없다.

 검사의 영장청구권 독점도 큰 문제이다. 법원이 발부하는 영장은 피의자를 체포, 구속하거나 증거를 확보하기 위한 목적으로 압수, 수색을 단행할 때 필요하다. 수사기관의 강제수사는 인권 침해의 우려가 크기 때문에 법원에 의한 사법 통제를 받도록 하고 있는 것이다. 애초 1948년 제헌 헌법은 영장청구권자에 대해서는 아무런 규정을 두고 있지 않았다. 그런데 검찰은 1961년 5·16 쿠데타 후 비상시기에 단행된 제5차 개정 헌법 이후 법원에 대한 영장청구권을 독점하고 있다. 5·16 헌법이 영장청구권자를 검사로 명시했기 때문이다. 이는 현재 전 세계 어느 문명국가 헌법에도 유례를 찾아볼 수 없다. 이에 따라 검사는 필요할 때 직접 법원에 영장을 청구할 수 있으나 경찰은 검사에게 영장을 청구해달라고 요청할 수 있을 뿐이다.

 이러한 검사의 독점적 영장청구권은 상상 외로 큰 권한이다. 경찰이 수사상 영장이 필요한 경우 반드시 검사에게 요청하도록 되어 있어서 자연히 검사는 경찰의 수사에 개입할 수 있게 됐고, 또한 검사의 판단에 의해 경찰의 영장청구 요청을 선별적으로 받아들이거나 받아들이지 않음(기각, 불청구)으로써 실제로 경찰의 수사를 좌지우지할 수 있기 때문이다. 경찰이 구속 수사가 필요하다고 판단해 구속영장의 청구를 요청했으나 검사가 이를 기각한 경우, 또는 경찰이 증거 확보를 위해 압수수색영장의 청구를 요청했으나 이를 검사가 기각한 경우에는 사실상 경찰 수사가 난관이 부딪치거나 좌절되기도 한다.

검찰은 경찰 수사의 인권 침해나 과잉 수사를 예방하기 위해 영장청구 단계의 통제가 필요하다고 주장하나, 이러한 통제는 원래 사법부의 고유 권한일 뿐 아니라 법원의 영장 기각에 대해 검찰이 매번 강력하게 반발하는 현실을 고려하면 검찰이 인권이나 과잉 수사 예방 등을 운운하는 것은 매우 낯설기까지 하다. 전·현직 검찰 구성원의 비리에 대해 경찰이 수사를 하더라도 검찰이 영장청구 요청을 기각하면 더는 수사를 진행할 수 없는 것이 현실이다. 검사의 영장청구권 독점이 국민의 인권 보호보다는 오히려 검찰 조직을 보호하고 경찰 조직을 통제하는 강력한 장치가 되어 있는 것이다.

검찰의 권한은 또 이어진다. 검찰은 기소권을 독점하고 있다. 기소재량권도 갖고 있다. 검찰은 어떤 피의자를 기소하여 법정에 세울 것인지 아닌지를 판단하는 독점적 권한을 갖고 있다. 범죄에 대한 수사는 최종적으로 기소 또는 불기소로 마무리된다. 어떤 사람이 아무리 큰 죄를 지어도 검찰이 기소하지 않는다면 그 사람을 처벌할 방법은 없다. 죄가 없는데도 검찰이 무리하게 기소하는 경우에 그 피의자는 적잖은 고통을 겪게 된다. 나중에 무죄로 판명된다고 해도 변호사를 선임해 몇 년씩 재판을 받아야 한다. 자기보다 월등하게 크고 강력한 힘을 지닌 국가기관을 상대하며 자신을 방어하기란 만만한 일이 아니다. 돈과 시간이 많이 들고 자신과 가족까지 황폐해지는, 개인이 감내하기 어려운 고통이 따른다. 검찰의 기소

독점권은 독점적 수사권과 함께 오늘의 한국 검찰을 가능하게 한 막강한 권한이다.

검찰은 이런 권한을 통해 한국 사회의 여러 쟁점을 정의(定義)하는 막강한 권력기관이 되었다. 검찰은 인터넷 논객 미네르바를 수사하고 기소했지만 법원은 무죄를 선고했다. 평면적으로 보면 검찰의 완패일 수 있지만 담론을 '정의'한다는 측면에서 볼 때는 검찰의 완승일 수도 있다. 미네르바를 형사처벌하는 것은 실패했지만, 미네르바처럼 인터넷 공간에서 대통령이 불편해할 만한 글쓰기를 하면 언제든지 수사망에 걸려들어 구속되고 재판정에 설 수 있다는 '살아 있는 교훈'을 네티즌 일반에게 전달했기 때문이다. 이로써 인터넷 환경을 위축시키는 소기의 목적은 달성했다.

상식적으로 판단해보면 도저히 유죄 입증이 불가능해 보이는, 그래서 검찰의 패배가 확실해 보이는 수사와 기소를 감행하는 사건들 중에는 검찰이 필요로 하는 새로운 담론의 형성과, 검찰이 주목하는 사회 문제에 대한 새로운 '정의(定義)'를 위해 활용되는 사건들도 많다. 검사가 판사의 역할까지 다 해버리는 거다. 법원이 공소권과 재판권을 둘 다 가지고 있어서 생기는 폐해를 막기 위해 검찰제도를 도입했지만 현실적으로 재판이 열리기도 전에 검찰이 수사와 기소를 통해 판단하고 결정함으로써 재판을 무력화시키는 일이 적잖다. 검찰제도 자체는 독점의 폐해를 극복하기 위해 도입되었지만 적어도 한국에서는 검찰이 독점적 지위를 갖는 새로운 폐해를 낳고 있다.

막강한 권한 독점

수사권 자체도 막강한 권한인데 기소까지 한 기관이 독점하고 있다면 독점과 배타적 권한 행사로 인한 폐해가 사실상 제도적으로 보장되어 있다고 볼 수도 있다. 이런 점 때문에 영미법계 국가들은 수사권과 기소권을 아예 분리시켜 수사권은 경찰에, 기소권은 검찰에 줌으로써 2개의 막강한 권한이 한 기관에 독점되면서 나타나는 부작용을 사전에 방지하고 있다.

영국은 1985년까지 수사권과 기소권이 (검찰이 아닌) 경찰에 독점되어 있었다. 권한 독점의 폐해는 곳곳에서 나타났다. 그 대표적인 예가 다니엘 데이 루이스가 주연한 〈아버지의 이름으로〉(1994년)라는 영화로 유명한 '길포드 4인방 사건'이다. 영국 경찰은 무고한 4명의 시민을 IRA(아일랜드 공화군, Irish Republican Army) 소속 폭탄테러범으로 몰아 살인죄로 기소했다. 억울한 피해는 그뿐이 아니었다. 가족들까지 테러를 지원했다는 혐의로 구속되었다. 모두 11명이 중형을 선고받았다. 이들이 폭탄 테러를 했다는 증거는 자백이 유일했고, 그 자백은 고문에 의해 조작된 것이었다. 14살 소년에게도 징역 13년 형이 선고되었다. 이들은 15년 만에 열린 재심에서 무죄를 선고받고 모두 석방되었지만, 영국 국민들은 이 사건의 교훈을 잊지 않았다. 1985년 경찰이 갖고 있던 기소권을 신설된 국립기소청에 넘긴 것이다. 이 사건으로 처벌받은 경찰관은 한 명도 없었지만 적어도 권한이 집중될 때의 폐해를 극복하기 위한 제도적 개혁은 진행되었다.

대륙법계 국가들도 사인(私人)에 의한 기소를 인정하고 있고 그중 프랑스는 무거운 범죄에 한해 수사판사에 의해 기소 여부가 결정되기도 한다. 독일은 기소편의주의를 채택한 한국과 달리 일정한 요건만 갖추면 무조건 기소하는 기소법정주의(起訴法定主義)를 원칙으로 하고 예외적으로 기소편의주의를 택하고 있다. 이는 정치적 압력 따위에 따른 검사의 자의적 판단으로 재판이 열리기도 전에 죄가 있는지 없는지를 가리는 한국의 기소편의주의의 폐해를 막을 수 있는 방법이기도 하다.

다른 나라들의 경우 제도를 설계할 때 법률을 통해 특정 기관이 독점적 권한을 행사하지 못하도록 권한을 합리적으로 배분하고, 권력기관 사이의 견제와 균형을 맞추는 데 중점을 두고 있다. 하지만 유독 한국의 검찰은 범죄에 대한 직접 수사권, 경찰 수사에 대한 지휘권과 함께 영장청구권과 기소권마저 독점하고 있다. 뿐만 아니라 어떤 피의자를 기소하거나 기소하지 않을 수 있는 기소재량권을 가지고 있고 이미 진행 중인 형사재판까지도 중단시킬 수 있는 공소취소권도 가지고 있다. '하지 못하는 일이 없음'을 뜻하는 한자 '무소불위(無所不爲)'란 말이 딱 들어맞는 조직이 바로 검찰이다.

앞서 살펴본 것처럼 김영삼 정부 시절의 검찰은 전두환, 노태우의 내란죄와 군사반란죄 등에 대해 불기소 결정을 했다. "성공한 쿠데타는 처벌할 수 없다"는 게 논리였다. 우리의 헌정사에 길이 남을 명언이다. 군인들이 총칼로 정권을 빼앗고 민간인을 학살하는 등의 중대한 범죄를 저질렀고, 이를 입증할 증거가 한둘이 아닌데도 검찰은 기소하지 않았다. 검찰에게 주어진 기소재량권을 남용한 탓이다.

같은 범죄를 저지른 공범이라고 해도 검찰이 판단해서 어떤 사람은 기소하고 어떤 사람은 기소하지 않을 수도 있다. 검찰이 선별기소를 하면 주범(主犯)이나 무거운 범죄를 저지른 사람은 불기소 처분을 받아 아무 처벌도 받지 않고 빠져 나가고 거꾸로 종범(從犯)이나 가벼운 범죄를 저지른 사람만 처벌을 받기도 한다. 기소권과 기소재량권을 가진 검찰만이 행사할 수 있는 검찰의 힘이다. 검찰의 막강한 권한, 특히 이럴 수도 있고 저럴 수도 있는 재량권이 크다는 것은 검사들의 부패와 전관예우로도 이어지고 있다. 법률적으로 큰 하자가 없고, 특별한 불법행위를 저지르지 않고도 자신에게 주어진 권한을 어떻게 행사하느냐에 따라 당사자의 운명이 바뀌는 일이 비일비재하기 때문에 어떤 식으로든 검찰에 줄을 대어 보려는 사람들이 끊이지 않고 있다.

노무현 정부는 검찰의 기소독점과 재량권의 남용을 막고 소추권 행사의 공정성을 확보하기 위해 형사소송법의 개정을 통해 모든 고소·고발 사건에서 재정신청이 가능하도록 재정신청의 범위를 확대하려고 했다. 재정신청제도의 확대로 피해자의 권리 구제 가능성을 확대하고 검사의 기소재량권도 일부 견제하려 했던 것이다. 하지만 국회의 논의 과정에서 노무현 정부의 사법제도개혁위원회가 만든 개혁안은 좌초되었다. 고발 사건은 재정신청 대상에서 제외된 것이다.

2007년 6월 개정된 형사소송법은 재정신청의 범위를 크게 확대시켰다.(형사소송법 제260조) 고소의 경우에는 모든 종류의 죄에 대해 재정신청이 가능하게 되었다. 하지만 고발의 경우엔 종전과 같이 형법 제123조에서 제125조의 죄(공무원의 직무유기 / 공무원의 직권남용 / 검찰, 경찰 등의 불법체포, 불법감금 / 검찰, 경찰 등의 폭행, 가혹행위)에 대해서만 재정신청이 가능하게 되었다.

그런데 국민적 의혹이 집중된 대형 비리, 부패 사건들은 고소인이 나타나기 힘들어 공익적 활동을 하는 시민단체의 고발로 수사가 시작되는 경우가 많다. 이런 사건들에 재정신청이 인정되지 않으면 검찰의 재량에 의해 대형 비리, 부패 사건이 묻혀버리는 지금까지의 오류가 반복된다. 사후적으로라도 법원이 검찰의 독점적 기소재량권을 통제하고, 기소독점으로 인한 폐해를 줄일 수 있는 중요한 개혁 방안이 국회에 의해 좌초된 것이다. 검찰의 집요한 로비와 압박에 정치인들이 굴복한 탓이다.

각국의 검찰권 통제 시스템

일본은 '검찰심사회' 제도가 법제화되어 있다. 고소인이나 고발인은 검사가 처리한 모든 범죄의 불기소 처분에 대해 그 당부(當否) 검토를 검찰심사회에 요청할 수 있다. 검찰심사회는 무작위로 선출된 11명의 일반 시민으로 구성되며 위원의 임기는 6개월이다. 보통 검찰심사회가 검찰 소속인 것으로 오해하는 사람들도 있지만 일본의 검찰심사회는 사법부에 소속되어 있으며 지방법원(지원)에 설치된다. 법원 소속이지만 운영에 있어서는 법원으로부터 독자성이 확보되어 있다.

최근 일본 집권당의 실세 오자와 이치로 민주당 간사장의 불법 정치 자금 의혹에 대해 일본 검찰이 불기소 처분을 하자 시민들로 구성된 검찰심사회가 오자와 간사장을 강제 기소해야 한다고 결의한 일이 있었다. 배심원을 통해 시민들이 재판에 개입하고 재판을 통제하는 것처럼 시민들의 건전한 상식이 검찰의 막강한 권한에 개입하고 통제하는 것이다.

미국에는 대배심(大陪審, Grand Jury, 기소 배심)제도가 있다. 법원 관할 지역의 선거인 명부에서 무작위로 뽑은 배심원 23명이 기소 여부를 판단한다. 징역형 이상의 중형 선고가 예상되는 사건은 피의자가 거부하지 않는 한 반드시 대배심에 회부해야 한다. 기소는 배심원 과반수의 동의가 있어야 가능하다. 미국은 연간 미국 인구의 1퍼센트에 해당하는 300만 명의 일반 시민이 대배심의 배심원으로 참여하고 있다. 이는 검찰권 행사에 대한 시민적 통제 장치이면서 미국의 법치주의를 학습하는 중요한 현장이 되기도 한다.

프랑스와 독일에도 검찰을 견제하는 제도적 장치가 마련되어 있다. 프랑스에는 피해자가 직접 형사소송을 수행하는 사인소추(私人訴追)제도가 있고, 독일은 범죄 피해자가 검사와 함께 원고 자격으로 형사절차에 참여하는 부대(附帶)공소제도를 통해 검찰 권력을 통제하고 있다.

하지만 이건 어디까지나 '남의 나라 이야기'일 뿐이다. 한국에는 일본의 검찰심사회나 미국의 대배심제도처럼 검찰의 기소권 행사에 일반 시민이 참여하여 통제할 수 있는 제도적 안전장치가 마련되어 있지 않다. 2009년 노무현 전 대통령이 서거한 후 검찰 개혁 요구가 빗발치자 2010년 우리나라에도 일본의 검찰심사회를 본뜬 검찰시민위원회가 전국 검찰청에 설치되었다. 그러나 이 위원회는 기소나 영장청구 사안에서 구속력이 없는 자문 역할을 하는 데 그치고 있고 그나마 활동 자체가 뜸해 사실상 형식적인 장치에 머물고 있는 실정이다.

표2는 여러 나라 검사의 수사권과 기소권을 비교한 것이고 표3은 여러 나라 검사의 수사상 지위만을 따로 추려서 비교한 것이다.

표2. 각국 검사의 수사권과 기소권

구분		독일	프랑스	영국	미국	일본	한국
수사 종결권		○	△	×	×	△	○
기소권	기소권 유무	○	○	○	○	○	○
	기소독점주의	○	×	×	×	○	○
	기소편의주의	×	○	○	○	○	○
공소유지권		○	○	○	○	○	○

표3. 각국 검사의 수사상 지위

구분	독일	프랑스	영국	미국	일본	한국
수사권	○	△	×	○	○	○
수사지휘권	○	△	×	×	△	○
자체 수사력	×	×	×	○	○	○
검찰과 경찰의 조서의 증거능력 차이	×	×	-	×	×	○
중앙집권 여부	×	○	○	×	○	○

독일의 검찰은 자체 수사력을 보유하지 않는다. 일종의 '손·발 없는 머리' 역할만 하고 있다. 따라서 독일의 검사는 손과 발 역할을 하는 경찰과의 협조 체제에서 수사를 할 수밖에 없다. 이는 우리나라 검찰이 검사를 제외한 자체 수사 인력만 5000~6000명가량 보유하면서 중요 사건에

서는 경찰을 배제하고 독자적으로 수사를 하는 현실과는 대조적이다. 그리고 독일 검찰은 지방분권화된 자치검찰조직이다.

프랑스는 중죄와 복잡한 경죄 사건의 수사는 수사판사가 주재한다. 강제수사권은 원칙적으로 수사판사에 귀속되어 있고 검사의 수사권 및 수사지휘권은 현행범 수사와 예비 수사의 영역에 한정되어 있다. 영국은 검찰에 자체 수사권이 없고 피의자 등을 상대로 조서를 작성하지 않는다. 미국의 검사는 소추 활동에 전념하고 있고 범죄의 수사는 원칙적으로 경찰이 담당한다. 일본은 1차적 수사는 경찰이 하고 검찰은 사후적으로 이를 보충하는 수사, 곧 2차적 수사를 담당한다.

한국만의 독특한 검찰제도

이들 나라들과 달리 한국의 검찰은 검찰이란 기관이 가질 수 있는 모든 권한, 곧 수사권, 수사지휘권, 독점적 영장청구권, 독점적 기소권과 기소재량권 등을 독점하면서 사법 처리의 대상과 범위, 기소 여부 등을 누구의 관여나 간섭도 없이 독점적으로 결정할 수 있는 막강한 권한을 갖고 있다. 검찰의 수사는 주로 권력형 비리 사건, 기업 비리 사건, 부정선거, 노동 등 공안 사건, 마약이나 조직범죄 사건 등에 집중되어 있다. 이런 사건들에 대한 검찰의 판단은 정치권이나 한국 사회의 흐름에 중대한 영향을 미칠 수 있다. 특정 정치 세력이나 정치인을 죽이거나 살리는 일, 특정 기업을 죽이거나 살리는 일, 노동자나 노동조합에 대한 탄압, 2008년 촛불집회에서처럼 시민을 폭행한 경찰관은 단 한 명도 처벌하지 않으면서 집회에 참가한 시민들은 2000명 가깝게 처벌하는 일 등을 통해 검찰은 한국 사회를 좌지우지하는 거대한 권력 집단으로 자리 잡고 있다. 그뿐만 아니다. 대형 비리 사건에 대한 특수수사를 전담하면서 정치·경제·사회 영역의 주요 인사나 기업 또는 단체가 관련된 주요 (범죄) 정보도 검찰이 독점하고 있다. 검찰의 막강한 권력을 빗대 '검찰공화국', '검찰 파쇼'라 는 말이 등장할 정도이다. 정치권력이 집요하게 검찰을 장악하려는 것도 이런 까닭 때문이다.

무소불위의 검찰 권력을 견제하기 위해서는 무엇보다 검찰만 갖고 있는 권한을 분산시켜 '견제와 균형(Check and Balance)'의 체제를 갖춰야 한다. 지금의 제도에서는 검찰 권력을 견제할 수 있는 대응 견제 권력이 전혀 없다. 검찰의 통제를 받는 경찰이 검찰을 통제하는 역할을 수행한다 는 것은 상상하기도 어렵고, 감사원을 통한 견제도 사실상 불가능하다. 심지어 정치권력마저 검찰을 통제하지 못하고 있다. 민주주의 사회에서 어떤 기관이 누구의 통제도 받지 않는다는 것은 치외법권 지대에 존재하 는 것을 의미한다. 검찰이 정치권력으로부터 독립하여 정치적 중립성을 확보하는 것도 중요하지만 검찰 권력을 견제할 제도적 장치를 마련하는 것이 매우 시급한 과제다. 견제 받지 않는 검찰의 독주 현상이 계속될 것 이기 때문이다. 견제 받지 않는 권력은 반드시 부패하기 마련이다. 힘 있 는 기관의 부패는 법의 지배를 무력화시키고 그 피해는 고스란히 국민의 몫이 된다. 이는 역사가 우리에게 주는 교훈이자 지금 우리 사회가 경험 하고 있는 현실이다.

검사의 정치적 종속성

최초의 정권 교체를 통해 집권에 성공한 김대중 정부 시기, 민주화에 따라 국민의 의식도 성장했다. 검찰이 다뤘던 사건들에 대한 국민적 문제 제기가 활발해지고 불만이 쌓이는 것은 당연한 일이었다. 검찰 개혁을 요구하는 국민들의 목소리도 높았고 조폐공사 파업유도 사건, 옷 로비 사건, 벤처비리 사건(이용호 게이트) 등이 터져 나오면서 기존의 검찰 활동에 대한 부정적 시각이 늘어만 갔다. 이때 우리 사법사상 처음으로 특별검사제가 도입되었다. 그동안의 특별검사제가 효과 면에서 크게 성공적이라고 평가할 수 있는지에 대해서는 논란이 있을 수 있다. 하지만 특별검사제가 정치권력에 종속된 검찰 조직에 대한 한 상징적 대안으로 자리 잡고 있는 것은 사실이다.

김대중 정부 때 검찰 내부는 복잡한 지역 구도가 충돌하고 있었다. 영남에 기반을 둔 기득권 세력과 호남 출신의 신흥 세력이 검찰의 주도권을 둘러싸고 충돌하고 있었다. 정권의 신뢰는 받지만 검찰 내부에서는 소수 그룹이었던 호남 출신의 신흥 세력은 더욱 정치권력에 기대며 검찰 권력을 정치권력에 예속화시켜나갔다. 하지만 그 결과 검찰권에 대한 국민의 불신은 높아져갔고 결국 특별검사제가 도입되었다.

승진을 해서 더 높은 자리에 오르기 위해 정치권력과 결탁하고, 승진을 한 다음에는 그보다 더 높은 자리와 더 큰 출세를 위해 한층 더 충직하게 정치권력의 도구로 봉사하는 악순환이 반복되었다. 이런 악순환은 권력을 지향하는 검사들과 검찰 권력을 이용하려는 정치권력의 결탁 때문에 반복되고 있다. 이런 현상은 특정 정권에서만 발생하는 것이 아니다. 노무현 정부에서는 정치권력과 검사들의 결탁이 비교적 느슨했지만 이명박 정부가 등장하면서 이러한 결탁과 예속은 훨씬 더 강고한 모습으로 나타나게 된다.

정치권력의 요구에 따라 정치권력의 입맛대로 검찰권을 오남용한 사람들은 예외 없이 더 높은 자리, 더 좋은 자리로 영전했다. 더 높은 자리에 오른 다음에는 정치권력의 기대와 요구를 전폭적으로 수용하며 정치권력이 주문한 소임을 다했고, 다시 좀 더 영향력 있는 자리, 더 높은 요직으로 보답받는 일이 반복되고 있다.

정연주 KBS 사장의 배임죄 수사와 기소를 지휘했던 서울중앙지검 1차장 최교일 검사는 2009년 초 서울고등검찰청 차장으로 이동했다가 같은 해 8월 검찰 인사의 핵심에 속하는 법무부 검찰국장으로 영전했다. 인터넷 논객 미네르바 사건을 지휘했던 서울중앙지검 3차장 김수남 검사는 2009년 초 검사장급인 법무부 기획조정실장으로 승진한 다음 같은 해 8월 청주지검장이 되었다. 김수남은 2010년 7월에 다시 법무부로 돌아와 범죄예방정책국장을 맡고 있다.

정치권력의 요구에 따른 수사와 기소에 대해서는 이렇게 확실한 보상이 뒤따른다. 그렇다고 잘못된 수사와 잘못된 기소에 대해 인사상 불이익을 받거나 처벌을 받는 것도 아니다. 그러니 위험을 감수할 일도 없다. 정연주 KBS 사장이나 미네르바 박대성은 모두 재판을 통해 무죄를 선고받았지만 이 때문에 담당 검사들이 받은 불이익은 전혀 없었다. 오히려 승진을 해서 더 중요한 요직으로 나아갔다. 잘못에 대한 책임은 지지 않았다. 업무 수행을 잘하면 당연히 승진할 수 있겠지만 정권과 코드 맞추기를 통해 억울한 피해자를 만들어낸 검사들에게는 반드시 인사상 불이익이 따라야 한다. 그래야 상식을 복원할 수 있다. 인사상 불이익을 받아야 할 사람들, 우리가 잊지 말아야 할 사람들은 이들만이 아니다. 참여연대 사법감시센터는 이명박 정부 2년 동안 검찰이 권한을 남용하고 공익의 대표자로서 소임을 다하지 않았던 사례가 매우 많았다고 지적했다. 참여연대는 권한을 남용했거나 공익의 대표자로서 책무를 포기한 사람들에게 책임을 묻는 것이 매우 중요하다며 "2008~2009년 '잊어서는 안 될 검사 16인'"의 명단을 발표했다. 이들의 직함은 모두 문제가 된 사건 당시의 것이다.(표4)

표4. 참여연대 선정 2008년~2009년 잊어서는 안 될 검사 16인

이름	당시 직함	관련 사건에서의 역할
최교일	서울중앙지검 1차장	정연주 KBS 전 사장 사건, 〈PD수첩〉 사건 지휘 책임
정병두	서울중앙지검 1차장	최교일의 후임, 〈PD수첩〉 사건, 용산참사의 수사 기록 미공개 지휘 책임
김수남	서울중앙지검 3차장	미네르바 사건 지휘 책임
최재경	서울중앙지검 3차장	김수남의 후임, 미네르바 사건 지휘 책임
이인규	대검 중앙수사부장	노무현 전 대통령 사건, 박연차 게이트의 수사 책임
홍만표	대검 수사기획관	노무현 전 대통령 사건, 박연차 게이트의 수사 핵심 멤버
우병우	대검 중앙수사부 1과장	노무현 전 대통령 사건 수사 담당자
이석환	대검 중앙수사부 2과장	노무현 전 대통령 사건, 박연차 게이트의 수사 담당자
김주선	서울중앙지검 마약조직범죄 수사부장	미네르바 사건 수사 담당자

이름	당시 직함	관련 사건에서의 역할
안상돈	서울중앙지검 형사 3부장	용산참사 수사 기록 공개 거부 담당자
정현준	서울중앙지검 형사 6부장	〈PD수첩〉 사건 수사 담당자
박은석	서울중앙지검 조사부장	정연주 KBS 전 사장 사건 수사 담당자
김경한	법무부장관	정연주 전 KBS 사장 사건, 〈PD수첩〉 사건, 미네르바 사건, 촛불집회 관련 사건, 노무현 전 대통령 사건 수사 당시 법무부장관
정동기	청와대 민정수석 비서관	정연주 전 KBS 사장 사건, 〈PD수첩〉 사건, 미네르바 사건, 촛불집회 관련 사건, 노무현 전 대통령 사건 수사 당시 검찰 등 사정기관을 총괄
임채진	검찰총장	정연주 전 KBS 사장 사건, 〈PD수첩〉 사건, 미네르바 사건, 촛불집회 관련 사건, 노무현 전 대통령 사건 수사 당시 검찰총장
명동성	서울중앙지검장	정연주 전 KBS 사장 사건, 〈PD수첩〉 사건, 미네르바 사건, 촛불집회 관련 사건 수사 당시 서울중앙지검장

 이들은 터무니없는 사건으로 정권의 안위만을 지키기 위해 권한을 남용했던 사람들이다. 잊지 말고 꼭 기억해야 할 검사들이 이들만은 아닐 것이다. 이들은 대부분 승진했고 검찰을 떠난 사람들도 대형 로펌에 취직해 승승장구하고 있다.

 노무현 정부에서 대통령과 집권 여당은 검찰과 껄끄러운 관계였다. 검찰을 정치권력의 도구로 이용하지 않았던 측면도 있고 정치·사회 민주화에 따라 하고 싶어도 그렇게 하지 못한 측면도 함께 존재했다. 노무현 정부는 검찰을 이용하기보다는 검찰을 개혁의 대상으로 상정하고 검찰 개혁을 표방했다. 이 때문에 노무현 정부와 검찰은 자주 반목했다. 노무현 정부에서 검찰의 칼끝이 야당보다 오히려 정부 여당을 겨냥한 사례가 많았던 것은 노무현 정부 당시 여당이 야당보다 더 많은 부패와 비리를 저질러서라기보다는 검찰 개혁을 시도하는 정권에 대한 검찰의 일종의 '저항'이란 측면에서 봐야 한다. 그러나 이명박 정부는 확실히 이전 정권과는 달랐다. 검찰은 집권 정치 세력과 공고한 공생관계를 형성했다. 삼성 법무팀장을 지낸 김용철 변호사의 폭로로 불거진 '삼성그룹 비리'와 삼성의 검찰 로비 실태의 공개로 인해 위기를 맞았던 검찰과 대통령 선거 과정에서 BBK 사건 등으로 위기를 맞았던 이명박 후보의 핵심 세력이 서로의 안전을 담보해주면서 공생의 길을 찾은 것으로 추정된다.

정권과 검찰이 결탁한 결과 법과 원칙은 대통령이나 법무부장관, 검찰총장의 말로만 존재하는 언술에 불과하게 되었다. 좌고우면하지 않고 법과 원칙에만 기대는 검찰권 행사는 기대하기 어렵게 되었다. 불편부당한 검찰권 행사, 오로지 국민의 이익만을 위한 검찰권 행사 역시 기대하기 어렵다.

노무현 전 대통령을 죽음으로 내몬 박연차 게이트 사건에 대한 수사나 시민들의 언론의 자유, 표현의 자유, 집회와 시위의 자유에 대한 탄압, 정당한 소비자 주권 행사에 대한 세계 초유의 탄압 등 집권 세력에 유리하고 집권 세력에 문제 제기를 하는 야당이나 시민사회를 탄압하는 일에 검찰이란 국가조직이 총대를 메고 앞장서고 있다.

정치 지향적 검사들이 집권 세력에게만 유리한 검찰권 행사를 통해 얻는 이익은 검찰 조직 내부에서의 승진만이 아니다. 한국은 검사 출신 법조인들의 국회의원 진출이 어느 나라보다 많다. 18대 국회의원 중에서 법조인 출신은 모두 59명이고 이 중 검사 출신이 22명으로 가장 많다. 판사 출신은 17명, 검사, 판사 경력 없는 변호사 출신은 19명, 법무사 출신이 1명이다. 숫자도 중요하지만 더 중요한 것은 검사 출신 정치인들의 위상과 역할이다. 국회의장(박희태), 한나라당 전·현직 대표(강재섭, 안상수)와 전·현직 사무총장(권영세, 원희룡), 최고위원(홍준표), 선거관리위원장(김기춘), 중앙위원회 의장(최병국) 등 한나라당에 포진한 검사 출신 국회의원들의 면면은 화려하기만 하다. 성추행 사건에도 불구하고 건재한 최연희(무소속)나, '대구의 밤문화' 운운하며 물의를 일으키고 김대중 전 대통령에 대한 악의적인 허위사실 유포로 유죄를 선고받은 주성영도 검사 출신이다. 검사 출신들은 집권 여당에서 가장 확실한 영향력을 확보하고 있고 검찰 문제에 있어 가장 유능한 로비스트로도 활동하고 있다.

   검사 출신 정치인들이 주로 포진한 국회 상임위원회는 법제사법위원회다. 이 상임위원회는 검찰을 포함한 법무부 소관에 속하는 사항을 다루고 법률안이나 국회 규칙안의 체계와 형식, 자구의 심사에 관한 사항을 맡는다. 법률안은 각 상임위원회에서 심사를 마쳐도 법제사법위원회의 심사를 거쳐야 본회의에 상정될 수 있다. 법률 제정에 있어 가장 중요한 역할을 하는 국회 상임위원회가 바로 법제사법위원회다. 18대 하반기 국회의 법제사법위원회에는 검사 출신 국회의원이 한나라당 간사인 주성영과 박준선 정도로 이례적으로 적다. 이는 한나라당이 다수를 차지하기 때문에 법제사법위원회의 '원활한' 운영에 큰 무리가 없다고 판단한 탓으로 보인다.

검사 자체를 천직으로 생각하기보다는 검사로서의 활동을 바탕으로 더 높은 출세를 지향하는 정치 지향적인 검사들이 검찰 조직을 장악할 때 검찰은 정치권력의 요구에 더욱 민감하게 반응하기 마련이다. 법률가로서 법률적 판단이 아니라 정치 지망생으로서 정치적 판단, 그것도 집권 세력에게만 유리한 정치적 판단만을 앞세워 출세를 거듭하는 검사들, 그리고 검찰 조직을 끊임없이 특정 정치 세력의 것으로 사유화하려는 검사 출신 정치인들의 영향력 행사로 인해 검찰권 행사의 도덕성은 끝을 모를 지경으로 추락하고 있다.

일본의 검사들은 한국의 검사들과 달리 검찰을 떠나게 되어도 후배 검사들의 직무에 영향을 주지 않기 위해 정치권 진출을 극도로 자제하고 있다고 한다. 한국의 검사들은 검찰 조직에 몸담고 있을 때는 남부럽지 않은 고위직과 많은 급여를 보장받고 퇴직해도 변호사로 개업해 정년 없이 일할 수 있다. 똑같은 고등고시를 패스해도 일반직 공무원들에 비해 2단계나 높은 고위직급으로 처우해주는데도 정치검사들의 권력을 향한 욕구는 멈추지 않는다. 한국과 일본 검사들의 인식 차이가 오늘의 한국과 일본 검찰의 위상 차이를 가져온 중요한 원인이 되었다.

우리 사회에서 검찰의 영향력을 확인할 수 있는 또 다른 사례를 보자. 검찰은 국가기관, 공공기관, 각 위원회에 소속 검사를 파견하기도 한다. 이명박 정부 출범 이후 147명의 검사들이 이들 기관으로 파견되었다. 이 중에는 사법연수원이나 정부법무공단처럼 업무 연관성이 쉽게 파악되는 곳도 있지만 파견된 검사의 역할이 뭔지 쉽게 알 수 없는 곳도 있다. 물론 대통령실(청와대)처럼 편법적인 파견을 하는 곳도 있고, 비공식적인 파견을 하는 곳도 여럿 있을 것이다. 검사들의 파견이 많다는 것은 검사의 힘을 필요로 하는 기관이 많다는 뜻도 되겠지만 검찰이 그만큼 안정적으로 국정 전반을 장악할 하나의 근거가 된다는 뜻도 될 것이다. 다음은 이명박 정부 출범 이후, 2010년 9월까지 검사가 파견된 기관의 이름들이다.

> UN마약사무소(UN-ODC), 감사원, 경기도, 공정거래위원회, 과거사위원회, 국가경쟁력강화위원회, 국가정보원, 국무총리실, 국민권익위원회, 국회 군의문사규명위원회, 금융감독원, 금융부실책임조사본부, 금융위원회, 금융정보분석원, 동북아역사재단, 방송통신위원회, 법제처, 보건가족부, 부산광역시, 부채특별조사단, 사법연수원, 서울특별시, 식품의약품안전청, 여성가족부, 외교통상부, 인천광역시, 정부법무공단, 정부합동조사단, 주독일대사관, 주미대사관, 주유엔대표부, 주일본대사관, 주중대사관, 주LA총영사관, 지식경제부, 충청남도, 친일행위재산조사위원회, 키르기스스탄공화국, 통일부, 한국거래소, 한국금융연구원, 한국형사정책연구원, 헌법재판소, 형사사법통합정보체계추진단.

판사, 검사, 변호사를 모두 합한 법조인들의 절반가량은 서울대 출신(47퍼센트)이고 서울대, 고려대, 연세대 등 주요 10개 대학 출신은 약 87퍼센트에 이른다. 같거나 비슷한 대학 출신들이 모여 있고 사법연수원에서 2년 동안 함께 생활하며 쌓은 친분만으로도 법조계 인사들은 '식구'라는 폐쇄적 동질주의에 젖어들 수 있다. 게다가 모두가 한 몸이어야 하는 검찰 조직에 몸담게 되면, 그 폐쇄적 동질성은 더욱 짙어진다. 지금 몸담고 있는 곳이 검찰인가, 아니면 국회나 정당인가 하는 것은 그래서 별로 중요하지 않다. 어차피 한 식구들이니까.

2010년 국정감사 자료 중에는 2005년부터 2010년 9월 1일까지 신규 임용된 검사들의 출신 고교, 출신 대학, 대학 때 전공 등을 실명으로 정리한 자료도 들어 있다. 이를 출신 고교, 출신 대학, 전공별로 분석해보았다. 그러니 모두 802명의 신규 검사들이 어떤 사람들인지를 쉽게 알 수 있는 자료가 만들어졌다.

표5. 신규 검사 출신 대학 순위

순위	학교명	명 수(%)
1	서울대	292(36.4)
2	고려대	142(17.7)
3	연세대	92(11.5)
4	이화여대	50(6.2)
5	한양대	43(5.4)
6	성균관대	38(4.7)
7	부산대	20(2.5)
8	경북대	20(2.5)
9	서강대	15(1.9)
10	전남대	13(1.6)

신규 검사들의 출신 대학 중 10위권 밖의 대학으로는 중앙대, 경희대(이상 11명), 동국대(9명), 건국대, 한국외대(이상 7명), 아주대(6명), 서울시립대, 경찰대, 카이스트(이상 3명), 단국대, 인하대, 영남대, 충북대(이상 2명), 강원대, 경기대, 국민대, 명지대, 숙명여대, 인천대, 포항공대, 홍익

대, 한동대(이상 1명)가 있었다. 검사들의 출신 대학은 서울대 36.4퍼센트, 고려대 17.7퍼센트, 연세대 11.5퍼센트, 이화여대 6.2퍼센트이고 주요 10개 대학 출신이 전체 802명 중 725명으로 90.4퍼센트에 이르고 있다. 앞서 소개한 법조인 평균을 조금 웃도는 수준이다. 정확하게 대학 서열을 반영하고 있다.(표5)

표6. 신규 검사 출신 전공 순위

순위	전공	명 수
1	법학	600
2	경제학	36
3	경영학	31
4	정치학	13
5	정치외교학	10
6	영어영문학	6
7	신문방송학	5
8	전기공학	5
9	사회학	5
10	행정학	5

검사들의 전공을 보면 신규 검사의 74.8퍼센트인 600명이 법학을 전공했다.(표6) 현행 사법시험 체계에서는 법학 전공자가 시험에 유리할 수밖에 없기에 이 같은 통계가 나온 것으로 보인다. 좀 더 다양한 전공과 경험을 가진 사람이 검사로 임용되지 못하는 현실은 다소 아쉬워 보인다.

표7. 신규 검사 출신 고교 순위

순위	학교 명	명 수
1	대원외고	34
2	한영외고	18
3	대일외고	11
4	대입검정고시	10
5	서울고	9
6	이화외고	9
7	순천고	9
8	명덕외고	8
9	서문여고	8
10	현대고, 공주사대부고, 대전고	7

한편 표7에는 신규 검사를 많이 배출한 10개 고등학교만을 담았지만 전체 출신 고교를 분석해보면 외고 출신은 모두 87명이었다. 이는 전체의 10.5퍼센트에 해당한다. 가장 일반적인 신규 검사는 외고를 나와 서울대학교에서 법학을 전공한 사람이었다. 동질의 사람들이 사법연수원을 거쳐 같은 조직에서 생활하면서 엘리트 의식으로 똘똘 뭉치게 된다. 이는 검찰 특유의 폐쇄적인 문화 풍토로도 이어진다.

사정의 핵_대검찰청 중앙수사부

대검찰청 중앙수사부(대검 중수부)는 검찰총장의 직할부대로서 검찰총장이나 법무부장관 또는 청와대에서 직접 명령받은 사건만을 수사하는 것으로 알려져 있다. 대검 중수부는 역대 정권에서 사정 권력의 핵 역할을 충실히 수행했고, 출세 지향적 검사들에겐 중수부 소속으로 일하는 것 자체가 영광처럼 여겨져왔다. 중수부 경력이 출세의 발판이 되기 때문이다.

대검 중부수의 사건 수사는 끊임없이 정치적 시비와 논란을 불러왔다. 학계와 시민사회의 비판이 집중된 것도 당연한 결과였다. 일선 지검에 특수부가 있는데도 중수부라는 별도의 조직을 만들어 중요 사건을 집중시키는 것은 대검의 기능과도 맞지 않다. 정책 수립과 집행을 담당하고 일선 검찰청을 지휘·감독하는 것이 대검의 본래 역할이기 때문이다. 대검 중수부는 검찰총장의 직속기구로 검찰총장이 명령한 사건을 수사하기 때문에 검찰총장의 영향력에서 조금도 자유로울 수 없는 것은 물론 정치권의 직접적인 영향력에서도 자유롭기 힘들다. 때문에 대검 중수부의 수사는 항상 그 공정성과 중립성을 의심받아왔고 정치검사 양성소라는 비난을 받아왔다.

중수부가 대형 사건을 다루기 시작하면 각 지검, 지청에서 이른바 '칼잡이'라 불리는 특수통 검사들을 파견받는 것은 물론이고 국세청, 금융감독원 등에서도 수십 명의 인원을 파견받아 진용을 꾸린다. 그러니 우리나라 최고의 수사기관이란 명성이 따라붙는 것도 당연한 일이다.

대형 부패·비리 사건을 제대로 수사하려면 수사기관도 전문성을 쌓아야 한다. 그래서 별도의 특수수사 기능이 활동하는 것은 이해할 수 있다. 하지만 대형 부패·비리 사건일수록 외부의 입김이 강하게 작용하고, 수사 결과에 따라 정치적 타격을 받는 쪽과 정치적 이익을 챙기는 쪽이 확연히 나뉠 가능성이 있기 때문에 수사 활동 전반에서 독립성이 보장되어야 한다. 그러기 위해서는 일선 지검의 특수부처럼 검찰 수뇌부의 영향력이 조금이라도 덜 미치도록 조직 계선상 먼 곳에 위치시키는 게 바람직하다.

노무현 전 대통령 사망의 원인이 되었던 박연차 게이트 사건 수사만 해도 그렇다. 지난 정권에 대해서는 먼지털이식 수사를 하되, 살아 있는 권력에 대해서는 축소·은폐 의혹만 남긴 박연차 게이트 사건을 담당한 곳이 바로 대검 중수부였다. 검찰총장의 직접 명령을 받는 직속조직, 대통령 등 집권 세력의 의중을 가장 충실하게 이행할 수 있는 구조 속에 놓인 수사기구의 폐해는 전직 대통령의 죽음이라는 참혹한 결과를 낳았다.

그렇다고 실적이 좋은 것도 아니다. 대검 중수부의 성적은 형편없다. 뒤에 좀 더 자세히 설명하겠지만 대검 중수부가 기소한 사건의 무죄율은 일반 형사사건보다 30배가량 높았다. 무리한 수사와 무리한 기소가 높은 무죄율로 이어진 것이다. 대검찰청이 국회에 제출한 국감 자료를 보면 대검 중수부의 실적을 알 수 있다.(표8)

표8. 대검 중수부 사건 기소 및 재판 현황(2005년~2010년 9월)

(단위:명)

구분 연도	접수	처분				확정		재판 중	비고
		기소			불기소	유죄	무죄 (전부)		
		계	구속	불구속					
2005	50	49	16	33	1	46	2	1	
2006	71	32	20	12	39	19	8	5	
2007	10	10	3	7	0	8	0	2	
2008	46	44	26	18	2	23	5	16	
2009	26	25	8	17	1	11	1	13	
2010. 9.	0	0	0	0	0	0	0	0	

이 현황은 대검 중수부의 기소 사건에 대한 법원의 결정을 '유죄'와 '전부 무죄'로만 나누고 있다. 보통의 경우 형사사건에서는 1개의 법률 행위만이 아니라 여러 개의 위반 혐의를 함께 기소하기 마련이다. 검찰의 분류에서처럼 '전부 무죄'를 따로 꼽는다면, 중요한 혐의에서 거의 대부분 무죄를 선고받고 경미한 1개의 범죄에서만 유죄를 선고받아도 표의 현황에서는 '유죄'로 분류될 것이다. 따라서 일반 시민이나 언론이 지닌 상식에 따라 분류한다면 무죄가 선고되는 사건은 이 표의 현황에서보다 훨씬 많다.

2010년에 대검 중수부의 수사 실적이 전혀 없었던 것은 노무현 전 대통령 사망 사건에 대한 국민적 반발 때문인 것으로 보인다.

검사동일체의 원칙_일사불란한 조직체계와 상명하복 문화

검찰은 일사불란한 조직체계를 갖고 있다. 검찰총장을 정점으로 말단 검사까지 상명하복(上命下服), 상의하달(上意下達)의 정확한 위계 속에서 움직이고 있다. 바로 '검사동일체 원칙'이라 불리는 조직 구성과 독특한 조직 문화에서 비롯된 것이다. 2004년 2월 검찰청법의 개정으로 '검사동일체 원칙'이란 말의 법률적 근거는 없어졌지만, 없어진 것은 법조문에 적힌 명칭뿐이다.

검사동일체 원칙의 내용은 검찰청법에 그대로 살아 있고, 검찰 조직의 위계질서는 여전히 강고하게 작동되고 있다. 명목만 조금 바꾼 셈이다. 검찰청법은 '검사동일체의 원칙'을 폐지하고 그 대신 '검찰사무에 관한 지휘·감독' 규정(제7조)을 신설했다. 조문에서는 하급검사가 상급검사의 지휘·감독의 적법성·정당성 여부에 대하여 이의를 제기할 수 있도록 하고 있으나 역시 바뀐 것은 명목 규정뿐이다. 검찰 안팎에 있는 이 중 누구도 검사동일체의 원칙이 사라졌다고 믿지 않는다. 검사동일체 원칙의 실효성은 여전히 "검사는 검찰사무에 관하여 소속 상급자의 지휘·감독에 따른다"는 규정(제7조의1)과 '검사직무의 위임·이전 및 승계' 규정(제7조의2)으로 살아 있고, 내부결재제도도 그대로 유지되고 있다. 고등검찰청 검사장과 지방검찰청 검사장은 소속 검사들에 대한 지휘·감독권(제17조, 제21조)이 있다. 뿐만 아니라, 인사권과 징계권에다 예산 집행까지 검찰 지휘부가 완벽히 틀어쥔 상태에서 하급검사가 상관의 지시나 명령에 맞서기란 쉽지 않다. 검찰 조직을 완전히 떠나겠다는 결심, 변호사가 되어서도 검찰의 협조를 기대하지 않겠다는 모진 결심이 섰다면 모르지만.

'수장인 검찰총장으로부터 아래의 말단 검사에 이르기까지 검사는 모두 한 몸이다'라는 검사동일체 원칙은 내부결재제도와 합쳐져 개별 검사의 직무적 독립성을 무력화시키고 검찰의 모든 권력을 검찰총장에게 완벽하게 집중시키고 있다.

법무부령인 검찰보고사무규칙 제3조 제1항을 보면 검사는 사건 발생 단계부터 각급 검찰청의 장과 법무부장관에게 다음과 같은 사건에 관하여 '검찰 사무 보고'를 해야 한다.

- 법무부 소속 공무원의 범죄
- 판사 또는 변호사의 범죄
- 국회의원 또는 지방의회의원의 범죄
- 4급 또는 4급 상당 이상 공무원의 범죄 및 5급 또는 5급 상당 이하 공무원인 기관장의 직무와 관련된 범죄
- 주한 미합중국 군대의 구성원·외국인군무원 및 가족이나 초청 계약자의 범죄(이하 "한미행정협정 사건"이라 한다)
- 외국인의 범죄와 외국인에 대한 범죄 중 국교 관계에 중대한 영향을 미칠 우려가 있는 사건
- 공안 사건(내란·외환의 죄 / 국가보안법 위반 / 군형법중 반란·이적의 죄, 군사기밀누설죄 및 암호부정사용죄 / 군사기밀보호법 위반의 죄)
- 공직선거법 또는 국민투표법 위반 사건
- 정부 시책에 중대한 영향을 미칠 만한 사건(집회및시위에관한법률 위반 사건, 노동 관계 법률 위반 사건 중 노동 정책에 영향을 미칠 중요한 사건, 수산업법 위반 중 군사분계선 또는 어로한계선 월선조업 사건 기타 정부 시책의 수행에 지장을 초래하거나 정부 시책에 현저히 위배되는 사건)
- 특히 사회의 이목을 끌 만한 중대한 사건(피의자 또는 피해자의 신분·범행 방법·범행 결과가 특이 또는 중대하거나 신문·방송 등 언론매체에 크게 보도되어 국민의 관심을 집중시킬 만한 사건)
- 형법 제123조부터 제125조까지의 범죄(공무원의 직무유기 / 공무원의 직권남용 / 검찰, 경찰 등의 불법체포, 불법감금 / 검찰, 경찰 등의 폭행,

가혹행위) 중 재정결정에 의하여 법원의 심판에 부하여진(붙여진) 사건
- 범죄 수사·공소유지 또는 검찰 정책의 수립·운영에 참고될 사건(수사지휘권의 행사에 현저하게 지장을 초래한 사건 등)

사실상 대통령이나 정부 차원에서 관심을 가질 만한 모든 사건에 대해 사전에 보고를 받고 있는 것이다. 문제는 이게 '보고'에서만 끝나는 게 아니라 법무부장관과 검찰 지휘부가 구체적인 사건 수사에 대해 개입할 수 있는 제도적 기반이 되고 있다는 것이다.

검찰이란 조직 자체도 막강한 권한을 행사하는데, 그 막강한 권한이 모두 검찰총장 1인에게 집중되어 있다. 검찰총장은 국회의 인사청문회를 거쳐야 하지만 법무부장관의 제청으로 대통령이 임명한다.(검찰청법 제34조) 따라서 검찰총장에 대한 인사권을 갖는 대통령 입장에서는 검찰총장 한 명만 장악하면 검찰 조직 전체를 안정적으로 장악할 수 있게 된다. 검사 동일체 원칙은 중앙집권적 권한 운용 시스템을 고착시켰고 이를 통해 검찰 내부에서 자유로운 의사소통은 불가능해졌다. 조직의 민주적 운영도 불가능해졌다. 검찰의 목소리가 외부에 전달될 때 그것은 다양한 의견의 형태가 아니라 단일한 하나의 의견으로만 전달된다. 목소리는 오로지 하나뿐이고 목소리를 낼 수 있는 사람은 검찰총장이거나 검찰총장의 사전 결재를 받은 그의 부하일 뿐이다. 정치·사회 민주화에도 불구하고 검찰 내부는 민주화는커녕 봉건적 지배가 관철되고 있다.

검찰 내부의 서열 구조도 문제다.

표9. 연도별·사유별 검사 퇴직 현황(2005년~2010년 8월)

(단위:명)

사유별 연도별	의원면직	명예퇴직	당연퇴직	정년퇴직	징계(면직, 해임)	계
2005	46	41				87
2006	39	43		1		83
2007	55	17			1	73
2008	46	29				75
2009	86	27	1		1	115
2010. 8.	33	21	2		2	58
계	305	178	3	1	4	491

표9를 보면 2005년 이후 2010년 8월까지 퇴직한 검사는 모두 491명이고 이 중 305명이 의원면직, 178명이 명예퇴직을 했다. 당연퇴직은 3명, 징계로 인한 퇴직은 4명이었고, 정년퇴직은 단 1명뿐이었다. 이처럼 검찰에서는 검사가 정년을 다 채우는 것이 극히 이례적인 일이 되었다. 의원면직이나 명예퇴직처럼 본인의 희망에 따라 퇴직하는 경우가 대부분인데, 이는 사법시험 기수에 따른 서열 구조 탓이기도 하다. 동기나 후배 기수가 승진하면 동기나 후배의 원활한 업무 수행을 위해서 물러나는 경우가 많다. 사실상 검찰 특유의 일사불란한 조직체계와 상명하복의 조직 문화를 계속 유지하기 위해서 선배 기수나 동기 기수가 퇴진하는 것이다. 이렇게 검사 개인의 역량이나 전문성, 업무 수행의 적합성 등의 자질보다는 기수를 중심으로 인사가 진행되는 것은 조직 내 살아남은 자들을 중심으로 검찰 조직의 경직성과 완고한 보수주의 및 엘리트주의를 형성하는

한 근거가 되고 있다. 뿐만 아니라 역량과 경험을 갖추고 한창 일할 나이에 있는 많은 중견 검사들을 조직에서 떠나게 하여 검찰 조직과 국가에 큰 손실을 가져오기도 한다.

검찰청은 행정체계상 법무부 외청에 해당한다. 검찰청 소속의 검사들은 정부조직법상 행정부 소속의 공무원들이다. 하지만 범죄를 수사하고 기소와 공소유지의 역할을 담당한다는 점에서 사법 작용을 감당하고 있다. 그래서 검찰을 단순한 행정기관이 아닌 준사법기관으로 부르기도 한다. 실제로 한국 검찰은 법원과 독립적으로 범죄수사권과 기소재량권을 행사하며 한 해 발생하는 형사사건의 50퍼센트가량을 재량으로 종결시키고 있다. 역할의 중요성을 감안해보면 개별 검사들도 사법관인 판사에 준하는 직무상 독립성과 신분상 안정이 보장되어야 한다. 개별 범죄 사건의 수사와 기소에 있어서 직무 독립성이 보장되어야 하고 직무상 행한 처분과 관련하여 신분상 불이익을 받지 않아야 한다.

하지만 검사동일체의 원칙과 내부결재제도에 의해 개별 검사의 의사 결정이 수뇌부에 의해 좌우된다면 이는 검사라는 단독 관청(독임제 관청)으로서의 지위와 짝할 수 없게 된다. 물론 검사동일체 원칙과 내부결재제도가 검찰의 권한 행사에 있어서 전국적인 통일을 기하고 상급 검사가 하급 검사들의 권한 남용을 제어하거나 잘못된 법 적용을 예방하는 등의 순기능을 갖고 있는 것도 사실이다. 하지만 순기능은 너무 작다. 개별 검사의 단독 관청으로서의 지위를 무색하게 만들고 검찰 조직 내의 의사 결정 과정에서 민주적 절차를 생략시키고 검찰총장 1인의 독단적 지배 체제를 강화하여 공정한 검찰권 행사를 가로막는 더 큰 부작용을 낳고 있다. 많은 학자들이 검사동일체 원칙과 내부결재제도가 폐지되어야 한다는 견해를 갖게 된 까닭이 여기 있다.

검사에 장악된 법무부

정부조직법상 검찰청은 법무부의 외청이지만 검찰의 영향력은 일개 외청의 수준을 훌쩍 넘어선다. 법무부 외청의 소속 공무원인 검사 또는 검사 출신 들이 장관, 차관, 실장과 국장 등 법무부의 주요 보직을 완벽히 장악하고 있다. 법무부 각 부서의 과장이나 실무 책임자도 대부분 현직 검사들이 차지하고 있다. 법무부의 주요 보직 중 '교정본부장'과 '감찰관'만 검사 또는 검사 출신이 아닌 사람이 임명되었을 뿐, 검사 출신이 아닌 개방직으로 임명하던 '출입국·외국인 정책본부'의 본부장과 개방직인 '인권국'의 국장도 검사들이 모두 차지하고 있다. 검찰 업무와 무관한 업무도 대부분 검사들이 독식하고 있다. 이명박 정부 들어 검찰에 의한 법무부 장악이 더욱 강화된 것이다. 하급기관의 종사자인 검사들이 상위기관인 법무부를 거꾸로 장악하고 있는 상황이다. 그것도 완벽하게.

법무부는 법률안 제출권을 갖고 있다. 검찰은 법무부의 법률안 제출권을 통해 형사법 분야에서 검찰에 유리한 법안들을 지속적으로 생산해냄으로써 우월적 지위를 확보하고 법원, 경찰뿐 아니라 나아가 국민을 상대로 그 권한과 영향력 확대를 끊임없이 시도하고 있다.

법무부가 자신의 권한을 이용해 검찰 기득권을 지키려 했던 대표적 사례가 국가인권위원회 설립 당시의 위상 관련 논란이었다. 유엔의 권고나 인권단체의 요구는 입법, 행정, 사법 어디에도 속하지 않는 국가기구가 설립되어야 한다는 것이었다. 독립성이 국가인권기구의 핵심이기 때문에 그렇다. 하지만 법무부는 줄기차게 법무부 소속 특수 법인을 고집했다. 검찰권 행사에 걸림돌이 될 게 뻔한 국가인권기구를 법무부의 통제 아래 두려고 했던 것이다. 법무부 산하 법인이 되면 인력, 예산 등에서 법무부의 지휘와 감독을 받게 된다. 이때 법무부가 내세운 명목은 법무부가 정부 부처 중에서 유일하게 정부조직법상 인권을 다루는 주무 부서라는 거였다. 국내외 인권단체의 노력과 유엔의 지원, 그리고 김대중 대통령의 결단으로 법무부의 주장이 관철되지는 않았지만 이 같은 시도는 법무부를 표면에 내세운 검찰의 자기 기득권 방어의 일환으로 진행된 것이었다.

검찰은 법무부를 장악했고 그 결과 법률상 일개 외청에 불과한 검찰청이 사실상 한 개 중앙부처 이상의 지위와 영향력을 갖게 되었다. 검찰의 법무부 장악이 왜 심각한 문제인지는 행정안전부의 외청인 경찰청의 경우와 비교해보면 쉽게 알 수 있다. 행정안전부 외청인 경찰청에 속한 경찰관들은 행정안전부에 어떤 영향력도 행사할 수 없다. 검찰에서 파견된 검사들은 교정본부장과 감찰관을 제외한 법무부의 모든 중요 보직을 다 장악하고 있지만, 경찰청에서 파견된 경찰관이 장악한 행정안전부의 주요 보직은 하나도 없다.

법무부는 검찰을 감독하고 지휘하는 기능을 수행한다. 하지만 검사들

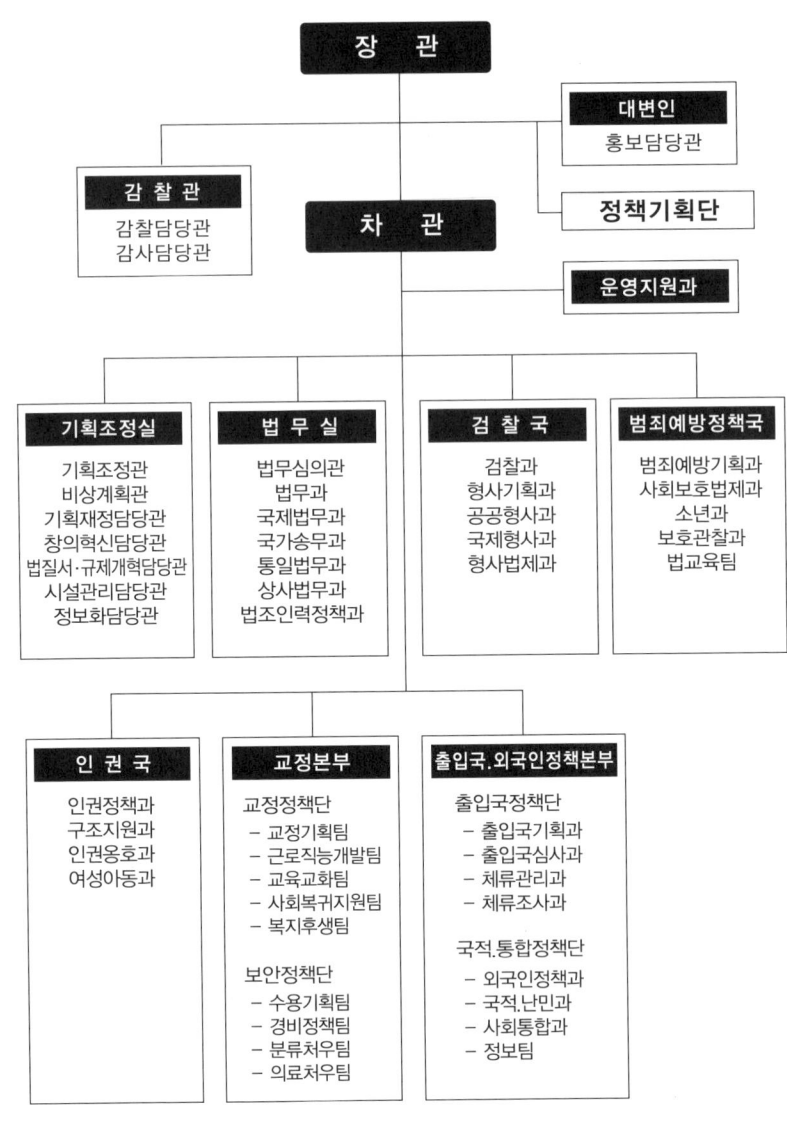

〈법무부 조직도〉

에 장악되어 있다. 감독과 견제는 기대할 수 없는 구조다. 때문에 법무부가 국민 모두를 위한 법무 행정보다는 검사들의 복지를 지원하고 검찰 행정을 뒷받침하는 역할을 하는 데 그치고 있다는 비판이 잇따르고 있다. 영향력 있는 조직의 수뇌부를 자주 접할 수 있고 언론에도 자주 노출될 수 있다는 점 때문에 검사들은 법무부나 대검찰청 근무를 선호하고 있다. 두 기관 모두 서울 또는 서울 인근에 있다는 점도 매력적이다. 법무부나 대검에서의 근무 경력은 출세의 기본 바탕이 된다. 법무부의 주요 보직이 출세를 위한 검사들의 치열한 경합 대상으로 전락해버린 지 오래다. 국민에 대한 봉사는 실종되어버렸다.

다시 한 번 법무부가 어떤 부처인지 살펴보자. 법무부는 행정 각부에 대한 법령 자문, 국가 송무의 수행 및 지휘·감독, 검찰 사무의 지휘·감독, 인권 옹호와 법률 구조, 범법자의 교정과 교화, 출입국 관리 및 외국인 정책과 국적 사무 등을 맡고 있는 국가기관이다. 기획조정실, 법무실, 검찰국, 범죄예방정책국, 인권국, 교정본부, 출입국·외국인정책본부 등 2실 3국 2본부(45개 부서)의 운영, 지원 권한과, 장관 보좌기관인 감찰관, 대변인, 정책보좌관을 가진 거대 조직이기도 하다.

법무부는 법무연수원, 지방교정청, 소년원, 소년분류심사원, 보호관찰심사위원회, 보호관찰소, 치료감호소, 위치추적관제센터, 출입국관리사무소, 외국인보호소, 지방교정청장 소속의 교도소·구치소 및 대검찰청·고등검찰청·지방검찰청 등 229개의 소속 기관을 갖고 있는 정부 부처이며, 특수법인인 대한법률구조공단, 한국법무보호복지공단, 정부법무공단 등 3개 법인의 업무를 관장하는 부처이다. 1년에 쓰는 예산만도

2조 4608억이나 된다. 이런 법무부가 일개 외청인 검찰청 소속 검사들에 장악되어 있는 것이다.

법무부가 검사들의 손에서 놓여날 때, 아니 정확히 표현하면 법무부가 검찰에서 독립될 때, 법무부도 자기 역할을 수행할 수 있게 될 것이다.

폐쇄적 엘리트주의

검사들의 엘리트주의도 심각하다. 엘리트주의 자체도 심각하지만 이것이 폐쇄적이라는 점에서 더욱 심각하다. 앞서 살펴본 것처럼 검찰 조직과 검사들에게는 막강한 권한이 부여되어 있지만, 검사는 어느 누구에게도 책임지지 않는다. 검찰을 견제하거나 검찰에 대응할 만한 기관이 없는 탓이기도 하지만 검찰 조직의 구성이나 검사의 선발 등 인사에 국민이 개입할 여지가 전혀 없기 때문이기도 하다.

검찰은 흔히 칼잡이에 비유되고, 검찰권은 칼에 비유되기도 한다. 검찰은 위법 행위에 대해 서슬 퍼런 사법 처리의 칼을 휘두르지만 내부 구성원의 위법이나 비리에 대한 외부의 간섭이나 사법 처리는 인정하지 않고 있다. 불법행위를 한 검사가 경찰서에서 조사받는 모습은 한국의 현실에선 상상하기조차 어렵다. 어느 정도 규모인지 알 수 없으나 2009년 부산지검의 스폰서 검사 사건에서와 같이 상당수의 검사들이 스폰서와 부적절한 관계를 맺고 심지어 성 매수 의혹까지 불거져도 검찰청이 압수 수색을 당하는 일은 없다. 시민의 자택은 물론 방송국, 신문사, 학교, 정당의 당사, 국무총리실, 국가정보원, 국세청, 경찰관서는 압수 수색을 당해도 검찰청이 압수 수색을 당하는 일은 없다. 투명해야 할 기관이 마치 성역처럼 존재하는 거다. 검사의 불법행위가 다른 검사에 의해 처벌되는 사례도 없다. 가끔 MBC-TV 〈PD수첩〉 등 시사 프로그램의 고발 때문에 사회문제가 되어 어쩔 수 없는 경우에도 제 식구 감싸기에만 골몰할 뿐, 스스로를 향해 칼을 휘두른 경우는 없다.

강력한 권한, 누구도 관여하지 못하는 그들만의 아성을 쌓다 보니, 검사들은 검사 외에는 누구도 인정하지 않는 폐쇄적인 엘리트주의 문화를 형성하게 되었다. 행정부는 하나의 부(部) 차원을 넘어서 다른 부처와 협력을 통해 업무를 집행해야 하는 경우가 많다. 이럴 때 실무적으로 국장급 회의가 열리기도 하는데 법무부는 국장급 회의에 꼭 과장을 보낸다. 다른 부처를 깔보고 한 수 밑으로 접어두고 보려는 오만한 경향 때문이다. 관례로 굳어진 이 같은 풍토 역시 자기들 말고는 누구도 인정하지 않는 폐쇄적인 엘리트주의 문화의 한 사례다. 스스로를 제외하고 어느 누구도 인정하지 않으려는 태도는 내부의 강력한 결속이라는 부수 효과도 가져다주었다.

검찰청은 각 고검과 지검에 인권 침해 신고센터를 설치해 운영 중이다. 표10, 표11을 보자. 대검찰청이 국회에 제출한 국정감사 자료다.

2009년과 2010년 6월까지 두 해에 걸친 자료를 보면 인천지검과 창원지검 단 2곳에서만 인권침해 신고가 접수되었다. 그나마 모두 합해 봐야 각각 11건, 15건밖에 안 된다. 나머지 고검과 지검에는 단 1건의 피해신고 접수도 없었다.

표10. 인권 침해 신고센터 운영 현황(2009년)

(단위:명)

구분 청별	접수					처리			
	신고 접수계	방문 신고	전화 신고	인터넷 신고	기타	처리 계	사건 접수	이첩	기타(접수 불요 등)
서울중앙지검	0	0	0	0	0	0	0	0	0
서울동부지검	0	0	0	0	0	0	0	0	0
서울남부지검	0	0	0	0	0	0	0	0	0
서울북부지검	0	0	0	0	0	0	0	0	0
서울서부지검	0	0	0	0	0	0	0	0	0
의정부지검	0	0	0	0	0	0	0	0	0
인천지검	10	6	0	0	4	10	10	0	0
수원지검	0	0	0	0	0	0	0	0	0
춘천지검	0	0	0	0	0	0	0	0	0
대전지검	0	0	0	0	0	0	0	0	0
청주지검	0	0	0	0	0	0	0	0	0
대구지검	0	0	0	0	0	0	0	0	0
부산지검	0	0	0	0	0	0	0	0	0
울산지검	0	0	0	0	0	0	0	0	0
창원지검	1	0	0	1	0	1	0	0	1
광주지검	0	0	0	0	0	0	0	0	0
전주지검	0	0	0	0	0	0	0	0	0
제주지검	0	0	0	0	0	0	0	0	0
합계	11	6	0	1	4	11	10	0	1

표11. 인권 침해 신고센터 운영 현황(2010년 1월~6월)

(단위:명)

구분 청별	접수					처리			
	신고 접수계	방문 신고	전화 신고	인터넷 신고	기타	처리 계	사건 접수	이첩	기타(접수 불요 등)
서울중앙지검	0	0	0	0	0	0	0	0	0
서울동부지검	0	0	0	0	0	0	0	0	0

서울남부지검	0	0	0	0	0	0	0	0	0
서울북부지검	0	0	0	0	0	0	0	0	0
서울서부지검	0	0	0	0	0	0	0	0	0
의정부지검	0	0	0	0	0	0	0	0	0
인천지검	13	7	0	0	6	13	13	0	0
수원지검	0	0	0	0	0	0	0	0	0
춘천지검	0	0	0	0	0	0	0	0	0
대전지검	0	0	0	0	0	0	0	0	0
청주지검	0	0	0	0	0	0	0	0	0
대구지검	0	0	0	0	0	0	0	0	0
부산지검	0	0	0	0	0	0	0	0	0
울산지검	0	0	0	0	0	0	0	0	0
창원지검	2	0	0	2	0	2	2	0	0
광주지검	0	0	0	0	0	0	0	0	0
전주지검	0	0	0	0	0	0	0	0	0
제주지검	0	0	0	0	0	0	0	0	0
합계	15	7	0	2	6	15	15	0	0

이건 무엇을 의미할까? 검찰이 인권 피해 신고를 받고 있다는 사실 자체를 아는 국민도 별로 없지만 검찰에서도 적극적인 홍보를 하지 않고 있다. 각 고검, 지검의 홈페이지에 인권 침해 신고센터를 노출하지 않는 것은 물론이고 어떠한 안내도 하지 않고 있다. 요식행위로 일정한 형식만 갖춰둔 채 실제로는 인권과 관련된 국민의 목소리를 듣지 않겠다는 의도가 반영된 결과가 아닐까 싶다. 검찰 특유의 엘리트주의는 이렇게 외부의 시선이나 비판에는 둔감하거나 아예 반응조차 하지 않고 내부로는 강력히 결속하는 방식으로 그 폐쇄성을 드러내고 있다.

검사들은 초임 시절부터 선배들에게 '우리 사회 최고의 엘리트'라는 말을 반복적으로 듣는다. 엘리트주의는 패거리 문화로 연결된다. 스스로 최고라고 생각하기에 굳이 검찰 외부의 시선 따위엔 신경 쓰지 않는다. 다른 영역에는 가혹하면서 스스로에겐 관대한 것도 특유의 패거리 문화에서 비롯된 것이다. 2010년 '그랜저 검사' 사건에서 서울중앙지검이 해당 부장 검사에 대해 무혐의 처분을 한 것이 대표적인 예다. 부장 검사가 업자의 청탁을 봐주기 위해 검찰 내에서 다양한 로비를 하면서 부하 검사들에 압력을 행사하고 그 대가로 그랜저 승용차를 뇌물로 받은 사건인데도 그랬다. 여론의 따가운 질타가 이어지자 한참 뒤에야 해당 검사를 구속하기도 했지만 그뿐이었다.

표12. 검사 징계 내역(2001년~2010년 8월)

(단위:명)

조치별 연도별	합계	해임	면직	정직	감봉	근신·견책
2001						
2002						
2003	5			1		4
2004	8				3	5
2005						
2006	1				1	
2007	7		1	1	3	2
2008	1					1
2009	7	1		2	2	2
2010	2		2			
계	31	1	3	4	9	14

2001년부터 2010년 8월까지 징계를 받은 검사는 모두 31명뿐이었다. 이 중 해임은 1명, 면직은 3명뿐이었고 근신, 견책 등 가벼운 징계를 받은 사람이 14명으로 절반이 넘었다. 2001년, 2002년, 2005년에는 징계를 받은 검사가 1명도 없었고, 2006년 2008년에는 1명뿐이었다. 근신, 견책 다 합해봐야 1년 평균 겨우 3명 남짓한 검사가 징계를 받았을 뿐이다.(표12)

노무현 정부에서 강금실, 천정배 등 검사 출신이 아닌 사람이 법무부장관에 임명되자 검사들이 보였던 극도의 거부감도 폐쇄적 엘리트주의의 한 단면이었다. 검사 출신이 아닌 사람으로는 처음으로 법무부장관에 임명된 강금실에 대해 검사들은 노골적인 거부감을 드러냈다. 한 검사 출신 국회의원의 증언에 따르면 당시 몇몇 검사들은 강금실 변호사가 법무부장관으로 오면 함께 옷을 벗자는 결의를 하기도 했다고 한다.

천정배 법무부장관의 지휘권 행사에 대해 김종빈 검찰총장이 극도의 거부감을 드러내며 사퇴한 것도 같은 맥락이다. 천정배는 강정구 교수 사건과 관련해 불구속 수사 원칙이라는 상식적인 수준의 지휘를 했는데도 김종빈은 크게 반발했다. 항명 사태가 빚어졌다. 김종빈 검찰총장의 사퇴는 자의가 아닌 후배 검사들의 거듭된 요구에 의한 것이었다는 게 중론이지만, 자의가 컸든 타의의 비중이 컸든 법률로 보장된 장관의 지휘에 대해 공개적으로 반발하고 사임을 하는 것은 폐쇄적 조직 문화가 어느 수준까지 이르렀는지를 잘 보여준다. 법률에 규정된 장관의 지휘도 받을 수 없다는 거다. 하지만 같은 장관이라도 검사 출신 장관의 지휘에 대해서는 불만도 거부감도 표출한 적이 없다. 2008년 촛불 사건 당시 검찰총장으로 재직했던 임채진은 퇴임 즈음에 조·중·동 광고 불매운동을 벌인 네티즌들의 소비자 운동에 대한 검찰 수사가 법무부장관 김경한의 지휘권 행사에 따른 것이라고 밝혀 논란을 일으키기도 했다.

임채진의 육성을 직접 들어보자. 기자간담회에서 "총장으로 재직하면서 법무부나 청와대에서 압력은 없었냐"는 기자의 질문에 대한 답변이다.

> 수사지휘권 발동 같은 얘기가 가급적 안 나왔으면 좋겠다. 강정구 교수 건 같은 경우가 한 건밖에 없다는 것은 천만의 말씀이다. 늘 있는 건 아니지만 문건으로 내려오는 게 있다. '(조·중·동) 광고주 협박 사건'도 그랬는데, 그건 검찰과도 협의됐으니 큰 문제는 아니지. 강정구 교수 사건은 받아들이지 않아서 문제가 됐지만, 어쨌든 문서로 수사지휘 내려오는 게 있다. 내가 법무부 검찰국장 할 때에도 "시위에 엄중 대처하길 바란다"는 등 내용의 수사지휘를 많이 했다. 그런 것도 다 수사지휘지.

임채진의 발언은 큰 파장을 일으켰다. 그러나 논란은 검찰 밖에서만 진행되었고, 검찰 내부의 반발은 전혀 없었다.

검사들의 결속력과 폐쇄적인 조직 문화는 현직 검사들에게만 국한된 것은 아니다. 변호사라도 검찰 조직에 몸담았던 사람이면 남다른 돌봐주기, 식구처럼 감싸기를 한다.

서울 동대문 경찰서는 2006년 12월부터 몇 년 동안 브로커와 짜고 소프트웨어 불법 사용자 등 저작권법 위반 혐의자를 적발한 다음, 고소하지 않는 대가로 거액의 합의금을 받아 챙긴 혐의(횡령)로 부장검사 출신 변호사를 수사했다. 그 부장검사 출신 변호사로 인한 피해자와 피해 금액이 적지 않고, 범행 수법이 치졸한데도 불구하고 검찰은 수사에 필요한 압수수색영장의 신청을 계속 기각했다.

앞서 설명한 바와 같이 영장청구권은 검찰만이 독점적으로 갖고 있는 권한인데, 검찰이 영장을 청구하지 않겠다는 뜻을 분명히 한 것이다. 계좌를 들여다봐야 정확한 수사를 할 수 있는 상황인데도 그랬다. 검찰의 조치에 불복(不服)한 경찰이 법원에 직접 준항고(準抗告)를 제기하는 일도 있었다. 경찰이 검찰의 처분에 대해 준항고를 제기한 사례는 그동안 없었다. 준항고는 검사가 행한 처분에 대해 불복할 때 법원에 그 처분의 취소나 변경을 청구하는 것이다. 경찰은 의지를 불태웠지만 현실적으로 검찰의 힘을 넘어설 수는 없었다. 이 사건은 주범인 부장검사 출신 변호사를 불구속 송치하는 선에서 그치게 되었다. 문제는 이런 사건이 지금과 같은 수사 구조와 검찰 시스템에서는 얼마든지 반복될 수 있다는 거다.

모든 권력이 그렇듯 검찰이 지닌 권한도 국민이 위임한 것이다. 그럼에도 검찰은 국민에게 부여받은 권한을 국민을 위해 쓰기보다는 자신들의 이익만을 위해 쓰고 있다. 검찰은 엘리트주의를 바탕으로 내부적으로 강력한 결속으로 뭉친 폐쇄적 집단으로 전락했다. 검찰권은 검사의, 검사에 의한, 검사를 위한 권력, 국민의 이익과는 무관한 권력이 되어버렸다. 이런 상황에서 국민을 주인으로 섬기고 국민의 이익을 우선으로 하는 검찰권 행사를 기대하기는 어렵다. 검찰의 선량한 의지에 기댈 수도 없는 일이다. 검찰의 폐쇄적 엘리트주의를 무너뜨리지 않는 한 검찰만을 위한 검찰권 행사의 악순환은 영원히 깨지지 않을 것이다.

2009년 일본을 들썩이게 했던 일본 검찰 특수부의 스캔들은 한국의 검찰 권력과 관련해서 시사하는 바가 매우 크다. 2010년 9월 10일 일본 오사카 지방법원은 부하에게 허위공문서 작성을 지시한 혐의로 오사카 지검 특수부에 의해 기소된 전 후생성 국장 무라키 아쓰코(村木厚子)에게 무죄를 선고했다. 유죄의 증거로 제출된 공범의 진술 증거가 검사의 유도에 의한 진술일 가능성이 크다는 이유 때문이었다. 이 사건에서 검찰은 항소를 포기했다. 더욱 충격적인 일은 이 사건 판결 후에 벌어졌는데, 이 사건의 주임검사가 증거 조작 혐의로 대검찰청에 의해 구속된 것이다.

일본 검찰의 자존심이라는 특수부의 현직 검사가, 그것도 '오사카 지검의 에이스'라 불리던 촉망받던 검사가 증거 조작을 이유로 구속된 사건은 일본 사회를 발칵 뒤집어놓고 말았다. 이 사건을 계기로 검찰 특수부를 해체하고 검찰에서 수사권을 박탈해야 한다는 주장도 강하게 제기되었다. 이 사건을 가까이서 지켜본 정남구 한겨레 일본 특파원의 칼럼이다.

> 이번 사건으로 어둠 속 검찰의 치부가 또렷이 드러나게 됐다. 검사가 유죄 입증을 위해 증거까지 조작한 사실은 제대로 감시·견제받지 않는 수사 권력이 어떻게 자신들의 주인인 국민에게 흉기로 돌변할 수 있는지 적나라하게 보여줬다. '사냥감이 없어지면 (주인이) 사냥개를 삶아 먹는다'는 얘기는 이제 옛날 얘기고, '사냥감이 없어지면 사냥개가 주인을 잡아

먹는다'고 해야 할 판이다. 남의 나라 일로 여겨지지 않는다.

—『한겨레』, 정남구, 2010. 9. 23.

제3장
검찰의 궤도 이탈

한국의 검찰은 막강한 권한들을 독점하면서 어느 누구의 견제도 받지 않고 어느 누구에게도 책임 지지 않는 특권적 지위를 가지고 있다. 사실상 국민으로부터 독립된 조직으로 존재한다. 검찰에게 막강한 권한들을 부여한 이유는 사회 정의를 수호하고 범죄와 국가권력의 전횡으로부터 국민들을 보호하도록 하기 위함이다. 그러나 현실은 딴판이다. 검찰은 국민 위에 존재하려 하고 수사권과 기소권을 남용하여 국민들을 탄압한다. 그러면서도 정치권과의 결탁에는 주저함이 없고 이들과의 공생 관계를 통해 기득권을 유지·확대하는 데 열심이다. 검찰이 주어진 권한을 남용하고 공익의 대표자라는 본연의 역할에 반하는 법집행을 하고 있는 사례는 쉽게 찾아볼 수 있다.

특히 이명박 정부 출범 후 검찰이 한층 더 노골적으로 그들만의 특권적 지위와 권한을 남용하고 공익의 대표자로서의 임무를 저버린 사례들은 셀 수 없이 많다. 중요한 몇 가지 사건만을 뽑아 보도록 하자.

이명박 시대, 검찰의 실체

　이명박 정부 출범 후 검찰은 권력의 시녀 노릇을 하던 과거로 완전히 회귀했다. 정치권력에 대한 검찰의 예속은 점점 심해졌고, 과거 독재정권 시절과 같이 정권만을 위한 정권 안보 기구로서의 역할에 충실하고 있다. 검찰 스스로가 권위를 내세우기 위해 말하는 준사법기관으로의 면모는 찾아보기 힘들게 되었다. 각종 부패와 비리를 척결하고 공평무사하게 처신하며 다양한 국가권력의 횡포와 위법 부당한 행위로부터 시민들의 인권을 지키고 보호해야 할 사명은 내팽개치고, 오히려 시민들의 인권 침해에 앞장서고 있다.

　이명박 정부 임기 전반기, 검찰은 정치검찰로서의 면모를 그대로 보여주었다. 검찰은 광우병 위험이 있는 미국산 수입 쇠고기의 문제점을 다룬 MBC-TV 〈PD수첩〉 제작진에 대한 수사와 기소, 소비자 주권 차원에서 조·중·동 광고주에 대한 불매운동을 벌인 시민들에 대한 수사와 기소, 2008년 촛불집회 참가자들에 대한 가혹한 사법 처리, 정연주 KBS 사장에 무리한 수사와 기소, 정부정책에 반대하는 시민단체들에 대한 압수·수색 등 무리한 수사, 인터넷 포털 사이트 등 인터넷 공간에서의 표현의 자유를 억누르기 위한 압수·수색, 인터넷 논객 미네르바의 구속과 기소, 국가보안법 위반 사건에 대한 대대적인 수사를 통한 공안 사건의 부활, 용산참사 사건에 대한 부실·편파 수사 논란 등을 일으켰다.

　검찰이 이명박 정부에게만 봉사하는 정치검찰이라는 거센 비판에도 아랑곳하지 않고 악역을 담당하며 일으킨 사건의 하이라이트는 노무현 전 대통령을 죽음으로 내몬 박연차 게이트 사건 수사이다. 이 사건은 애초 박연차가 태광산업에 대한 특별세무조사를 무마하고자 청탁한 일에 대한 수사에서 시작되었다. 사건의 본질은 세무 조사를 막기 위해 박연차가 이명박 정부의 실세들을 상대로 벌인 로비였다. 그런데도 검찰은 사건의 본질은 덮어둔 채 노무현과 그 주변 사람들만을 향해 칼을 겨눴다. 노무현에게 혐의를 둔 근거는 구속된 박연차의 진술뿐이었다. 그런데도 대검 중수부는 노무현에 대한 전격적인 수사에 나섰다. 그 배경은 아직도 알려지지 않고 있다. 정관계 로비 의혹이 있다고 모두 대검 중수부에서 나서진 않는다. 각 지검이 수사하는 경우도 많다. 그런데도 박연차 사건을 대검 중수부에서 끌어다 대대적인 수사를 한 까닭은 무엇일까?

검찰은 언론을 통해 검증되지 않은 피의사실을 퍼트리며 노무현을 압박해갔다. 특히 가족과 관련된 압박은 정치인 노무현은 물론 자연인 노무현에게도 심각한 타격을 입혔다. 노무현은 비극적으로 자신의 삶을 마감함으로써 검찰의 무리한 수사에 저항했다. 전직 대통령이 스스로 목숨을 끊은 초유의 사건은 국민들에게 충격을 주었다. 견제받지 않고 책임지지도 않는 무소불위의 검찰 권력이 정치권과 결탁할 때 나타나는 폐해의 한 극단을 경험하게 된 것이다. 이처럼 검찰이 정치권력에 의해 정국 장악을 위한 수단으로 쓰이거나 정부의 일방적인 정책 집행을 뒷받침하기 위한 '권력만의 칼'로 동원되면서 김대중, 노무현 정부에서 애써 쌓아왔던 검찰의 정치적 독립성은 심각한 타격을 받게 되었다.

이명박 대통령의 '법질서 확립' 요구에 기댄 검찰의 활약도 두드러졌다. 검찰이 집권 세력의 요구를 충직하게 따르면서 우리 사회 전반은 20

여 년 전으로 퇴보하고 있다. 정치, 경제, 사회, 사상, 노동, 사법 분야와 전반적 인권이 급격히 후퇴하고 있다. 매우 신중하게, 다른 방편이 없을 때 최후의 수단으로 사용해야 할 국가형벌권이 정적이나 비판 세력을 향한 과감한 선제공격의 수단으로 활용되었다. 우리 사회 전반은 극도로 위축되었다. 하지만 검찰이 정치권력의 공격 수단으로 전락한 것은 이명박 정부만의 탓은 아니다. 그나마 개혁적이고 진보적이었던 김대중, 노무현 정부에서 검찰 개혁을 철저하게 진행하지 못했던 업보 때문이기도 하다. 학계와 시민사회에서는 검·경 수사권 조정, 고위공직자비리수사처 신설, 대검 중수부 폐지와 고검 폐지 등 검찰이 무소불위의 권력을 휘두르는 것을 막기 위한 제도적 안전장치들을 끊임없이 김대중, 노무현 정부에게 요구했다. 이러한 요구는 정권 차원의 공약으로까지 제시되고 실제 집행을 위한 다양한 노력으로도 이어졌으나, 결과적으로 변한 것은 아무것도 없었다.

김대중 정부는 "검찰이 바로 서야 나라가 바로 선다"고 했지만 실제로 검찰 개혁을 위해 진행한 일은 별로 없었고, 노무현 정부는 시도는 했지만 아무런 성과를 내지 못했다. 검찰의 조직적인 저항도 거셌고 검찰 출신 국회의원들이 지도부에 다수 포진한 한나라당의 반대도 만만치 않았지만, 아무래도 정권 차원의 의지가 부족했던 것이 중요한 원인이었다.

보통의 경우 검찰은 권력의 시녀나 보수 세력의 든든한 지원 세력 역할을 하지만 이는 어쩌면 일상적으로 포착되는 겉모습뿐일지도 모른다. 검찰의 주요한 관심은 온통 기존 권력의 유지와 강화에 맞춰져 있는 것으로 보인다. 자기 권력을 챙기려다 보니 가장 손쉬운 방법으로 정치권력과 결탁하거나 보수적인 색채를 띠고 있는 것이다.

개혁에 실패했다고 포기할 수는 없는 일이다. 한국의 민주주의와 법의 지배가 정치권력의 요구와 이해에 따라, 그리고 정치검찰의 행태에 따라 뒷걸음질 치는 상황을 언제까지 두고 볼 수는 없는 일이다. 그래서 민주주의와 인권을 소중하게 생각하는 사람들이 검찰 개혁에 대해 목소리를 높이는 것은 자연스러운 현상이다.

검찰의 전방위적 활약과 민주주의의 후퇴

2008년 2월 이명박 정부의 출범과 함께 새로운 내각이 출범하고 수많은 공직, 공기업 사장과 감사, 각종 위원회, 직능단체들의 대표에 대한 대대적인 물갈이가 진행되었다. 새로 출범한 정권이 손발이 잘 맞는 인사들과 함께 일하고자 하는 것은 자연스러운 일이다. 생각이 비슷한 사람, 대통령의 의중을 잘 반영할 만한 사람들을 찾아서 물갈이를 진행하는 것은 도덕적으로 심한 결격 사유가 있다거나 직무를 수행할 만한 능력이 도저히 안 되는 경우를 제외하면 문제될 일은 아닐 것이다.

그러나 법률로 임기가 정해진 경우는 다르다. 정권의 향배와 달리 독립적으로 임무를 수행해야 한다는 입법자의 의지는 존중되어야 하기 때문이다. 이명박 정부는 일반 법률이 아니라 헌법상 임기가 보장된 감사원장까지도 물갈이 대상으로 삼았다.

이명박 정부는 언론 장악을 위한 물갈이에도 주목했다. 정권의 안정적 운영과 정권 재창출을 위해 언론을 장악하는 것이 중요하다는 판단에서였다. 이명박 대통령은 대다수 언론인과 시민사회의 강력한 반발에도 KBS와 YTN에 자신의 측근 인사를 사장으로 임명하려고 했다. 낙하산 인사를 통해 방송 장악을 기도한 것이다. 하지만 KBS와 YTN의 구성원들은 강력하게 반발했고 이는 기자 해직 사태와 사법 처리 등의 언론 탄압으로 이어졌다.

정연주 KBS 사장 사건

이명박 정부의 언론 장악에서도 역시 검찰이 총대를 멨다. 검찰은 2008년 8월 12일 정연주 KBS 사장을 특정경제범죄가중처벌법상 배임 혐의로 긴급체포하여 조사한 뒤 8월 20일 재판에 회부했다. 정연주 사장이 재직 중인 2005년 국세청을 상대로 한 법인세 부과 취소소송 1심에서 승소한 다음, 재판부의 중재 권고로 국세청과 합의를 통해 556억 원을 환급받고 항소심을 취하한 일 때문이다. 회사가 돌려받아야 할 2448억 원을 다 받지 못해, 그 차액인 1892억 원 만큼 회사에 손해를 끼쳤다는 게 혐의였다.

하지만 정연주는 법원의 조정 권고를 수용했을 뿐이다. 2005년 사건 당시 법률회사의 수용 권고를 받고 KBS의 심의의결기구인 경영 회의를 통해 조정 권고 수용을 승인받았다. 이러한 행위를 배임죄를 걸어 기소한 것은 법리적으로 납득할 수 없는 일이었다. 법원의 조정 권고를 수용한 것이므로 유죄를 받아낼 수도 없는 일이었다. 2005년 당시, 국세청과의 재판에서 KBS가 승소한다는 보장도 없고 국세청이 새로운 부과 처분을 할 수도 있는 상황이기에 행정소송을 통해 법인세 분쟁을 해결하는 것이 현실적으로 불가피하다는 것이 당시 법조계의 중론이었다. 정연주는 법원의 권고와 법률가들의 조언에 따랐고 이는 지금 판단해봐도 경영진으로서 회사의 이익을 극대화하기 위한 합리적인 조치였다. 정연주 사건에 대해서는 검찰 내부에서도 '법원 조정에 응한 게 죄가 될 수 있나'라는 회의적인 시각이 많았다고 한다. 그러나 검찰 지휘부와 담당인 박은석 서울중앙지검 조사부장은 기소를 강행했다. 박은석은 요직인 법무부 정책기획단장을 거쳐 여주 지청장으로 일하고 있다.

만약 정연주의 경영상 행위가 배임이 된다면, 배임죄가 성립하는 조정을 권고한 항소심 재판부에 배임을 교사한 죄라도 물어야 하지 않을까? 법원의 조정 권고에 따라 세금을 낸 것이 문제라는 것인데, 오히려 정연주가 KBS 사장으로서 1892억 원이나 되는 세금이 납부될 수 있도록 하여 국고를 튼실하게 해준 공로로 국가의 표창이라도 받아야 하는 것은 아닐까?

법리적으로도 맞지 않는 엉뚱한 사실로 기소한 것은 검찰의 고육지책으로 보인다. 정연주 전 사장과 주변 인사들에 따르면, 정연주가 통합방송법을 근거로, KBS 사장은 대통령이 임명할 수 있지만 그에 대한 해임권까지 갖고 있는 것은 아니라며 사퇴 압력에 굴하지 않자 정연주에 대한 먼지털이식 내사를 진행한 것이라고 한다. 그럼에도 별다른 비리 혐의가 드러나지 않으니 엉뚱한 내용으로 기소를 한 것이다. 검찰은 대통령이 정연주를 해임할 수 있는 근거를 마련하기 위해 무리하게 배임죄를 적용하여 기소한 것이다. 정연주는 공영방송이 정치권력으로부터 독립되어야 하고 공영방송이 정권의 사유물이 아니라 국민의 것이어야 한다는 차원에서 사퇴를 거부했다. 이명박 정권은 정연주를 형사처벌이라는 강력한 국가형벌권의 행사를 통해 굴복시켰다.

정치권력이 공영방송을 장악하려고 반민주적이고 위법적인 행태를 보일 때, 제대로 된 검찰이라면 정의의 수호를 위해 정치권력의 방송 장악 음모에 경종을 울리거나, 최소한 엄정한 중립을 지켜야 했다. 하지만 현실의 검찰은 엄정한 중립은커녕, 정권의 방송 장악 음모의 해결사로 나섰다.

누구나 쉽게 예상했던 것처럼 정연주 전 사장은 2009년 8월 1심 법원에서 무죄판결을 받았다. 검찰은 나중에 무죄가 되든 어떻든 당장의 정치적 목적만 달성하면 된다는 식으로 정권의 요구에 따라 무리한 검찰권 행사를 강행했다. 강력한 국가기관인 검찰은 정권의 사유물로 전락해버렸다. 검찰은 정연주 전 KBS 사장 사건에 대한 무죄판결에 불복해 항소했다. 부끄러움도 염치도 없는 기계적 항소였다. 그러나 2010년 10월의 항소심 선고공판에서도 정연주는 원심과 똑같이 무죄판결을 받았다. 마지막 법률적 시시비비야 대법원에서 확정되겠지만, 이 사건은 검찰이 법률이 아닌 정치적 필요에 따라 무리하게 기소권을 남용한 중요한 사례로 오랫동안 기억될 것이다.

MBC 〈PD수첩〉 사건

이명박 정부의 언론 장악, 언론 탄압에 총대를 메고 나선 검찰의 활약은 이뿐이 아니다. 이명박 정부의 검찰은 MBC-TV의 시사프로그램 〈PD수첩〉의 광우병 위험 미국산 쇠고기 수입 관련 프로그램에 대해 강제 수사를 진행했고 기소했다. 언론은 입법부, 행정부, 사법부와 함께 국가를 구성하는 제4부라고도 불리며 정부에 대한 감시와 건전한 비판을 통해 우리 사회를 성숙시키는 역할을 수행하고 있다. 광우병 위험이 있는 미국산 쇠고기 수입을 앞두고 언론이 다양한 측면에서 위험을 경고하고 이에 따른 정부의 대책을 촉구하는 것은 당연한 책무이다. 오히려 권장해야 할 언론의 역할이다.

이명박 대통령이 미국을 방문해서 마치 선심 쓰듯이 미국산 쇠고기 수입을 허용하겠다고 발언한 후 제대로 된 검역 절차나 안전 대책 없이 광우병 위험이 있는 미국산 쇠고기를 수입하려 한 것은 국민의 생명을 담보로 한 위험한 도박이었다. 국민과 소통하지 않은 대표적인 실책이었다. 이에 대해 이명박 정부는 일방적인 홍보를 통해 안전하다고만 되뇌일 뿐이었다. 조·중·동 등의 보수 언론은 그러한 정부의 입장을 대변했다. 이런 상황에서 〈PD수첩〉이 정부의 입장과는 다른, 국민의 건강이란 측면에서 광우병 위험에 대해 상세히 보도한 것은 국민의 입장에서는 다행스러운 일이었다. 언론 수용자인 국민 입장에서는 다양한 정보가 제공되어야 판단할 근거를 얻기 때문이다.

하지만 이명박 정부는 2008년 촛불집회의 의미를 깎아내리기 위해 MBC-TV 〈PD수첩〉이 악의적 왜곡 보도로 시민의 불안감을 자극했고, 그 결과 대규모 시위 사태가 발생했다는 쪽으로 몰고 가려고 했다. 이에 따라 농림수산식품부장관을 비롯한 정부 관계자들이 〈PD수첩〉이 자신들의 명예를 훼손했다며 검찰에 수사를 의뢰했다. 그러나 〈PD수첩〉 측에서는 검찰의 자료 제출 요구와 출석 요구를 모두 거부했다. 검찰 수사로 인해 언론의 자유가 위축된다는 이유에서였다.

검찰은 2008년 7월 29일 이 사건에 대한 중간 수사 결과를 발표하면서 〈PD수첩〉의 보도에서 19곳의 왜곡이 있었다고 주장했다. 하지만 MBC와 시민사회에서는 검찰의 주장이 농림수산식품부의 해명과 다르지 않다고 반발했다. 그 후 수사는 별 진전이 없었다. 그러다 2009년 들어 〈PD수첩〉 사건을 담당하던 임수빈 서울중앙지법 형사2부장검사가 〈PD수첩〉 제작진이 일부 사실을 왜곡하기는 했지만, 농림수산식품부장관 등에 대한 명예훼손 혐의는 성립하지 않는다고 밝혔다. 〈PD수첩〉 제작진을 기소할 수 없다는 입장이었다. 임수빈 검사는 이 같은 소신 때문에 검찰을 떠나야 했다. 이를 통해 사건을 담당하는 일선 수사진과 정치권의 사주를 받는 검찰 지휘부 사이의 갈등이 세상에 알려지게 되었다. 담당 부장검사가 기소를 반대할 정도로 〈PD수첩〉에 대한 수사는 처음부터 무리였다. 담당 부장검사의 입장과 이에 따른 사임은 이명박 정부가 비판 언론의 입을 막기 위해 무리한 재갈 물리기에 나섰음을 반증하는 것이었다.

검찰은 다시 이 사건을 서울중앙지검 형사6부에 배당했다. 지휘부의 요구를 충실하게 반영하는 것이 조건이었다. 새로운 수사진은 MBC PD들을 체포하는 등 보강수사를 벌였고 결국 MBC-TV 〈PD수첩〉 제작진을 허위사실 유포에 의한 명예훼손죄로 기소했다. 하지만 법원은 2010년 1월 20일 무죄를 선고했다. 언론의 정당한 비판 기능을 잠재우기 위한 정치적 고려에서 시작된 수사와 기소권의 남용에 따른 당연한 결과였다. 항소심 결과도 마찬가지였다. 서울중앙지법 형사항소9부는 2010년 12월 명예훼손과 업무방해 혐의로 기소된 〈PD수첩〉 제작진 5명에 대해 전부 무죄를 선고했다. 문제의 프로그램 '긴급취재! 미국산 쇠고기, 과연 광우병에서 안전한가' 편이 방송된 지 32개월 만의 일이다. 검찰은 패소했지만 적어도 정권에 불리한 프로그램을 제작하면 오랫동안 수사와 재판을 받으며 고생을 하게 된다는 '교훈', 곧 공포를 심어주는 데에는 성공했다.

미네르바 사건

이명박 정부는 KBS, MBC 등의 공중파 언론 길들이기 작업과 함께 2008년 촛불집회를 촉발한 진원지 역할을 했던 인터넷 공간에 전방위적 공세를 펼쳤다. 대표적인 것이 바로 인터넷 포털 다음 아고라에서 인터넷 경제 대통령으로 불리던 인터넷 논객 미네르바 박대성 사건이다.

이명박 정부와 검찰은 미네르바가 인터넷에 허위사실을 유포하여 공익을 해치고 국가의 브랜드 가치를 떨어뜨렸다고 주장했다. 그저 한 시민일 뿐인 인터넷 논객의 비판조차 수용하지 않고 마치 전쟁을 벌이듯 압박했다. 2008년 11월 3일 김경한 법무부장관은 국회 대정부 질의 답변에서 인터넷 논객 미네르바로 인해 검증되지 않은 정보가 일방적으로 전달된다는 한나라당 소속 국회의원들의 지적에 대해 "수사할 수 있다"고 밝혔다. 김경한의 국회 발언은 미네르바 수사의 신호탄이 되었다. 집권 여당의 청부에 의한 수사 지시가 법무부에서 검찰로 내려졌다고 의심할 만한 대목이다.

국민들이 경제 전문가를 자처하는 대통령과 경제부처 장관들, 그리고 수많은 관련 부처 공무원들의 말보다 '전문대를 나온 한 실직자'(그들이 강조하는 것처럼)의 말을 더 신뢰한 것은 사실이다. 정부에 대한 시장의 불신은 미네르바의 탓이 아니다. 정부 정책에 대한 불신은 정책의 혼선, 대통령과 경제 관료들의 가벼운 말과 처신이 반복된 탓이었다. 정부는 반성 대신 미네르바에 대한 마녀 사냥을 시작했다. 미네르바가 현란한 말로 무지몽매한 대중을 현혹했다고 밀어붙였다. 인터넷 공간은 마치 바다와 같은 곳이다. 온갖 정보가 밀려왔다 나가기도 하는 정보의 바다이다. 네티즌의 활발한 의견 제시는 오히려 건전한 여론 형성을 위해 권장할 만한 일이다. 인터넷에 올라온 수많은 글들은 네티즌들에 의해 옥석이 가려진다. 네티즌들은 스스로 판단해 글을 선택하고 추천한다. 만약 미네르바가 허위사실을 통해 공익을 해치고 국가 브랜드의 가치를 떨어뜨렸다면, 미네르바와 비교할 수조차 없이 큰 영향력을 지닌 대통령과 경제부처 장관들은 그동안의 실언과 정책 실패에 대해 어떤 책임을 져야 하는 것일까? 대통령과 경제부처 장관들이 떨어뜨린 국가의 브랜드 가치는 누가 책임져야 하는 것일까?

미네르바는 전기통신기본법을 위반했다는 혐의로 구속 기소되었다. 전기통신기본법 제47조 제1항은 "공익을 해할 목적으로 전기통신설비에 의하여 공연히 허위의 통신을 한 자"에 대한 처벌 조항이다. 1961년 처음 관련 법률(전기통신법)이 제정된 후 50년 가까운 세월 동안 한 번도 적용되지 않았는데 2008년 이명박 정부가 들어서자 적용되기 시작했다. 1970년대 박정희 정권이 유언비어 날포를 막는다며 긴급조치를 통해 국민의 자유를 유린한 것과 같은 식의 법 적용이다. 우리 사회의 여러 부분이 몰라보게 발전했는데도 검찰의 법 적용은 30여 년 전 긴급조치 시대로 후퇴해버렸다. 오래 전에 이미 사문화된 법조문을 되살려 인터넷 논객을 처벌하려는 검찰의 황당한 법 적용을, 상식을 가진 사람들은 수긍할 수 없었다. 미네르바는 재판이 진행되던 2009년 1월, "공익을 해칠 목적으로 허위의 통신을 한 경우, 5년 이하의 징역 또는 5천만 원 이하의 벌금에 처한다"고 규정한 전기통신기본법 제47조 제1항이 표현의 자유를 침해하고, 명확성의 원칙에 반한다며 헌법소원을 제기했다. 이에 대해 헌법재판소는 2010년 12월 28일 위헌결정을 내렸다. 다음은 헌법재판소의 위헌결정 요지다.

　　이 사건 법률조항은 표현의 자유에 대한 제한입법이며, 동시에 형벌조항에 해당하므로, 엄격한 의미의 명확성 원칙이 적용된다. 그런데 이 사건 법률조항은 "공익을 해할 목적"의 허위의 통신을 금지하는 바, 여기서의 "공익"은 형벌조항의 구성요건으로서 구체적인 표지를 정하고 있는 것이 아니라, 헌법상 기본권 제한에 필요한 최소한의 요건 또는 헌법상 언론·출판의 자유의 한계를 그대로 법률에 옮겨놓은 것에 불과할 정도로 그 의미가 불명확하고 추상적이다. 따라서 어떠한 표현행위가 "공익"을 해하는 것인지, 아닌지에 관한 판단은 사람마다의 가치관, 윤리관에 따라 크게 달라질 수밖에 없으며, 이는 판단 주체가 법 전문가라 하여도 마찬가지이고, 법집행자의 통상적 해석을 통하여 그 의미 내용이 객관적으로 확정될 수 있다고 보기 어렵다. 나아가 현재의 다원적이고 가치상대적인 사회구조 하에서 구체적으로 어떤 행위 상황이 문제되었을 때에 문제되는 공익은 하나로 수렴되지 않는 경우가 대부분인 바, 공익을 해할 목적이 있는지 여부를 판단하기 위한 공익 간 형량의 결과가 언제나 객관적으로 명백한 것도 아니다. 결국, 이 사건 법률조항은 수범자인 국민에 대하여 일반적으로 허용되는 '허위의 통신' 가운데 어떤 목적의 통신이 금지되는 것인지 고지하여주지 못하고 있으므로 표현의 자유에서 요구하는 명확성의 요청 및 죄형법정주의의 명확성 원칙에 위배하여 헌법에 위반된다.(2010.12.28, 2008헌바157)

사실관계를 보더라도 그렇다. 당국자가 구두로 외환매수 자제를 요청하기는 했지만 공문으로는 보내지 않았다면 외환 매수 자제를 요청한 사실 자체가 없는 것으로 되는 것인가? 그래서 미네르바가 쓴 글이 허위사실이 되는 것인가? 스스로 엘리트라고 자처하는 검사들이 상식적인 판단으로도 얼마든지 알 수 있는 사실을 제대로 분간하지 않은 것인지, 분간할 최소한의 양식도 없었던 것인지, 그도 아니면 사실과 상관없이 정권의 의중을 떠받드는 것만이 중요하다고 여긴 것인지 도대체 알 수 없다.

정부에 대한 시장의 불신은 일관된 경제 정책, 예측 가능한 정책을 통해 신뢰를 쌓아가면서 풀어야 한다. 본보기로 미네르바를 구속시키면서 인터넷 공간에서 자유로운 글쓰기를 막아버리고 사이버 공간에서 여론을 잠재운다고 해서 정부 정책에 대한 신뢰가 생기는 것은 아니다. 개인의 의견 개진조차 참을 수 없다고 칼을 휘두른 정부와 정부의 주문대로 움직인 검찰은 민주주의 자체를 심각하게 유린했다. 민주주의는 다양한 의견과 언로가 자유롭게 보장되어야만 가능한 제도이다.

"경제를 살리겠다"는 이명박 정부는 경제 분야에서의 실패가 뼈아플 수 있다. 하지만 잘못이 있다면 충분한 검토와 함께 정책의 방향을 수정해나가면 된다. 자신의 실책을 숨기려고 개인을 희생양으로 삼는 것은 너무 파렴치한 행태이다. 정책 실패를 무마하는 방편으로 개인의 인권을 침해하고 헌법의 중요한 원칙을 훼손하는 것은 대통령의 가장 큰 책무인 '헌법 수호'와는 너무도 딴 길을 걷는 것이다. 또한 단순히 몇 가지 경제 지표가 상승했다고 해서 그것을 경제 성장이라고 부를 수 있는지, 또는 그들이 자주 쓰는 표현처럼 '선진화'되었다고 볼 수 있는지도 의문이다.

서구 선진개발국의 사례에서 보듯이 선진 사회로의 진입은 경제적 부만이 아니라 자유, 평등, 복지 등 사회 구성원들의 인권이 제대로 보장되는 상황이라야 가능하다. 사회 구성원들의 다양한 가치를 존중하고 경쟁에서 밀리거나 낙오한 사람들까지 착실히 챙겨나가는 것이 선진 사회이다. 경제 정책이 잘못 설계되었다는 점은 논외로 치더라도 정책 실패를 덮기 위해 미네르바를 구속시킨 사건은 한국 사회의 품격을 형편없이 떨어뜨렸다. 국가 브랜드 가치를 떨어뜨린 것은 이명박 정부와 정치검찰이었다. 미네르바 사건은 법원의 무죄판결과 헌법재판소의 위헌결정에서 보듯이, 터무니없는 수사와 기소였다.

증거가 명백하고 도주의 우려가 없는 미네르바를 구속한 것도 불구속 수사를 원칙으로 하는 현대 형사사법의 기본 이념을 거스르는 반인권적 수사 행태였다. 국가형벌권이라는 공포를 동원해 네티즌들의 활동을 위축시키는 정치적 목적을 달성하기 위한 무리수였다. 미네르바 변호인들에 따르면 미네르바는 피의자 신분으로 검사실에서 수갑을 차고 포승줄에 묶인 채 13시간 이상 조사받기도 했다고 한다. 이 정도면 신문(訊問)이 아니라 사실상 고문(拷問)이라고 봐야 한다. 법률 전문가들인 검사들의 사고가 목적 달성을 위해서는 수단 방법 가리지 않고 상대방을 굴복시켜야 한다는 봉건시대 칼잡이 수준에서 맴돌고 있는 것 같다. 더군다나 재독학자 송두율 교수 사건에서 헌법재판소가 검찰 신문 과정에서 피의자를 수갑 채우고 포승줄로 묶는 것은 위헌이라고 결정했는데도 검찰은 아직도 이런 신문 행태를 고집하고 있다. 검찰은 심각하고도 명백한 불법행위를 자행한 것이다.

미네르바는 구속당한 후 극심한 마음고생을 한 것으로 알려져 있다. 몸무게가 40킬로그램이나 빠지고 풀려나고도 감옥에 갇히는 악몽을 꾼다고 한다. 무엇 때문에 또 무슨 자격으로 30대 초반의 젊은이에게 이런 고통을 강요한 것인지 모르겠다.

빈약한 인권 의식

이명박 정부의 일방통행이 거듭되면서, 법질서 수호니 하는 구시대의 전체주의적 질서는 강요되지만 민주 사회와 선진 사회를 향한 다양한 가치들은 경시되고 있다. 특히 세계적 보편 가치인 인권에 대한 경시와 홀대는 정도를 넘어서고 있다. 대통령직 인수위원회 시절, 현 집권 세력은 입법, 행정, 사법 어디에도 속하지 않는 독립적 국가기구인 국가인권위원회를 대통령 소속으로 만들려고 했다. 국내외의 반발 때문에 국가인권위원회의 위상 격하 작업은 포기했지만 집권 이후에는 인권 분야에 아무런 전문성이 없는 인사나 심지어 반인권 전력을 가진 인사들을 국가인권위원회 위원장이나 위원에 임명하며 국가인권위원회가 기본적으로 어떠한 활동도 하지 못하도록 통제했다. 2009년에는 국가인권위원회의 인력과 예산을 30퍼센트나 줄이기도 했다. 김대중 정부 때 출범해 인권의 진전을 위해 나름 역할을 수행했던 국가기관의 실질적 활동은 중단시키고 명목으로만 살아남게 하려는 속셈이었다. 이명박 정권의 국가인권위원회 무력화 시도는 계속되었고, 인권위원회 탄생에 산파 역할을 하였던 주역들마저 조직을 떠나게 되었다. 안타까운 일이다.

인권은 정권의 호불호 차원에서 접근할 문제가 아니다. 진보, 보수 차원의 문제도 아니다. 인권은 대한민국 헌법의 핵심이며 유엔 등 국제사회가 함께 지키고자 노력하는 중요한 가치이다. 과거 군사독재 정권과 권위주의 정권 시절을 국민의 민주화 투쟁으로 극복해오며 우리 사회의 가장 중요한 약속으로 자리매김되었던 것이 바로 인권이다. 인권은 국가의 존립 근거이고, 존재 이유이다. 대통령이라는 고위직의 존재 이유도 국민의 인권을 제대로 보장하는 데 있다. 하지만 오늘날 대통령이 앞장서고 정부 각 부처가 뒤따르면서 인권에 대한 경시는 반복되고 있다. 수십 년 동안 많은 국민이 피땀 흘려 이룩한 성과를 무색하게 하는 일들이 반복되고 있다.

이명박 정부의 인권 경시와 반인권적 태도는 검찰의 법집행에도 그대로 이어지고 있다. 검찰은 원래 인권 수호 기관으로서 역할을 수행해야 한다. 하지만 이 같은 법률상 책무, 또는 검찰 스스로의 주장과 달리 검찰에서 인권 수호 기관의 면모를 찾아내기란 쉽지 않다.

특히 2008년 촛불집회에 대한 보복성 수사에서 이명박 정부의 인권 경시가 두드러졌다. 법무부장관과 검찰총장이 나서서 엄정한 법질서 확립을 주문했고, 그 결과 경찰이 무차별적으로 연행한 시위 참가 시민들에게 매우 신속한 사법 처리와 함께 엄벌 위주의 수사와 기소를 진행했다. 단순 참가자들도 무더기로 기소하고 벌금을 부과하는 등 형벌권을 남용했다.

하지만 시민들에게 폭력을 행사하거나 과잉 진압을 했다가 고소·고발된 경찰관들에 대한 수사는 매우 미온적인 태도로 일관했다. 20여 건의 고소·고발 사건 중에서 2년이 넘도록 기소된 사건은 단 한 건도 없었다. 검찰에게 사건을 넘겨받은 경찰은 각하, 무혐의, 기소중지 의견을 검찰에 제시했다. 여대생 군홧발 사건의 주인공인 한 의경이 벌금형으로 약식기소된 것을 제외하면, 촛불집회 참가자들에 대한 폭행으로 처벌받게 될 경찰관은 한 명도 없을 것이 확실하다. 정당한 공무집행의 범위를 넘어선 구체적인 폭력행위가 있었고 이로 인해 시민 다수가 부상을 당하는 등 피해를 입었으며 언론 보도 등 다양한 채증자료가 있음에도 검찰은 기소권을 행사하지 않았다.

2008년 8월 서울중앙지검은 이처럼 최소한의 공정성마저 상실한 촛불집회 관련 수사 활동을 홍보하는 백서를 발표하기도 했다. 검찰은『수사백서—미 쇠고기 수입 반대 불법 폭력시위 사건』를 내, 촛불집회로 인한 사회적 경제적 피해액이 3조 7513억 원이나 된다고 했다. 직접적인 피해액이 1조 574억 원, 이명박 정부의 개혁 지연에 따른 간접 피해액이 2조 6939억 원에 달한다는 엉뚱한 계산이었다. 이 계산은 전국경제인연합회(전경련) 산하 한국경제연구원의 보고서를 근거로 한 것이다. 이명박 정부의 '개혁'이 추진되었으면 2조 6000억 원가량의 이익이 생긴다는 전제가 엉뚱하기만 하다. 최소한의 객관성이나 자료로서의 가치도 없는 숫자놀음에 불과한 것이었다.

검찰은 미국산 쇠고기 수입 반대 촛불시위가 일부 언론의 왜곡 보도와 폭력시위 배후 세력의 주도 때문에 발생했다고 주장했다. 2008년 촛불집회에 참석한 시민들은 경찰 추산으로 93만 명에 이른다. 그러니까 아무리 적게 잡아도 93만 명이나 되는 시민들이 불순세력의 선동을 받았다는 거다. 그런데 왜 이명박 대통령은 두 번씩이나 사과를 했는지 알 수 없는 일이다. 국가기관의 백서라면 최소한의 객관성과 공정성이 담보돼야 하는데 검찰의 백서는 기본적인 것들이 모두 빠져 있었다. 정부는 오류가 없고 시민과 시민단체만 문제가 있다는 검찰의 시각은 특유의 오만함에서 나온 것이다. 오히려 검찰 개혁이 왜 필요한지를 알려주는 계기가 되었다.

2009년 1월 21일. 시민 5명과 경찰관 1명이 목숨을 잃은 용산참사가 일어났다. 이 사건 수사에서도 검찰은 과잉 진압을 한 경찰에게는 면죄부를 주고 농성에 참여했던 철거민들은 과잉 처벌하는, 전형적인 편파 수사를 진행했다. 검찰은 인권 옹호 기관으로서 경찰의 진압 행위가 정당했는지 과잉은 없었고 과실은 없었는지에 대해 치밀한 조사를 전개하고 공권력의 잘못된 행사로부터 국민을 보호할 책무를 지녔음에도 경찰 활동에 대해서는 아예 형식적인 수사로 일관했다. 결과가 빤히 보이는 수사였다. 검찰이 직무 유기를 한 것이다.

현실과 달리 검찰 수뇌부의 말은 언제나 그럴듯했다. 2008년 10월 검찰 창설 60주년 기념식에서 임채진 당시 검찰총장은 공언했다. "약한 자의 목소리에 귀를 기울이고 국민의 억울함을 풀어주는 검찰이 되겠습니다." 또 임채진 총장은 이날 기념식에서 "국법 질서의 확립이나 사회 정의의 실현에 치우친 나머지 국민의 인권을 최대한 지켜내야 한다는 소임에 보다 더 충실하지 못했던 안타까움이 없지 않습니다"라며 인권 수사 관행이 정착되지 않았다고 토로했다. 하지만 말뿐이다. 검찰권의 잘못된 행사로 인한 인권 침해, 고문, 억울한 옥살이, 그리고 사형 집행 등 그 피해를 돌이킬 수 없는 가해 행위에 대해 검찰은 한 번도 반성하지도 않았고 피해자들에게 사과하지도 않았다. 이는 노무현 정부 당시 군, 국가정보원, 경찰청이 각각 과거사진상규명위원회를 발족하고 이들 기관이 자행한 과거 인권 침해 사건에 대해 조사 활동을 벌이고, 피해자의 명예 회복과 보상을 위해 나름의 노력을 기울인 것과 크게 비교되는 태도이다.

검찰에 의한 인권 침해 사례는 셀 수 없이 많다. 2005년 7월부터 최근까지 과거 인권 침해 사건 중에서 법원의 재심을 거쳐 무죄판결을 받은 사건만 해도 민족일보 조용수 사건, 태영호 납북 사건, 인혁당 재건위 사건, 강대광 간첩 조작 사건, 차풍길 간첩 조작 사건, 함주명 간첩 조작 사건, 강희철 간첩 조작 사건, 진도 가족간첩단 조작 사건, 조총련 소속 오주석 등 4명에 대한 간첩 조작 사건, 재일조선인 2세 윤정헌 간첩 조작 사건, 조개잡이 선원 정영 간첩 조작 사건, 진보당 죽산 조봉암 간첩 조작 사건 등이 있었다. 방금 언급한 사건에 연루된 50여 명의 피해자 중에서 사형 판결을 받은 사람은 10명이고 이들에 대한 사형은 모두 집행되었다. 잘못된 기소로 10명이 아까운 목숨을 잃었다. 법원의 재심으로 이들이 아무런 죄 없이 억울한 희생을 당했다는 것이 드러났는데도 검찰은 반성도 사과도 하지 않고 있다. 이들 사건 외에도 앞으로 더 많은 사건들이 법원의 재심을 통해 무죄판결을 받게 될 것이다.

간첩까지 조작하고 없는 죄를 만들어낸 일은 국가가 도대체 왜 존재해야 하는지에 대한 근본적인 질문을 던져주고 있다. 국가가 국민의 생명과 안전을 지키기는커녕, 오히려 죄 없는 국민을 못살게 굴고 심지어 목숨까지 빼앗는다면 국가가 존재할 이유는 어디에서도 찾을 수 없다. 이런 사건에서 검찰은 직접 인권 침해를 하거나 경찰이나 정보기관의 인권 침해를 묵인하고 방조했다. 허위로 조작된 증거인줄 알면서도 기소권을 행사했다. 이런 행위는 임채진 전 검찰총장의 표현대로 "국법 질서의 확립이나 사회 정의의 실현에 치우친 나머지 국민의 인권을 최대한 지켜내야 한다는 소임에 보다 더 충실하지 못했던 안타까움" 정도를 느끼고 말 일이 아닌 구체적인 범죄행위였다.

　검찰의 이런 뻔뻔한 태도는 법원의 태도와도 비교된다. 2008년 9월 사법 60주년 기념식에서 이용훈 대법원장은 "권위주의 체제가 장기화되면서 법관이 올곧은 자세를 온전히 지키지 못해 국민의 기본권과 법치질서의 수호라는 본연의 역할을 충실히 수행하지 못한 경우가 있었고, 그 결과 헌법의 기본적 가치나 절차적 정의에 맞지 않는 판결이 선고되기도 했다"면서 "사법부가 국민의 신뢰를 되찾고 미래를 향해 새로 출발하려면 먼저 스스로 과거의 잘못을 있는 그대로 인정하고 반성하는 도덕적 용기와 자기쇄신의 노력이 필요하다"고 말했다. 대법원장은 최소한 직접적인 자기반성을 이야기했다.

　검찰은 비단 자기 잘못을 반성하지 않는 선에 그치지 않는다. 최근 법원에서 잇따라 무죄가 선고되는 과거의 인권 침해 사건의 재심 공판을 수용하지 않고 이에 불복해 상고함으로써 사법 피해자들의 상처를 덧나게 하고 있다. 군사정권의 대표적인 조작 사건이며, 한국판 '드레퓌스 사건'으로 불리는 '강기훈 유서대필 조작 사건'에 대한 검찰의 대응도 그랬다. 이 사건은 1991년 당시 전국민족민주운동연합(전민련) 소속이던 강기훈이 민주화를 요구하며 분신자살한 전민련 동료 김기설의 유서를 대신 작성해줌으로써 그의 분신자살 결심과 결행을 용이하게 도와주었다는 자살방조의 죄목으로 기소된 사건이다. 검찰의 기소로 강기훈은 '목적을 위해서는 동료의 생명까지도 혁명의 도구로 사용하는 좌경 혁명분자'로 엄청난 사회적 비난을 받고 법원의 실형 선고에 의해 3년의 옥고를 치루었다. 그러나 검찰의 기소 직후부터 이 사건은 당시 민주 진영의 거센 저항으로 위기에 몰려 있던 노태우 정권이 국면 타개를 위해 조작한 사건이라는 시비가 끊이지 않았다. 오랜 세월이 흘러 지난 2009년 9월 서울고등법원이 재심 결정을 하자 검찰은 불복하여 대법원에 항고했다. 검찰의 반발 때문에 아직 재판도 열리지 못하고 있다. 검찰은 새로운 증거를 통해 진실을 밝힐 기회조차 봉쇄하고 있는 것이다. 이는 국가 폭력의 희생자들이자 잘못된 검찰권 행사로 인해 인생이 망가진 피해자들의 가슴에 다시 대못을 박는 파렴치한 모습이다.

　잘못된 과거에 대한 진심 어린 사과는 개인이든 국가기관이든 스스로의 품격을 높이기 위해서도 반드시 필요한 일이다. 새로운 모습을 보이겠다는 말이 진심이라면, 과거의 잘못을 정확히 파악하고 뉘우쳐야 한다. 피해자가 용서를 하려고 해도 가해자의 반성과 사과가 전제되어야 한다. 과거의 인권 침해 행위에 대해 부끄러움조차 느끼지 못하고 있는 검찰, 과거의 인권 침해에서 멈추지 않고 재심의 결과에 불복해 피해자들을 '두

번 죽이는' 검찰의 행태를 보면, 검찰이 법률이 부여한 인권 옹호 책무와 얼마나 먼 거리에 있는지 확인할 수 있다. 이런 검찰이 스스로 거듭난다는 것이 도대체 가능한 일인지 의문이다.

이명박 정부 출범 이후 권력과 가진 자, 기득권 세력의 편에만 서서 약자와 가난한 사람들, 일반 시민들에게는 국가형벌권이라는 무서운 무기를 겨누고 토끼몰이 하듯 탄압하는 오늘날 검찰의 행태는, 결국 과거의 인권 침해 사건에 대해서조차 반성하지 않고 모르쇠로 일관하는, 염치 모르는 검찰만의 이상한 기질, 속성에서 비롯된 것으로 보인다. 한국의 검찰이 얼마나 더 뒷걸음질 칠 것인지 걱정이다.

공안검찰의 강화와 공안통치의 부활

이명박 대통령은 기회가 있을 때마다 '법질서 확립'이 경제 성장을 통한 선진 국가 진입을 위한 필수 요소라고 강변하고 있다. 한국이 국제사회에서 원래의 실력보다 낮게 평가받으며, 브랜드 가치가 낮은 첫째 이유가 미약한 준법의식이라는 거다. 둘째는 노사 문화, 셋째는 북한이란다. 이명박 대통령의 말은 이어진다. "'떼법'만 없어도 GDP가 1퍼센트 이상 성장"한단다. 우리 사회가 선진국 진입을 코앞에 두면서도 주춤하는 이유가 '떼법' 정서에 기대어 집회와 시위를 일삼고, 정부 정책을 비판하는 시민들 때문이라는 거다. 그동안은 강력한 법집행, 관용 없는 법집행이 없었기 때문에 선진국 진입의 문턱을 넘지 못한다는 거다. 그러나 이명박 대통령의 이 같은 말은 어려워진 경제 여건이나 정책의 실패로 인한 시민들의 문제 제기와 반대 목소리를 단호한 법집행과 엄중한 처벌로 대처하겠다는 계산된 발언이며 국민에 대한 협박이다.

지금도 헌법에 보장된 집회와 시위의 자유가 사실상 허가제로 운용되고 있고, 각종 집회와 시위에 대한 금지 통고가 남발되고 있다. 집회·시위 현장에서의 마스크 착용 금지, 집회·시위로 인한 민사상 손해에 대한 집단소송제도의 도입, 야간집회 금지 등을 통해 집회와 시위의 자유를 원천봉쇄하겠다는 것도 마찬가지 맥락에서 추진되고 있다. 이로써 집회와 시위의 자유는 점점 더 위축되어간다.

법은 최소한의 상식이어야 한다. 국민들의 다양한 이해관계를 조정하면서도 약자나 소수자의 입장을 배려하는 '따뜻한 법', 민의의 전당인 국회에서 정당들 사이의 충분한 논의와 타협을 통해 만들어진, 내용적으로나 절차적으로 '민주적 정당성을 가진 법'만이 정당한 법으로 국민의 공감을 얻을 수 있다. 그래야 법이 사회를 통합하고 국가 발전에도 기여하게 된다. 법을 집행할 때도 국가형벌권을 앞세우거나 남발해선 안 된다. 정부의 정책과 다른 의견을 주장하는 국민들이 있다면 먼저 충분히 그 생각을 들여다보고 되도록 정책에 반영할 수 있도록 노력해야 한다. 문제가 생기지 않도록 미리 대비하면 좋겠지만 미처 손쓰지 못한 문제가 나중에 불거져도 이해 당사자들의 말을 충분히 듣고 그들의 요구를 해결하려는 노력을 기울여야 한다. 그 이해 당사자가 국민 전체이거나 국민의 대다수인 경우는 말할 것도 없다. 국민을 대상으로 한 법집행보다는 사회·경제·복지정책이 앞서야 한다. "형사정책은 사회정책의 꼴찌"라는 격언은 그래서 있는 말이다. 정부 정책을 관철시키기 위해 형사처벌을 앞세우고, 국가형벌권을 전방위적으로 행사하는 것은 매우 낮은 수준의 법치주의이며, 사실상 법치주의라고 부를 수도 없는 저열한 정치적 술수이다. 대통령이 국민의 다양한 요구를 수용하고 정책에 반영하고자 애쓰지 않고 국민이 공감하지 못하는 정책을 일방적으로 밀어붙이면서 이에 반발하는 시민들을 응징할 '강력한 법'과 '강력한 법집행'만을 주문한다면 그러한 이명박 대통령의 법치주의에 대한 인식은 천박하다 못해 무지와 몰이해의 수준에 머물러 있다고 말할 수밖에 없다.

국민의 뜻에 어긋나는 입법과 법집행이 법치주의 실현이라 착각하는 이명박 대통령의 생각을 법무부와 검찰이 조금의 고민이나 여과도 없이 확실하게 뒷받침하는 지금, 진정한 법치주의는 심각하게 훼손당하고 있다. 2009년 대통령 업무 보고에서 당시 김경한 법무부장관은 "불법필벌의 구호에 그치지 않고 국민의 피부에 와 닿는 엄정한 실천을 위해 검찰 역량을 집중하겠다"고 했고, 당시 임채진 검찰총장은 "사회 혼란을 획책하는 불법행위에는 단호히 대처해 법치의 새 이정표를 세워나가겠다"고 이명박 대통령에게 보고했다. 임채진은 여기서 더 나아가 2009년 신년사에서는 "대한민국의 정통성과 정체성을 부인하면서 친북좌익 이념을 퍼뜨리고 사회 혼란을 획책하는 우리 사회의 친북좌익 세력을 발본색원해야 한다"고까지 했다. 민주화의 진전과 더불어 사라졌다고 믿었던 공안통치의 부활을 예고한 것이다.

검찰의 퇴행은 검찰총장의 말에만 멈추지 않았다. 2009년 검찰은 노무현 정부 시절인 2005년 폐지되었던 대검 공안3과를 부활시켰고 예산도

부쩍 늘렸다. 독재정권 시절 악명 높던 '관계기관 대책회의'를 격상, 정례화하는 등 공안 파트의 기능을 강화했다. 또한 집회·시위에 대해 엄정한 대처 방안을 담은 '2009년 공안부 운영 방침'을 천명하기도 했다. 동시에 경찰의 법집행 과정에서 발생한 잘못에 대해서는 관용 또는 면책하겠다는 방침을 밝히며 경찰의 집회·시위 강경 진압을 독려하기도 했다. 2009년에는 자생적 사회주의를 표방한 사회주의노동자연맹(사노련)을 결성한 혐의(국가보안법 위반)로 입건된 연세대 명예교수인 오세철 교수 등 8명에 대해 범죄 소명이 부족하다는 이유로 법원이 두 차례나 구속영장을 기각했음에도 끝내 검찰에 의해 불구속 기소되어 공안당국의 국가보안법 수사가 본격적으로 재개되었음을 알렸다. 그리고 2010년에는 민노당에 가입해 당비 또는 후원금을 낸 혐의를 받은 전교조 교사와 전공노 공무원들을 정치자금법 및 국가공무원법 위반으로 사법 처리하기 위해 검찰의 지휘하에 민노당 및 전교조 등에 대한 경찰의 대대적인 압수 수색 및 소환 조사가 있었고 그 후 270명에 대한 대량 기소가 이뤄졌다. 반면 한나라당에 후원금을 낸 혐의를 받은 교장 등에 대한 수사나 기소는 없었다. 이 또한 명백한 표적 수사였다.

공안 세력의 준동은 이명박 정부가 과거 독재정권 시절로 확실히 돌아갔다는 것을 보여주고 있다. 통일에 관심을 갖거나 남북 대결보다는 남북의 화해·협력을 주장하거나 정부의 통일 정책을 비판하는 사람들, 꼭 통일 문제가 아니라도 정부에 비판적인 사람들을 이제 다시 친북좌파나 불순세력으로 낙인찍고 사법 처리 대상으로 삼는 어둠의 시대가 되풀이되고 있는 거다. 미네르바 사건 이후 인터넷 논객들이 해외 탈출을 감행하고 국내 포털 사이트의 이메일 계정을 갖고 있던 네티즌들이 구글 등 해외 서버의 이메일 계정으로 갈아타는 것은 어둡고 암울한 시대의 도래를 예견했기 때문은 아닐까?

검찰은 역사발전은커녕 역사를 거꾸로 돌리려는 이명박 정부의 시대착오적 정책에 편승하고 있다. 이로써 검찰이 노리는 것은 스스로의 권력 확장으로 보인다.

대한민국의 주권은 국민에게 있다. 우리 헌법 제1조는 "대한민국의 주권은 국민에게 있고, 모든 권력은 국민으로부터 나온다"고 선언하고 있다. 대한민국이란 나라가 어떤 나라인지를 알려주는 가장 중요한 조문이기에 헌법 제1조에 올려놓은 것이다. 그런데 헌법의 가장 핵심적인 선언을 수호해야 할 책무를 지닌 대통령과 검사들이 오히려 주권자인 국민을 봉건시대의 통치 객체, 곧 왕조시대의 어리석은 백성쯤으로 폄하하고, 심지어 적대시하는 지금의 시도는 결코 성공하지 못할 것이다. 지금보다 훨씬 더 어려운 시절을 거치면서 우리 국민들이 쌓아온 민주화의 내공이 결코 만만찮기 때문이다. 국민은 공포를 동원해 윽박질러도 되는 대상이 아니다. 국가형벌권을 앞세워 언제든지 처벌할 수 있는 만만한 대상도 아니다.

이명박 정권 최고의 파트너

노무현 전 대통령, 한명숙 전 국무총리만 검찰의 서슬 퍼런 칼날 앞에 섰던 것은 아니다. 야당인 민주당 의원들의 약 15퍼센트가 검찰의 수사를 받고 있거나, 이미 기소되었다고 한다. 야당이 여당에 비해 더 부패했다고 볼 근거는 어디서도 찾을 수 없다. 민주당만이 아니다. 민주노동당, 전교조, 민주노총, 시민사회단체 등 검찰의 칼끝은 이명박 정부에 비판적인 세력을 향해 겨눠지고 있다. 하지만 그 번득이는 검찰의 칼날은 살아 있는 권력에 대해서는 한없이 무디거나 아예 겨누지도 않고 있다. 전형적인 편파 수사와 기소가 반복되고 있다.

대통령 사돈 기업 봐주기

이명박 대통령의 사돈이 경영하는 효성그룹 비자금 사건에 대한 검찰 수사는 검찰이 살아 있는 권력 앞에서는 얼마나 무기력한지, 검찰의 편파성이 어떤 폐해를 가져오는지를 잘 보여주고 있다. 효성그룹은 해외 법인에 수천만 달러를 과잉 지급하고, 해외 법인의 부실 채권 액수를 부풀리고, 환어음 거래를 통한 수수료 부당 지급 등을 통해 비자금을 형성하고 은닉하는 등의 10여 가지 범죄 의혹을 받고 있다. 막상 밝혀진 것은 거의 없었다. 단서가 될 만한 정황이 쏟아져도 검찰은 꿈쩍도 안했다. 전형적인 축소, 부실 수사였다.

검찰은 내부에서 작성한 첩보 보고서에서 효성그룹이 앞서 서술한 방법으로 해외로 재산을 빼돌려 비자금을 조성했을 가능성이 있다고 분석했으며, 이러한 효성그룹의 행위가 외국환거래법 위반, 특정경제범죄가중처벌법상 재산국외도피·배임, 조세포탈죄 등 위법 가능성이 높다고 보고 "수사가 필요하다"는 결론을 내렸다. 그러나 검찰 수사는 내내 지지부진했다. 1년 반 동안 시간만 끌다가 수사를 종결했고, 게다가 해외 법인이나 국내 계열사를 통한 비자금 조성 등과 관련된 의혹에 대해서는 더 이상 수사할 계획이 없다고 밝혔다. 다만, 해외 거주 블로거의 폭로를 통해 드러난 효성그룹 조현준 사장의 해외 부동산 구입 건만 마지못해 수사를 진행했다.

검찰은 이명박 대통령의 사위 조현범 한국타이어(효성그룹 계열사) 부사장의 주가 조작 혐의에 대해 무혐의 처분을 내리고, 효성그룹의 수백억 원대 비자금 조성 의혹에 대해서는 내사 종결했다. 다만 곁가지랄 수 있는 효성그룹 건설 부문의 70억 원대 비자금과 효성중공업 임원의 사기 혐의만을 밝혀내며 전·현직 임원 등을 불구속 기소하는 데 그쳤다.

수사의 형평성도 문제였다. 검찰은 대검 중수부가 나서 박연차 게이트 수사를 한창 벌이던 2009년 4월, 조석래 효성 회장을 소환조사했단다. 소환조사 사실마저 서울중앙지검 국정감사가 끝난 후, 수사 과정을 재차 설명하는 자리에서 밝혔다. 노무현 전 대통령과 주변 인사들에 대해서는 매일 수사 브리핑을 통해 수사 진행 상황과 검증되지 않은 피의사실을 세세하게 공개했던 친절한 검찰이, 조석래 회장은 비밀리에 소환조사한 것이다. 검찰은 범죄의 정도나 양상과는 별개로 수사의 대상이 누구냐에 따라 전혀 다른 태도를 보여주었다. 살아 있는 권력이냐 죽은 권력이냐에 따라 검찰은 다른 모습을 보였다.

김준규 검찰총장은 취임식에서 "검찰의 상대는 범죄 그 자체이며 죄를 저지른 사람의 지위나 신분의 높고 낮음 등은 고려하지 않아야 한다"면서 "공직 부패와 사회적 비리에 대해서는 일절 관용이 없어야 한다"고 강조했다. 검찰총장의 말처럼 검찰은 스스로 공정성과 진정성을 강조하지만 검찰의 수사 태도는 영 딴판이다. 최소한의 언행일치도 안 된다.

정부에 비판적인 단체와 사람들에 대한 수사는 털어서 먼지 나는 걸 넘어 먼지가 날 때까지 털겠다며 모든 자료를 샅샅이 뒤지고, 확인되지 않은 피의사실을 공표해 명예를 훼손하고 정치적 타격을 입히는 일을 서슴지 않던 검찰이 아닌가. 그런 검찰이 유독 효성그룹 비자금 사건에 대해서만은 구체적인 혐의점에도 불구하고 밝혀진 의혹들조차 부실 수사 끝에 종결해버렸다. 수사를 종결하면서도 기초적인 해명도 하지 않았다. 이유는 하나뿐이다. 상대가 살아 있는 권력의 사돈이 경영하는 효성그룹이기 때문이다.

대통령 친구 봐주기

이명박 대통령의 친구 천신일. 고려대 교우회장을 지낸 대통령의 최측근이다. 검찰은 천신일에 대해서도 노골적인 봐주기 수사, 부실 수사를 했다. 박연차 게이트에 연루되어 기소되었던 천신일은 2010년 2월 5일 열린 공판에서 대부분의 범죄 혐의에 대해 무죄를 선고받았다. 이유는 검찰이 천신일에 대한 핵심 의혹인 대통령 친형 이상득 의원에 대한 세무조사 무마 로비 의혹 대신 사소한 개인 비리로 기소하면서 법 적용을 잘못했기 때문이다. 이 때문에 검찰이 무죄를 유도했다는 의혹이 법조계와 언론에서 강하게 제기되었다. 검찰은 이 사건에서 양도소득세 포탈 액수를 1억 7000만 원으로 산정하여 특정범죄가중처벌법 위반 혐의로 기소했다. 하지만 법원은 연간 포탈 금액이 5억 원 이상이 아니면 이 법을 적용할 수 없고, 또한 국세청의 고발 없이 검찰이 기소했다는 이유로 공소기각 판결을 내렸다. 의도적인 실수가 아니라면 법률 전문가 집단인 검찰이 한 일로 믿기지 않는 어처구니없는 일이다.

천신일에 대한 검찰의 봐주기 수사는 이뿐이 아니었다. 서울중앙지검 공안1부는 2007년 대통령 선거 때 천신일이 이명박 후보의 특별당비 30억 원을 대신 내줬다는 의혹에 대해 민주당이 정치자금법 위반으로 고발한 사건에서도 '혐의 없음' 처분을 했다. 이 사건에서도 살아 있는 권력에 대해서만은 유독 나약한 검찰의 모습을 확인할 수 있다. 천신일을 제대로 수사하라는 요구가 빗발쳤지만, 검찰은 내내 미온적이었고 천신일은 지병 치료를 이유로 해외에 머물렀다. 2010년 11월 북한의 연평도 포격으로 어수선한 상황에서 천신일이 갑자기 귀국했고 검찰조사에 응했다. 천신일은 결국 구속되었지만 검찰과 천신일 사이에 뭔가 조율이 있었다는 의혹이 제기되었다.

공권력의 민간인 불법 사찰과 꼬리 자르기

2010년 세상을 떠들썩하게 했던 국무총리실 산하 공직윤리지원관실의 민간인 불법 사찰 사건. 사찰(查察)이란 조사하고 관찰한다는 뜻이다. 공직자들의 비리를 조사하고 관찰하는 목적으로 설치된 공직자윤리지원관실이 본래의 임무와 궤도를 이탈해 민간인을 불법적으로 조사하고 그 과정에서 권력과 무관한 한 시민의 삶을 파괴한 사건이었다. 피해 민간인은 단지 정부에 비판적인 성향을 가졌다는 이유만으로 국가권력의 매서운 맛을 보고 삶과 사업의 기반을 송두리째 빼앗겨버리고 말았다. 이 사건은 국가권력의 정점에 서 있는 누군가가 공식적인 절차와 과정이 아닌

'비선라인'을 통해 공권력을 남용해 우리나라 법치주의의 근간을 뒤흔든 사건이다. 그리고 국정의 최고점에 서 있는 청와대가 사건을 은폐하기 위해 불법 대포폰을 사용했다는 사실이 밝혀져 세상에 큰 충격을 가져다주었다.

당연히 검찰의 엄정한 수사가 필요한 상황이었다. 그런데 '혹시나 했지만 역시나'라는 세간의 우려대로 이 사건에 대한 검찰의 수사도 역시 2010년 9월 변죽만 울린 채 끝나고 말았다. 검찰은 수사 후 실무책임자 7명을 구속 또는 불구속 기소했지만 민간인 사찰의 '윗선'과 증거인멸의 '지시자'는 밝히지 못했다. 이미 여러 경로로 최고 윗선의 지시와 개입, 더 많은 민간 사찰과 정치인 사찰이 있었다는 정황이 드러났음에도 불구하고 수사 의지도 능력도 없었던 검찰은 결국 '꼬리 자르기'로 수사를 마무리하고 말았다. 다른 사건들과 마찬가지로 이번에도 검찰의 수사는 '몸통'은 밝히지 못한 채 '깃털'들만 건드리는 것으로 귀결되었다. 살아 있는 권력에 약한 검찰의 모습만 다시 확인시켜준 셈이다.

뭔가 알고 있는 것 같은 사람 봐주기

한상률 국세청장의 인사 청탁 로비 사건도 검찰에게 도대체 수사하려는 의지가 있었나 의심되는 사건이었다. 한상률은 당시 국세청장이던 전군표에게 고액의 그림을 제공하면서 국세청장직 승진을 청탁한 혐의를 받고 있었다. 한상률이 전군표에게 뇌물로 전달한 그림은 최욱경 화백의 〈학동마을〉이란 작품이다. 전군표의 부인이 갤러리에 매물로 내놓았고, 그림의 출처는 남편이 한상률에게 받은 것이라고 밝혔다.

한상률은 이 때문에 검찰의 수사를 받았지만 지금은 미국에 머물고 있다. 2009년 1월 한상률의 인사 청탁을 위한 그림 로비 의혹에 대한 수사 필요성이 제기되었다. 하지만 검찰은 그림 로비 의혹에 대해 청와대의 내부 조사 결과를 기다린다는 핑계로 수사에 나서지 않았다. 검찰이 출국 금지 등 기초적인 조치도 취하지 않은 덕에 한상률은 의혹이 불거진 지 2개월 뒤 미국으로 출국할 수 있었다. 검찰은 한상률이 그림 로비를 받았다는 정황을 확인했다. 그런데도 그의 출국을 방치했다. 또 국세청 직원의 진술과 전군표 전 국세청장 부인의 진술로 한상률의 범죄 혐의가 상당히 근거 있다는 것을 확인했는데도, 범죄인 인도 등 강제소환 절차에 착수하지 않고 머뭇거리고 있다. 이에 대해 지난 대선 때 이명박 후보의 도곡동 땅과 관련하여 모종의 사실을 알고 있다고 여겨지는 한상률을 보호하기 위해 검찰이 강제소환을 미루고 있다는 의혹이 제기되고 있다. 게다가 한상률은 천신일, 임채진과 친분도 상당한 것으로 알려졌다. 이들은 같은 대학원 최고위 과정을 함께 다니며 2008년 1월에는 이 대학원 원우회가 주는 '자랑스러운 원우상'을 함께 받았다. 의혹은 깊었지만 제대로 된 수사는 없었다.

경제권력 봐주기

검찰의 약한 모습은 정치권력만이 아니라 경제권력 앞에서도 드러난다. 검찰은 2000년 6월 곽노현 방송대 교수 등 법학 교수 43명이 이건희 삼성 회장의 편법 증여를 고발했는데도 3년이 되도록 수사를 진행하지 않았다. 이에 대한 여론의 비판이 거세지자 공소시효를 불과 몇 개월 앞둔

2003년 9월, 삼성그룹의 고위 임원들을 소환하며 수사에 착수했다. 그래도 수사는 지지부진했다. 2003년 12월에 가서야 허태학, 박노빈 등 전·현직 에버랜드 사장을 특정경제가중처벌법상 배임 혐의로 불구속 기소했다. 이건희 회장은 수사 대상이 아니었다. 검찰이 이건희 회장의 부인 홍라희와 아들 이재용에 대해 수사를 벌인 것은 2006년 12월의 일이었다. 이때도 이건희는 빠졌고 홍라희와 이재용에 대한 수사도 서면 수사였다. 이건희가 수사 대상이 된 것은 삼성그룹 법무팀장이던 김용철 변호사가 삼성그룹의 차명계좌 50억 원 비자금 등을 폭로한 다음이었다. 삼성의 비자금 일부가 법무부장관을 지냈고 이명박 정부에서 국가정보원 원장이 된 김성호와 서울고검장을 지냈고 이명박 정부의 민정수석이 된 이종찬 등의 인사들에게 전달되었다는 사실이 다시 폭로되었다. 이 사건을 다룰 특별검사제가 다시 도입되었다. '삼성비자금 의혹 관련 특별검사 임명 등에 관한 법률'이 제정되었고, 공안검사 출신으로 인천지검장을 지낸 조준웅이 특별검사가 되었다.

검찰만 삼성 앞에 약했던 것은 아니다. 특별검사의 수사도 지지부진하긴 마찬가지였다. 이건희를 소환하고 이건희의 집무실 등을 압수 수색하기도 했지만 이건희 등은 2008년 4월 17일이 되어서야 불구속 기소되었다. 같은 해 10월에 열린 항소심 재판에서 이건희 회장은 징역 3년에 집행유예 5년을 선고받았다. 그렇지만 재판은 불구속 상태에서 진행되었기 때문에, 이건희가 실제 처벌을 받는 일은 일어나지 않았다. 대법원을 거쳐 다시 열린 파기환송심 선고공판에서도 이건희는 징역 3년에 집행유예 5년을 선고받았다.(2009년 8월 14일) 조준웅 특검과 이건희 회장 측은 똑같이 재상고를 하지 않았다. 최종 확정판결이 된 것이다. 이명박 정부는 이건희에 대한 확정판결 4달 만인 같은 해 12월 31일, 특별사면을 했다. 이건희 한 사람만을 위한 특별사면이었다. 역사적으로 유례가 없는 '특별한 특별사면'이었다. 법무부가 내세운 명분은 매번 그렇듯 '경제 살리기' '평창 동계올림픽 유치' 등이었다.

공익의 대표자이길 포기한 검찰

　공익의 대표자임을 자처하는 검찰이 스스로 그 역할을 부정하는 일도 많다. 용산참사 사건의 수사 기록 미공개 파문도 그렇다. 검찰은 용산참사 당시 화재를 일으켜 경찰관을 숨지거나 다치게 한 혐의로 용산참사 희생자의 유족 등 철거민들을 기소했지만 무리한 진압으로 참사를 일으킨 서울지방경찰청장 등 경찰 지휘부에 대해서는 면죄부를 주었다. 하지만 검찰이 공개하지 않은 2000여 쪽의 수사 기록에는 경찰의 무리한 진압에 대한 검찰의 공소사실과는 다른 내용이 들어 있다는 의혹이 강하게 제기되었다. 이에 대해 1심 재판부는 검찰에 기록 공개를 명했다. 검찰은 사생활 보호 등을 이유로 기록을 공개하지 않았다. 법원의 판결조차 수용하지 않았던 거다. 2010년 1월 용산 사건의 항소심 재판부가 재정신청 사건의 재판부를 통해 입수한 문제의 미공개 기록을 피고인 측에 공개하자 검찰은 격렬히 반발하고 재판부가 예단을 갖고 있다며 재판부 기피신청을 내기도 했다.

헌법재판소는 "검사는 소추와 공소유지를 담당하는 당사자로서의 지위 외에도 공익의 대표자로서의 지위에서 피고인의 정당한 이익을 옹호해야 할 의무도 지고 있으므로, 진실을 발견하고 적법한 법의 운용을 위하여 피고인에게 불리한 증거에 대하여는 상대방에게 방어의 기회를 부여하고, 피고인에게 유리한 증거에 대하여는 이를 상대방이 이용할 수 있도록 하여주어야 한다"라고 판시한 바 있다.(94헌마60결정) 검사에게는 실체적 진실의 발견을 통해 범인을 검거하고 유죄를 입증하는 책무도 주어져 있지만, 동시에 억울한 피해자가 생기지 않도록 최선의 노력을 기울여야 하는 책무도 동시에 주어져 있다. 검찰은 공익의 대표자로서 피고인의 방어권 보장을 위해 피고인에게 유리한 증거가 있다면 이를 공개할 의무가 있다는 것이 헌법재판소의 결정이었다.

미국은 당사자주의에 철저한 나라다. 검사와 피고가 형사소송의 주도적 지위, 곧 당사자 지위를 갖고 재판을 진행한다. 법원은 제3자적 입장에 서 있다. 그렇지만 만약 미국에서 이 같은 일이 있었다면 아무리 제3자적 입장에 서 있다고 해도 법원은 검사를 법정모독죄로 처벌하거나 검찰의 공소를 기각했을 것이다.

기록 공개를 둘러싼 법원과 검찰의 갈등은 검찰이 기록 공개를 거부했기 때문에 생긴 것이다. 용산참사는 철거민과 진압 경찰 등 수많은 인력이 동시에 움직였고 여러 사람이 서로 다른 동선에서 서로 다른 역할을 수행했기 때문에 그 실체적 진실을 파악하기 힘든 사건이다. 수사검사마저도 "마치 퍼즐을 맞추는 것 같았다"는 소회를 밝힐 정도로 사실관계를 파악하기 쉽지 않은 사건이었다. 그럴수록 검찰은 당연히 실체적 진실을 파악하는 데 도움이 되는 모든 증거자료를 법정에 제출하고 법원의 공정하면서도 합리적인 사실 판단을 도와야 했다. 피고인들에게도 모든 자료를 제공하여 헌법에 보장된 피고인의 방어권을 보장했어야 했다. 그런데 검찰은 미공개 수사 기록에 피고인들에게 유리한 증거가 들어 있다는 강한 의혹이 제기되고 법원이 기록 공개를 명령했는데도 이를 거부했다.

노무현 전 대통령이나 한명숙 전 국무총리 사건에서는 확인되지도 않은 시시콜콜한 피의사실을 언론에 공표하던 검찰이 기록 공개를 거부하며 뜬금없이 내세운 명분은 '사생활 보호'였다. 이런 상황에서 1심 재판부는 검찰이 감춘 기록에 대한 증거 조사도 하지 않은 채 2009년 10월 검찰의 공소사실을 인용하면서 철거민들의 유죄를 인정하고 중형을 선고했다. 항소심 재판부가 그동안 감춰졌던 수사 기록을 공개한 것은 그나마 다행스러운 일이었다. 법원이 피고인의 방어권 행사를 제대로 보장해주지 못한 잘못을 바로잡고 실체적 진실로 한 발짝 더 나아가기 위한 조치였다. 그렇지만 검찰은 재판부의 기록 공개에 강력하게 반발했다. 항소심 재판부의 결정은 헌법에 명시된 공정한 재판을 받을 권리를 확인한 것에 불과하다. 그런데도 이를 비난하는 것은 곧 헌법 질서를 부인하는 것이다. 검찰의 이러한 태도는 검찰 스스로 공익의 대표자로서의 역할을 포기해버렸다는 선언으로도 여겨진다.

2009년 검찰의 기록 공개 거부가 피고인들의 재판받을 권리와 방어권을 침해하는지의 여부에 대해 심판한 헌법재판소는 결정문에서 다음과 같이 검찰의 행태를 질타했다.

형사소송법 제266조의4 제5항은 검사가 수사 서류의 열람·등사에 관한 법원의 허용 결정을 지체 없이 이행하지 아니하는 때에는 해당 증인 및 서류 등에 대한 증거 신청을 할 수 없도록 규정하고 있다. 그런데 이는 검사가 그와 같은 불이익을 감수하기만 하면 법원의 열람·등사 결정을 따르지 않을 수도 있다는 의미가 아니라, 피고인의 열람·등사권을 보장하기 위하여 검사로 하여금 법원의 열람·등사에 관한 결정을 신속히 이행하도록 강제하는 한편, 이를 이행하지 아니하는 경우에는 증거 신청상의 불이익도 감수하여야 한다는 의미로 해석하여야 할 것이므로, 법원이 검사의 열람·등사 거부 처분에 정당한 사유가 없다고 판단하고 그러한 거부 처분이 피고인의 헌법상 기본권을 침해한다는 취지에서 수사 서류의 열람·등사를 허용하도록 명한 이상, 법치국가와 권력분립의 원칙상 검사로서는 당연히 법원의 그러한 결정에 지체 없이 따라야 할 것이다. 그러므로 법원의 열람·등사 허용 결정에도 불구하고 검사가 이를 신속하게 이행하지 아니하는 경우에는 해당 증인 및 서류 등을 증거로 신청할 수 없는 불이익을 받는 것에 그치는 것이 아니라, 그러한 검사의 거부 행위는 피고인의 열람·등사권을 침해하고, 나아가 피고인의 신속·공정한 재판을 받을 권리 및 변호인의 조력을 받을 권리까지 침해하게 되는 것이다.(헌법재판소결정 2010.6.24, 2009헌마257)

서울중앙지방법원의 판단도 마찬가지였다. 법원은 검찰의 행태를 불법행위로 간주하고 국가배상을 명하는 판결을 내렸다.

이 사건 거부 행위는 원고들의 열람·등사권을 침해하고, 나아가 원고들의 신속·공정한 재판을 받을 권리 및 변호인의 조력을 받을 권리를 침해하는 위법한 행위라 할 것이고, 이 사건 허용결정 후의 2009. 4. 16.자 거부 행위에 대하여는 검사의 고의 내지 과실도 인정된다고 할 것이며, 이로 인하여 원고들이 상당한 정신적 고통을 받았을 것임은 경험칙상 명백하므로, 피고는 그 소속 공무원인 검사의 불법행위로 인하여 원고들이 입은 손해를 배상할 책임이 있다.(서울중앙지법 2010.9.28, 2010가단67744)

검찰은 기회가 있을 때마다 인권의 옹호자, 공익의 대표자를 자처하면서 수사권, 기소권, 영장청구권, 형 집행권 등 형사사법 절차에서 중요한 권한을 독점해왔다. 참여연대는 검찰이 법원의 기록 공개에 대해 반발한 것을 두고 "검찰이 할 일은 반발이 아니라 반성"이라는 논평을 냈다. 반발과 반성조차 구별하지 못하는 검찰, 국민은 안중에도 없는 검찰에게 반성을 기대할 수 없을 것이다. 국민이 원하는 검찰 개혁이 시급한 이유다.

다시 『김대중 자서전』의 한 대목을 읽어보자. 이명박 정권 집권 이후의 탄식이다. 김대중 전 대통령의 생도 얼마 남지 않은 상황이었다.

지난 10년의 민주 정부를 생각하면 오늘의 현실은 참으로 기가 막힌다. 믿을 수 없다. 꿈을 꾸고 있는 것 같다. ……반민주, 반국민 경제, 반통일로 질주하는 것을 좌시할 수 없다. 지난 50년간 반독재 투쟁에서 얼마나 많은 사람이 사형, 학살, 투옥, 고문을 당했는가. 어떻게 얻은 자유이고 남북화해였던가.

—『김대중 자서전』(제2권), 김대중, 삼인출판사, 2010.

군사정권 시절엔 군인들이 총칼로 국민을 탄압하고 국민의 자유와 권리를 빼앗아버렸다. 지금은 검찰이 정권의 의중을 충실히 쫓는 선봉이 되었다. 형식적 법치주의를 내세우며 세상을 온통 거꾸로 돌려버리는 반동의 선봉.

제3부

검찰이 바로 서야 나라가 산다

_우리 시대가 바라는 검찰

제1장
사법 개혁의 단골 메뉴, 검찰 개혁

무소불위의 검찰 권력

아무리 범죄 정보가 있어도 수사기관이 수사를 하지 않으면 진실은 묻혀버린다. 정의를 세울 수도 없다. 수사가 진행되어도 검찰이 기소하지 않으면 죄를 물을 수 없다. 공개된 법정에서 진실이 무엇인지 다투어볼 수도 없다. 수사는 실체적 진실을 발견하는 과정이다. 하지만 검찰이 실체적 진실 발견의 열쇠를 쥐고 있기에 문을 열어주지 않으면 안으로 들어갈 수 없다. 검찰 혼자 살짝 문을 열어 잠깐 들여다보고는 그냥 닫을 수도 있다. 이럴 때 국민은 그 안에 무엇이 있는지 확인할 수 없게 된다. 검찰은 독점적 수사 개시권을 통해 기획 수사를 할 수 있고 나아가 표적 수사나 한발 더 나아가 보복 수사도 할 수 있다. 검찰은 수사권만 갖고 있는 기관이 아니다. 검찰은 기소권을 독점하고 있고 기소할 수도 불기소 처분을 내릴 수도 있는 기소재량권을 갖고 있다. 수사권과 기소권, 이게 검찰 권력의 핵심이다.

형사소송법은 형사사법 절차 전반을 규정한 법률이다. 수사의 절차, 재판의 절차, 판결의 선고 등 형사절차를 모두 규정하고 있는 절차법이다. 따라서 영장을 청구할 권한이 누구에게 있는지는 형사소송법에 정해두어야 한다. 그런데 5·16 군사 쿠데타 직후인 1962년 12월의 제5차 헌법 개정에서는 "체포·구금·수색·압수에는 검찰관의 신청에 의하여 법관이 발부한 영장을 제시하여야 한다"(헌법 제10조 제3항)는 조문이 새로 끼어들게 되었다. 이전 조문은 "체포·구금·수색에는 법관의 영장이 있어야 한다"였다. 이 때문에 검찰만이 영장청구권을 행사할 수 있게 되었다. 검찰의 기소권과 기소재량권도 여러 차례 설명한 것처럼 막강한 권한이다.

검찰은 법과 제도를 바탕으로 강력한, 무소불위의 권력을 휘두르는 국가기관이 되었다. 여기에다 내부적으로는 상명하복의 질서를 통해 법무부장관이나 검찰총장의 정치적 이해나 성향에 따라 검찰 전체가 좌우되기도 하는 검찰 특유의 폐쇄성이 더해져, 검찰 권력의 합리적 행사, 정치적 독립과 중립, 공평무사한 검찰권 행사는 사실상 기대하기 어려워졌다.

이명박 대통령 취임 후, 노무현 정부에서는 그마나 어느 정도 지켜지던 검찰의 정치적 중립이 단박에 무너져 내리고 있다. 그럴수록 검찰의 정치적 독립에 대한 요구 또한 커지기 시작했다. 어떤 정권이 들어서든 변함없어야 할 국가기관인 검찰이 특정 정권에 코드를 맞추고 살아 있는 정치권력에 예속되고 있다는 비난의 목소리도 커지고 있다. 하지만 검찰의 탈선과 이에 따른 비난의 목소리가 커져도 실제 검찰 개혁으로 이어지긴 쉽지 않은 상황이다. 검찰 개혁을 바라는 법조계, 학계, 시민사회의 목소리는 보수 언론의 일방적인 '검찰 감싸기'에 묻혀 있다. 1990년대 말부터 지금까지 줄기차게 검찰 개혁을 요구하는 목소리가 터져 나오고, 간헐적이나마 검찰 개혁에 대한 목소리가 계속되고 있다는 것은 오히려 검찰 개혁이 얼마나 어려운 과제인지를 역설적으로 알려주는 셈이다.

검찰권 통제의 필요성

권력의 시녀, 권력의 도구. 검찰을 지칭하는 말이다. 영원히 역사 속으로 사라졌어야 할 이 말이 이명박 정부의 출범과 함께 다시 사람들 입에 오르내린다. 대통령이 한마디 하면 법무부장관이나 검찰총장은 한 발 더 앞서가고 검사들은 군말 없이 법무부장관과 검찰총장에게 복종한다. MBC 〈PD수첩〉의 '광우병 왜곡 보도 의혹 사건'을 수사한다면서 5명이나 되는 검사를 투입해 번역 오류를 뒤지며 정부 관계자의 명예훼손 사건을 수사했다. 정연주 전 KBS 사장을 배임 혐의로 체포하고, 조·중·동 광고 불매운동을 벌였다고 관계자들을 출국 금지하고 구속영장을 청구했다. 소비자 운동에 대한 수사는 세계적으로 유례가 없는 일이다. 이미 사문화된 전기통신기본법을 적용해 미네르바를 체포, 구속하기도 했다. 그리고 미네르바에 대해 무죄판결이 나고도 정부 정책이나 정부 활동에 대한 비판적 견해 표명에 이 조항을 계속 적용해 무리하게 기소했다.

검찰은 정권의 자기 사람 심기에 동원되기도 했다. 청와대의 의중을 살펴, 법령으로 정해진 임기 보장을 이유로 사퇴 압력을 거부하던 공기업

사장이나 연구원 원장의 시시콜콜한 비리 캐기에 나서기도 했다. 2008년 5월 대검 중수부(부장 박용석)는 경제 발전과 국가 경쟁력 강화를 위해 공공 서비스 분야의 부정부패 척결이 당면과제라며, 공기업 비리와 국가보조금 비리를 '2대 중점 척결 대상 범죄'로 규정하고 전면적인 수사를 시작했다. 11월 공기업 등에 대한 수사를 마무리할 때 검찰은 전체 공기업 및 공공기관의 10퍼센트에 해당하는 33곳의 비리를 밝혀내 250명을 기소하고 82명을 구속했다고 발표했다.

검찰의 수사와 기소가 있었지만 〈PD수첩〉 제작진과 정연주, 미네르바는 재판에서 모두 무죄판결을 선고받았다.

노무현 정부 vs. 이명박 정부

노무현 정부에서나 이명박 정부에서나 검찰은 그대로지만, 검찰을 대하는 정권의 태도는 확연히 다른 모습이었다. 노무현 정부 때는 국정 개혁 의제에 '검찰 개혁'이 포함되어 있었다. 노무현 정부와 이명박 정부의 검찰이 보여준 전혀 다른 모습을 비교해보면 검찰의 정치적 중립과 독립성은 대통령과 정치권이 어떻게 하느냐에 달려 있음을 알 수 있다. 검찰 조직을 어떻게 이끌어갈지에 대한 소신도 능력도 부족한 인물을 법무부와 검찰의 수장으로 임명한다면, 또는 오로지 정치권력의 의지를 대변하는 역할만을 제대로 수행할 인물을 임명한다면, 그래서 검찰 조직 전체를 수족으로 삼기 위한 인사를 진행하면 그만큼 검찰의 정치적 독립은 요원해진다.

 실제로 2006년 46명의 검사장급 인사 중에서 단 1명에 그쳤던 고려대 출신은 지금 10명이나 된다. 지금은 검사장급이 54명으로 늘었지만 그래도 엄청난 대약진이다. 특히 서울중앙지검장, 법무부 검찰국장 등 요직은 'TK(대구경북), 고려대' 출신이 임명되는 경향도 커졌다. 법무부장관 이귀남도 고려대 출신이다.

 노무현 전 대통령 서거 직후, 검찰의 책임에 대한 문제 제기가 뜨거웠다. 검찰은 전직 대통령에 대한 예우는 고사하고 표적, 편파, 과잉 수사를 했고, 검증되지도 않은 피의사실이 언론 브리핑을 통해 중계방송식으로 보도되었다. 피의사실이 마구잡이로 공개된 거다. 이에 따라 임채진 검찰총장이 사임하게 되었고 수사를 맡았던 대검 중수부장도 검찰을 떠나게 되었다. 이명박 대통령이 새로운 검찰총장을 임명하면서 검찰의 역할에 대한 논란은 더욱 가열되었다.

 검찰이 정권만을 위해 검찰권을 행사한 게 한두 번은 아니었지만 임기를 마친 전직 대통령에 대해, 전직 대통령 본인은 물론 가족의 잡다한 일까지 꼬투리 잡기식 수사를 진행한 건 처음이었다. 그 결과 전직 대통령이 스스로 목숨을 끊게 되자 검찰에 대한 비난이 거세게 일었다. 막강한 권한을 가진 검찰이 다시 정권의 시녀로 회귀했다는 비판, 정권과 검찰의 유착이 결국 노무현 전 대통령을 극단적인 선택으로 몰고 갔다는 의혹, 그리고 분노가 터져 나왔다. 국민적 의혹과 분노는 검찰의 정치적 독립성과 검찰권 행사에 대한 견제 장치가 필요하다는 요구로 집약되었다.

2008년 촛불집회에 대해 '트라우마'를 갖고 있던 이명박 정부는 촛불집회가 마무리되고 나서, 정치적 반대자에 대한 탄압을 시작했다. 탄압은 검찰을 통해 '합법적'으로 진행되었다. 검찰의 칼날은 야당, 시민사회단체, 일반 시민은 물론이고, 이미 정치 활동을 그만둔 전직 대통령까지 겨냥했다. 전직 대통령을 정치적으로 재기는커녕 어떤 영향력도 행사할 수 없도록 만들어버려야 현 정권이 살아남을 수 있다는 이명박 정권의 강박관념에서 비롯된 것이다. 지난 정권의 흔적을 다 지워버려야, 더 나아가 지난 정권의 핵심인 전직 대통령을 정치적으로든 뭐로든 죽여야만 안정적으로 국정 운영을 할 수 있다는 매우 잘못된 생각이 검찰을 정치판으로 본격적으로 끌어들이는 계기가 되었다.

검찰은 다시 정치권력의 시녀가 되었다. 검찰 내부의 반발이나 저항은 없었다. 전직 대통령은 투신자살로 저항했고 비극적 사건의 책임을 이명박 정권과 검찰에게 물어야 한다는 여론이 비등했다. 대검 중수부를 폐지하고 검찰권 행사를 견제하고 제한해야 한다는 주장이 어느 때보다 높게 제기되었다.

이명박 대통령 취임 후 검찰의 정치적 독립성이 무너지면서 그 정도가 심해지면 심해질수록, 검찰 개혁을 향한 국민의 요구 또한 커져만 갔다. 그나마 힘겹게 지켜오던 검찰의 정치적 중립성이 단박에 무너져간다는 우려의 목소리가 커졌고, 그만큼 검찰의 정치적 독립에 대한 요구도 커졌다. 어떤 정권이 들어서더라도 변함이 없어야 할 검찰이 정권에 코드를 맞추고 정치권력에 예속되어간다는 우려는 커졌지만, 검찰에 대한 정권과 보수 언론의 일방적인 감싸기 때문에 실질적인 개혁을 추동하는 것은 쉽지 않은 일이었다.

퇴행하는 한국 검찰

이명박 대통령의 집권 전반기는 다른 누구도 아닌 검찰 스스로 검찰 개혁의 필요성을 전방위적으로 보여주었다. 정권 초기에는 법무부장관과 검찰총장이 나서 대통령의 뜻을 받들며 검찰의 정치적 중립을 허물어뜨렸다면, 이명박 정권 집권 중반기의 검찰은 한층 적극적으로 정권의 의지를 쫓았다. 정권을 위해 온몸을 던졌다. 살아 있는 권력 주변에서 벌어지는 의혹은 덮어두면서 지난 권력과 일반 시민에 대해서는 과잉 형사범죄화로 국민의 인권을 침해하는 데에만 골몰했다. 검찰의 권한은 남용되었고 그 피해는 언제나 국민의 몫이었다.

정치적 쟁점이 되는 사건에 대한 잇단 공소권 남용은 법원의 잇단 무죄판결로 그 실체가 드러나게 되었다. MBC 〈PD수첩〉 사건의 농수산부장관에 대한 명예훼손죄 무죄판결, 전교조 교사 시국선언 무죄판결, 인터넷 논객 미네르바에 대한 허위사실 유포죄 무죄판결 등 검찰의 과잉범죄화 시도가 법원에 의해 제어되었다. 정연주 전 KBS 사장의 배임죄 무죄판결, 신태섭 전 KBS 이사와 정연주 전 KBS 사장에 대한 해임 무효 판결 역시 검찰권이 정권의 입맛대로 동원되어 남용된 결과를 보여주는 전형적인 사례이다.

검찰은 법률에 따른 엄정한 법집행보다는 대통령의 발언만을 쫓았다.

정권의 필요에 의해 왜곡된 '법질서 확립'에도 복무했다. 이명박 정권의 법질서는 과도한 공권력 투입으로 국민의 자유를 제한하는 것을 의미했다. 이에 충실하게 검찰의 수사권과 기소권이 무리하게 동원되었다. 결과는 무리한 형사범죄화였다.

이명박 대통령을 핵심으로 하는 살아 있는 권력과 그 언저리에 대한 수사는 언제나 부실했고 봐주기로 일관했다. 2009년 대검찰청 국정감사는 '대통령 사돈 기업 비자금 조성 의혹'에 대한 수사 결과가 쟁점이었다. 야당은 검찰이 봐주기, 부실, 축소 수사를 했다고 주장했고, 여당은 야당의 주장이 재·보궐 선거를 겨냥한 정치 공세라고 맞받았다. 검찰은 충분한 수사를 했기에 야당이 요구하는 재수사는 할 수 없다는 입장을 분명히 했다. 하지만 검찰이 충실한 수사를 했다는 정황은 찾아보기 힘들었다. 과연 대통령과 밀접한 관계가 있는 인사들이 아니었어도 이토록 엉터리 수사를 했을까 싶은 정황들만 속속 확인되었다.

제2장 검찰 개혁을 위해 기울인 노력

사법개혁추진위원회의 개혁안

김대중 정부의 '사법개혁추진위원회'는 법무부와 검찰 개혁의 기본 방향을 설정했다. 김대중 정부에서의 검찰 개혁이 지지부진했던 것은 사실이지만 그래도 방향은 옳았다. 김대중 정부는 법무부와 검찰 조직이 정치권력으로부터 독립성과 중립성을 확보하고 직무집행에서는 객관성, 공정성, 투명성을 제고할 수 있는 제도적 장치가 마련되어야 하고, 그래야 국가의 법집행에 대한 국민의 신뢰를 확보할 수 있다고 봤다.

법무부와 검찰이 인권 옹호 기능을 적극적으로 수행하여 국가기관에 의해 이뤄질 수 있는 인권 침해 요소 및 가능성을 제거하고 국가의 인권 보호 기능을 유기적으로 통합 관리하여 인권 수준을 향상시키도록 해야 한다고 봤다. 또한 법무부, 검찰 업무의 전문성을 확보하고, 조직과 운영을 현대화해, 행정 서비스의 질적 향상을 도모해야 한다고 생각하며 개혁의 밑그림을 그렸다.

김대중 정부는 이 같은 비전과 함께 구체적인 개혁안으로 고등검찰청 폐지, 송무와 인권 업무를 전담할 국가변호사 제도 도입, 법무부와 대검찰청의 기능 조정, 공안 기능의 축소, 인권 송무 기능의 강화, 법무정책 연구 기능의 조정, 교정보호청 신설, 출입국 관리 업무의 조정, 개방형 인사제 등을 제시했다. 지금도 유효한 개혁 방안들이다.

노무현 정부의 법무부·검찰 개혁

강금실 법무부장관과 '법무부의 문민화'

노무현 정부는 검찰의 정치적 중립성 보장을 중심으로 한 검찰 개혁에 관심을 갖고 있었다. 노무현 대통령은 검찰 개혁을 추진하고, 검찰 수사에 대한 정치적 외압을 막아낼 소신 있는 인사를 법무부장관에 발탁하려고 했다. 파격적으로 검찰 경험이 없는 여성이 법무부장관에 임명되었다. 노무현 정부는 이를 통해 인적 쇄신을 단행하고 과거와 단절된 검찰 개혁을 추진하겠다고 천명했다. 대통령과 법무부장관의 의지는 대선 자금 수사를 비롯한 대형 정치 사건에서 검찰이 대통령과 정치권을 비교적 의식하지 않고 소신껏 수사할 수 있는 바탕이 되었다. 법무부장관이 외풍을 막는 바람막이 역할을 수행했기에 가능한 일이었다.

강금실 법무부장관은 취임과 동시에 장관 자문기구로 정책위원회(위원장: 안경환 교수)를 구성했다. 정책위원회는 법무부와 검찰 조직에 대한 다양한 개선 방안을 제시했고 이는 장관의 주요 시책으로 추진되었다. 강 장관과 정책위원회는 법무부와 검찰의 이원화를 검찰 개혁의 방향으로 설정했다. 검사들에 의해 장악된 법무부 조직을 문민화하여 법무부의 주요 보직을 점차 전문 행정관료로 대체하는 것이 개혁의 핵심이었다. 법무부가 검찰에 대한 감독 기능을 수행하고 검찰권을 적절하게 견제하는 한편, 인사권을 갖는 법무부와 수사권을 갖는 검찰로 이원화하는 것이었다.

법무부는 검찰을 지휘하는 역할을 수행하는 부서이지만 거꾸로 검사들에게 장악되어 그동안의 법무부 조직은 검찰국 중심으로 운영되어왔다. 검찰국 중심의 운영은 비검찰 분야인 법무, 보호, 교정, 출입국 관리, 인권 등의 분야를 위축시켰고 또 소외시켰다. 검사들이 단기 순환 근무를 반복하면서 정책부서로서의 정책적 전문화가 어려워졌다. 전문성은 축적되지 않았고 법무부와 검찰의 인적·기능적 중복으로 법무부 자체가 검찰과 동질화되어 버렸다. 수사의 효율만을 강조하는 검사들이 법무 정책을 좌우하면서 인권 보호 기능은 현저하게 떨어졌고 국제적 수준의 법무행정은 난제가 되었다. 중장기적 정책 수립을 통해 선진화되어야 할 보호, 교정, 출입국 관리 업무는 소외되었고 이 분야에 대한 인적·물적 자원은 늘 부족한 상황이었다. 이를 극복하여 법무부가 제자리를 찾도록 하자는 것이 노무현 대통령과 강금실 법무부장관의 개혁 구상이었다.

검사동일체 원칙의 완화: 검찰청법 개정(2004년)

검사동일체 원칙은 검찰권 행사에서의 일관성, 균형 있는 전국적 통일성이라는 정당성과 함께 수사의 효율성 제고라는 이점을 갖고 있지만, 검찰 조직 특유의 상명하복, 상의하달 구조와 맞물려 일선의 수사가 검찰 지휘부가 원하는 방향대로 진행되며 검찰권 행사가 왜곡될 수 있는 소지를 갖고 있다. 검사는 검찰청법상 단독관청으로 규정되어 있지만 이는 검사동일체 원칙과 모순된다.

정치적으로 임명되는 법무부장관은 구체적인 사건에 대해서는 검찰총장에게만 지휘감독권을 행사(검찰청법 제8조)하지만 검찰총장이 일선 검사들에 대한 수사지휘권을 갖고 있는 상황에서 장관은 마음만 먹으면 언제든지 검찰총장을 통해 구체적인 사건에까지 자신의 의사를 관철시킬 수 있게 되어 있다. 이를 통해 검찰권 행사에 대한 정치권의 개입이 안정적으로 진행되고 공정한 검찰권 행사가 침해될 우려가 있다.

검사동일체 원칙은 상명하복 관계를 명시적으로 규정하고 있다. 이 원칙은 검찰을 위계가 분명하고 경직된 조직으로 만들어버렸고 검사 개개인의 소신 있는 사건 처리에 지장을 주었다. 검사동일체 원칙은 각각의 검사가 하나의 독립된 관청이라는 점, 검사가 일종의 준사법기관으로서의 지위를 갖고 있다는 점, 그리고 검찰 조직 전체가 민주화되어야 한다는 점 때문에라도 전면적으로 폐지되어야 한다. 지시와 종속 관계가 검찰 조직의 핵심일 수는 없는 일이다.

검찰총장의 임명 절차 개선

어떤 사람이 검찰총장이 되는가, 어떤 검증 절차를 거쳐 임명해야 하는가도 중요한 쟁점이 되었다. 검찰총장의 임기를 정해놓은 검찰총장 임기제(검찰청법 제12조 제3항)는 진전이었지만 검찰권의 독립성과 정치적 중립성 확보에 기대만큼 기여하지 못하고 있었다. 임기를 마친 검찰총장의 공직 취임을 금지하는 검찰청법의 조항에 대해서도 위헌 결정(헌재 1997. 7. 16, 97헌마26)이 났기에 검찰총장에 대한 안전한 통제 장치는 별반 없었던 게 현실이었다.

능력과 소신을 갖췄으되 민주적 신념을 지닌 인사가 검찰총장으로 임명되기 위해서는 국회의 개입이 필요했다. 검찰총장이 되려면 최소한 국회에서의 인사청문회를 거쳐야 한다는 요구는 받아들여졌고, 국회에서 국가정보원장과 검찰총장 후보자를 검증하기 위해 인사청문회를 개최할 수 있도록 2003년 국회법이 개정(국회법 제65조의2)되었다.

법무부 · 검찰 개혁에 대한 기대와 희망

자의에 의한 것이든 정권의 의지에 밀린 것이든 김대중, 노무현 정부를 거치면서 검찰은 법집행기관으로서 최소한의 정치적 독립성을 확보하고 인권 수호 기관으로 변모하려고 시도했다. 노무현 대통령 취임 직후 진행된 전국 검사와의 대화에서 가장 큰 쟁점은 검찰의 독립성 보장을 위한 제도 개혁 방안이었다. 젊은 검사들은 검찰이 대통령으로부터 독립되어야 한다고 주장하며 비판의 날을 세웠다. 텔레비전을 통해 생중계되는데도 임명권자인 대통령을 직접 몰아세우기도 했다.

노무현 정부 시기 검찰이 대통령의 의중과 관계없이 독립적으로 검찰권을 행사한 사례는 한둘이 아니다. 국회 연설을 통해 노무현 대통령이 직접 재독 학자 송두율 교수에 대한 포용이 필요하다고 역설했지만 검찰은 대통령의 공개적인 입장 표명에도 불구하고 송두율 교수를 구속했다. 2005년 10월 천정배 법무부장관이 강정구 동국대 교수 사건에서 불구속 수사를 지휘하자 당시 김종빈 검찰총장이 장관의 지휘에 반발해 사임한 것도 같은 맥락으로 볼 수 있다. 대통령이나 장관의 입장과 지휘에 반발하는 검찰의 태도는 불구속 원칙 등 인권 친화적 수사에 반하고 냉전적 사고에서 비롯된 시대착오적인 것이었다. 그렇지만 그 당시에는 최소한 검찰의 구태의연한 태도마저 존중되고 보호될 정도로 검찰권 행사에서 정치적 독립성이 어느 정도는 지켜졌다.

제3장 환부를 드러낸 검찰과 법무부

의심받는 검찰·법무부의 정치적 중립성

검찰 조직과 검찰의 임무는 누가 대통령이냐, 또는 법무부장관이나 검찰총장이 누가 되느냐에 따라 달라지는 것은 아니다. 검찰은 대표적인 법집행기관인 만큼 법에 규정된 대로 부여된 임무를 수행해야 할 책무를 지닌 조직이다. 대통령, 법무부장관, 검찰총장이 누구냐에 따라 같은 사건인데도 수사 결과가 달라지는 것은 법적으로나 상식적으로나 도저히 이해할 수도 용납할 수도 없는 일이다. 같은 사건인데도 검찰에 영향력을 행사하는 사람들의 뜻을 좇아 어떤 사건은 수사 대상이 되기도 하고 정권이 바뀌면 수사에 착수조차 하지 않는다면 법집행의 일관성은 떨어지고 검찰의 중립성은 흔들리게 된다.

김대중, 노무현 정부를 거치면서 법 현실에서 권위주의가 청산되고 법이 정치적 지배의 도구 또는 기득권 옹호를 위한 기제로 활용되던 시대는 종식되고 있다는 시각이 많았다. 검찰에 대한 국민 일반의 시각도 비슷했다. "검찰이 바로 서야 나라가 바로 선다"는 구호는 공허한 정치적 수사를 넘어서는 것처럼 보였다. 그러나 이명박 정부의 출범은 검찰을 10여 년 전으로 후퇴시켰다. 검찰 문제는 다시 중요한 민주주의의 과제, 인권의 과제가 되었다.

국가와 사회의 질서와 안전을 위해 개인의 인권쯤이야 어떻게 되어도 좋다는 식의 전체주의적 사고가 정권의 주문에 따라 확산되었다. 우려할 만한 수준이다. 대통령이나 법무부장관이 외치는 '법과 원칙', '법치', '법질서', '법대로' 따위의 언술은 국민에 대한 위압 수단으로 작동하고 있다. 법과 질서를 위한 공권력 행사는 과도한 것이어도 크게 문제되지 않는 분위기가 조성되고, '불관용' 따위의 언술을 통해 과도한 공권력 행사가 오히려 필수적인 것으로 여겨지도록 만들고 있다. 정부를 비판하는 목소리나 대안적 목소리는 '국론 분열'로 규정되고, '사회 혼란' 세력 또는 '친북좌파' 세력으로 낙인찍히고 있다. 자유민주주의의 기본질서를 해치고 사회 혼란을 획책하는 친북좌파 세력을 척결해야 한다는 주장이 정부가 국민을 바라보는 프리즘으로 작용할 때 민주주의는 후퇴하고 인권은 질식당하게 된다. 이런 상황에서 정부의 그릇된 인식을 현실화하는 도구로 검찰권이 활용되면 민주주의는 더욱더 위태로워질 수밖에 없다.

법무부장관은 검찰 사무의 최고 감독자다. 일반적으로 검사를 지휘·감독하고 구체적 사건에 대해서는 검찰총장만 지휘·감독한다. 검찰청법 제8조의 규정이다. 하지만 이 같은 구조에서는 법무부장관이 정치적 편향을 갖고 검찰 사무에 관여하는 게 얼마든지 가능하기 때문에 검찰 조직 전체가 정치적 중립성을 잃고 검찰 수사 또한 정치적 영향에서 자유롭기 힘들다.

검사는 한 몸이다. 상관의 지휘 감독에 따라야 한다. 검찰총장을 정점으로 전국의 모든 검사가 상명하복, 지휘 복종의 통일적 조직체를 이루고 있다. 이게 검사동일체 원칙의 핵심이다. 검찰 조직에 몸담은 검사들에게는 이 원칙이 몸에 밴 것처럼 자연스러운 원칙으로 여겨진다. 법무부장관이나 검찰총장은 물론 검사장이나 부장검사의 지시에도 이의를 달 엄두조차 내지 못한다. 부당한 지시를 받아도 상관의 눈치 살피기에만 급급할 수밖에 없다. MBC 〈PD수첩〉의 광우병 사태 보도와 관련해 농림수산식품부장관 등 정부 관계자의 형사고소를 담당한 부장검사가 명예훼손이 성립하지 않는다는 법조인으로서의 소신을 지키려고 했지만 결국 그의 소신은 검찰지휘부와 충돌하게 되었고, 담당 부장검사는 사표를 내고 검찰을 떠나야 했다. 담당 부장검사의 사직은 매우 이례적인 일이었다. 검사들이 모두 직을 걸고 사표를 내겠다는 자세로 상관의 부당한 지시에 저항하기란 힘든 일이다.

상관이 매우 세련되게, 부당하다고 느끼지 못할 정도로 부드럽게 지휘하는 경우도 적지 않다. 이런 경우 법무부장관, 검찰총장 또는 검사장이나 부장검사의 지시에 이의를 달 엄두가 나지 않는다. 부당한 지시와 명령에도 상관의 눈치를 살피며 묵묵히 따를 수밖에 없는 건, 개별 검사의 미래가 온통 그들의 손에 달려 있기 때문이다. 그렇지 않아도 '검사동일체'의 원리에 따라 일사불란하게 움직이는 조직에서 상관의 지시에 이의를 달면 '튀는 사람'이 되어 여러 가지 불이익을 감수해야 한다.

법무부장관과 검찰총장은 인사권으로 조직의 위계질서를 장악하고 있다. 공정하고 객관적인 인사가 진행된다면 모를까 인사권이 바로 서지 않고는 검찰의 정치적 중립은 불가능해진다. 인사권 문제는 노무현 정부나 이명박 정부나 별반 다르지 않다. 정권에 코드를 맞춘 자들이 중용되고 승진의 기회를 독차지한다. 코드만이 아니라 지연과 학연까지 동원된다. 이명박 정부에서 유독 공안부 출신의 검사들이 두각을 나타내고 있다는 정도가 다를까, 그들의 인사 행태는 언제나 반복적으로 퇴행적 모습을 보여왔다.

청와대와 검찰의 연결 끈도 검찰의 정치적 중립을 해치고 있다. 청와대 민정수석비서관은 노무현 정부 시절 잠깐 동안을 제외하곤 모두 전직 검사들이 맡아놓은 자리였다. 검사 출신이 민정수석비서관 자리를 차지하면서 이 자리는 청와대와 검찰을 연결하는 중요한 고리 역할을 하게 되었다. 청와대에서 근무하는 검사도 있다. 검찰청법 제44조의2는 현직 검사의 파견을 금지하고 있다. 청와대에 근무하는 검사들은 검찰에 사표를 내고 청와대 직원으로 새롭게 채용되는 방식을 밟고 있다. 그리고 청와대 근무를 마치면 다시 검찰로 복직하는 방법으로 교묘히 위법을 피한다. 최고의 권부인 청와대와 최강의 권력 집단인 검찰이 법의 취지를 어기면서까지 청와대에 검사(법률적으로는 전직 검사)들을 파견하고 파견받는 이유는 두 권력 사이에 튼튼한 끈을 연결하기 위해서다.

정권과 코드 맞추기

2008년 3월. 대통령 취임 직후 이명박 대통령은 법무부 업무 보고를 받는 자리에서 "새로운 정권에서는 정치가 검찰권을 악용하는 일은 절대 없을 것이다. 약속할 수 있다"고 말했다. 정치가 검찰에 개입하여 검찰권을 악용하는 경우도 없을 것이지만 검찰이 정치에 부당하게 개입하는 것도 용납하지 않겠다는 뜻이다. 대통령 취임 후 첫 번째 법무부 업무 보고 자리인 만큼 대통령의 발언에는 무게가 실렸고 국민들의 기대감도 높아졌다. 하지만 곧이어 취임 직후의 원칙적인 언급과는 상반된 대통령의 말들이 이어졌다. 2008년 촛불집회나 2009년 용산참사 사건 등에서 대통령은 검찰 수사에 대한 구체적인 주문과 요구를 쏟아냈다.

이명박 대통령은 촛불집회와 관련해 "일부 정책에 대해 비판하는 시위는 정부 정책을 돌아보고 보완하는 계기로 삼아야 하지만 국가 정체성에 도전하는 시위나 불법 폭력시위는 엄격히 구분해 대처해야 한다"고 말했다. 사실상 촛불집회에 대한 검찰 수사를 주문한 것이다. 이와 함께 일상적으로 '법질서 확립'을 강조했으며, 마치 경제 위기와 사회 불안이 촛불집회의 탓인 것처럼 시민들에게 책임을 추궁했다. 촛불집회 과정에서 제기된 소비자 운동에 대해서도 불법으로 몰아세웠다. 조·중·동 등에 대한 광고 불매운동이 광고주인 대기업의 업무를 방해한다고 했다. 표현의 자유를 제한하는 것은 물론 건강한 소비자 운동을 불법으로 몰아 검찰 수사를 진두지휘하기까지 했다.

말로는 청와대 뒷산에 올라 촛불집회를 보며 스스로를 자책했다지만 유모차와 함께 촛불집회에 나온 젊은 여성들을 아동보호법 운운하며 불법으로 몰아갔다. '아동보호법'이란 법률은 존재하지 않는다. 있지도 않은 법률을 들먹이며, 정부 정책에 비판적인 목소리들은 무조건 불법으로 몰아갔다. 이 같은 대통령의 인식과 말은 고스란히 검찰 수사로 이어졌다.

용산참사 사건에서도 마찬가지였다. 경찰의 강경 진압으로 시민과 경찰관이 목숨을 잃는 참극이 일어났고 이 사건에 대한 경찰 책임자 문책 여론이 높았다. 그러자 이명박 대통령은 "공직자에게 정치적 책임만 묻는다면 위기 상황에서 누가 일하겠는가"라고 말했다. 검찰이 대통령의 발언 의도와 다른 수사 결과를 내놓을 수는 없었을 거다. 검찰은 용산참사 사건에 대해 강도 높은 수사를 진행했다지만 그 결과는 대통령의 의중에서 조금도 벗어나지 않았다.

김경한 법무부장관은 이명박 대통령과의 코드 맞추기에 충실했다. 2008년 취임사에서는 경제 살리기와 법질서 확립을 강조했다. 정부 정책에 비판적 목소리를 내는 시민들은 불법 집단행동으로 규정하면서 엉뚱한 색깔론을 들이댔다. 정부의 정체성을 부정하는 좌익세력에 대한 엄정 대처를 강조하고 시민의 일상적인 기본권 행사는 형사범죄시했다. 집회·시위는 과격한 것이고, 이러한 과격 시위의 배후에는 좌익단체나 체제 전복 세력이 있다는 식의 근거 없는 모략은 1970, 1980년대에 군사독재 정권이 흔히 사용하던 말의 폭력이었다. 법무부장관의 이처럼 무모한 인식은 극우 세력의 주장을 정부가 그대로 받아들인 것이고 스스로 정치적 중립을 포기하는 발언이기도 하다.

법무부장관은 촛불집회가 한창이던 2008년 6월 20일 검찰총장에게

'인터넷 유해 환경 단속에 관한 특별 지시'를 내린다. 이를 통해 조·중·동 등 보수언론에 대한 시민들의 소비자 운동에 대한 수사를 지시하자 대검찰청은 특별단속을 하겠다고 나섰다. 김경한 법무부장관의 행보는 여기서 멈추지 않았다. 같은 해 7월 22일 이명박 정부 차원의 '인터넷 정보 보호 종합대책'이 발표되자 김경한 법무부장관은 '사이버 모욕죄' 신설 방침을 밝혔다. 사이버 범죄에 대한 특별한 대책을 주문하기도 했다. 전국 검찰청의 전산·방송통신 직원들에게 특별사법경찰관 자격을 주고 사이버 범죄 전담 부서를 서울중앙지검에 설치할 방침도 밝혔다. 대통령의 의중만 좇으며 검찰권이 집권 세력의 위기를 돌파할 수 있는 유력한 무기로 활용될 수 있도록 만반의 준비를 했다.

대통령은 법무부장관을 통해 검찰의 정치적 독립성을 훼손했고 검찰은 아무 저항 없이 대통령의 뜻을 받들고 좇았다. 노무현 정부 때의 검찰과는 사뭇 다른 모습이었다.

임채진 검찰총장도 이중적이긴 마찬가지였다. 검찰총장의 입은 '절제와 품격' 있는 검찰 수사를 강조했지만 집권 세력과 관련된 사안이 발생하면 절제와 품격과는 너무 먼 거리에 있는 검찰권 행사를 남발했다. 정부 정책에 반대하는 활동에 대해서는 불법 필벌을 외치며 법조문을 찾아 들이댔고, 시민사회를 친북좌익 세력이라거나 국가 정체성을 훼손하는 세력이라며 수사 대상으로 삼았다. 촛불집회로 인한 구속자가 속출했고 검찰은 정치적 편향성과 당파성을 숨기지 않고 그대로 드러냈다. '절제와 품격'은 말뿐이었다.

임채진 검찰총장은 2009년 신년사에서도 강경 발언을 서슴지 않았다.

그는 국법 질서 확립에 대해 언급하면서 대한민국의 정통성과 정체성을 부인하며 친북좌익 이념을 퍼뜨리고 사회 혼란을 획책하는 세력을 발본색원해야 한다고 했다. 또한 검찰권 행사의 최우선 과제를 경제 위기 극복에 기여하는 것이라고도 했다. 친재벌, 친기업 수사를 통해 이명박 정부의 친기업 정책에 부응하겠다는 거다. 검찰 수사와 경제 위기는 아무 관계없는 다른 영역인데도 대통령과 코드 맞추기를 위해 억지로 맞춰 넣었다. 검찰권은 언제든지 대통령의 정책 실현이나 정치적 이익을 위한 도구로 동원될 수 있음을 대놓고 드러낸 셈이다. 국민에 대한 봉사를 다짐하거나 그게 아니라면 의례적인 덕담을 늘어놓기 마련인 검찰총장의 신년사마저 대통령에 대한 충성 다짐으로 일관했다. 부끄러움도 없어 보였다.

노무현 정부에서 거뒀던 성과들도 대부분 뒷걸음질 쳤다. 여러 가지 법무부 개혁 방안은 무시되었고, 법무부 문민화를 위해 추진되었던 개방형 직위도 모두 과거로 회귀했다. 개방직이었던 자리는 모두 검사들의 차지가 되었다. 정권에 충성을 다한 보상은 직접적이었고 누구나 쉽게 알아볼 수 있을 만큼 가시적이었다.

제4장
검찰 바로 세우기

개혁의 기본 방향

　1997년에 신설된 검찰청법 제4조 제2항에는 "검사는 그 직무를 수행할 때 국민 전체에 대한 봉사자로서 정치적 중립을 지켜야 하며 주어진 권한을 남용하여서는 아니 된다"고 규정되어 있다. 검사의 정치적 중립과 권한 남용 금지 원칙을 선언한 것이다. 검사가 정치적 영향에서 자유로우면서도 주어진 권한으로는 오로지 국민에게 봉사하며 자신의 직무를 공정하게 수행하게 하려고 검사의 정치적 중립성에 대한 규정을 신설했던 것이다. 법률을 통해 검찰총장 퇴직 후 2년 동안 공직 취임을 금지하기도 했고 검사의 대통령 비서실 파견 금지라는 제도적 장치를 마련하기도 했다. 검찰청법 제12조 제4항에 규정된 "검찰총장은 퇴직일로부터 2년 이내에는 공직에 임명될 수 없다"는 조항과 제5항의 "검찰총장은 퇴직일부터 2년 이내에는 정당의 발기인이 되거나 당원이 될 수 없다"는 조항은 헌법재판소의 위헌 결정(97헌마26 1997. 7. 16)으로 법률로서의 효력이 정지되었다. 게다가 앞서 말한 것처럼 검사의 대통령 비서실 파견 금지는 퇴직 후 청와대 근무, 청와대 근무 마치고 검찰에 복직이라는 편법으로 무력화되었다.

이렇듯 검찰청법 개정 작업을 통해 검찰의 정치적 중립성을 확보하려는 움직임이 있었지만 그러한 법 개정은 검찰 스스로가 쇄신하지 않고 있는 지금 아무런 의미가 없어졌다. 결국 법률에 규정된 '검사의 봉사자로서의 정치적 중립'은 겉치레일 뿐이고 그저 듣기 좋은 선언적 규정에만 머물고 있다.

검찰의 일탈과 왜곡은 검찰의 정치권력 예속화의 가장 큰 수혜자인 이명박 대통령조차 법무부 업무 보고를 통해 "국민들이 검찰의 정치적 중립에 대해 회의적 시각을 갖고 있다"고 지적할 정도로 심각하다. 이 대통령은 "잘못된 부분이 있으면 스스로 고치는 자기혁신이 있어야 한다"고 강조하기도 했다. 대통령의 말을 굳이 빌리지 않더라도 검찰의 변화는 필연적이다. 검찰 스스로도 변해야만 살 수 있다는 인식을 가져야 한다. 검찰이 시민의 신뢰를 받아야만 법의 지배도 법질서도 제자리를 찾을 수 있다. 정치권력과 유착하고 스폰서를 통해 성 접대를 받으며, 부패와 비리, 심지어 자신들의 범죄에까지 둔감하기 짝이 없는 지금의 모습으로는 법에 의한 지배도, 제대로 된 법질서도 요원하기만 하다. 약자와 소수자가 법의 보호를 받아야 법치주의 국가의 이념이 살아난다. 정치권력에서 독립하지 못한 검찰은 국민에게 필요 없는 집단이다.

검찰이 준사법기관으로서 역할을 인정받고 싶다면 우선 무너진 신뢰부터 회복해야 할 것이다. 또한 거기에 검찰 개혁의 당위성과 목표가 있다.

검사는 공익의 대표자로서 객관 의무를 성실히 이행해야 한다. 검찰은 권력을 감시하고 부패를 통제하는 기관이다. 수사 절차에서 피의자의 기본권과 소송법적 권리를 보장하는 기능을 수행한다는 점에서 검찰은 법치국가 이념의 대변인으로서의 지위를 갖는다. 이러한 명예로운 책무와 지위를 지키기 위해서라도 검찰은 위계적·관료적 질서를 강요하는 조직에서 민주적·자율적 조직으로 변해야 한다. 공정한 인사, 개방직 인사로 공정성을 확보하여야 하고 시민의 신뢰를 받는 검찰로 다시 태어나야 한다. 아울러 검찰 활동에 대한 시민의 참여와 감시도 보장되어야 한다. 참여와 감시 없는 조직은 지금의 검찰처럼 필연적으로 부패하기 마련이고 필연적으로 본연의 임무에서 벗어나 오로지 자신들만의 왕국을 구축하기 마련이다.

법무부와 검찰 조직은 내부적으로는 법집행기관으로서 국민에 대한 법률 서비스를 제공해야 하고, 외부적으로는 인권 옹호와 사회 정의 실현에 기여해야 한다. 검찰 개혁을 위해서 무엇보다 상명하복의 위계질서 완화와 검찰 내부의 민주화가 시급하다. 검찰의 관료화, 위계화, 폐쇄화는 검찰을 권력기관화하고, 인사권을 통한 정치적 영향력이 증가하게 되고, 검찰은 정치권력의 사유물로 전락할 가능성이 높아진다.

'인사(人事)가 만사(萬事)'라는 격언을 빌리지 않더라도 어떤 조직이든 공정한 인사, 정당한 인사는 조직의 명운이 걸린 핵심적인 관건이다. 공정한 검찰 인사를 위해선 누구나 승복할 수 있는 객관적인 인사 기준을 마련하고 인사 절차의 투명성이 보장되어야 한다. 인사제도 개선과 상명하복 조직 구조 개선은 서로 맞물려 있는 문제이기도 하다.

이러한 내부 개선과 함께 외적으로는 법무부와 대검찰청의 기능과 관계가 재정립되어야 한다. 검찰청은 법무부와 실질적으로 분리되어 독립된 외청으로 하고, 범죄 수사 및 공소유지 기능을 집중시켜야 한다. 법무부는 법무 정책, 인권 옹호, 국가 송무, 교정, 보호, 출입국 관리 등의 사무만을 관장하도록 해야 한다. 다만, 단순한 분리만으로는 문제가 해결되지 않는다는 점을 알아야 한다. 지금까지 행태를 보건대 지금 상태에서 무작정 검찰청을 법무부를 분리해 검찰이 지금과 같은 최소한의 지휘와 관여도 받지 않게 된다면 검찰은 더 오만해지고 독선에 빠질 가능성이 높기 때문이다. 법무부와 검찰 조직 분리에 대해 이야기해보자.

법무부의 탈검찰화와 전문화

법무부가 할 일을 규정한 정부조직법 제27조 제1항은 법무부장관은 검찰, 행형, 인권 옹호, 출입국 관리, 기타 법무에 관한 사무를 관장한다고 규정하고 있다. 법무부의 업무를 좀 더 구체적으로 규정하고 있는 '법무부와 그 소속기관 직제' 제3조를 보면 검찰 관련 업무는 법무부의 직무 중 극히 일부임을 알 수 있다. 하지만 법무부에서 검찰국이 차지하는 위상은 대단히 높다. 반면 검찰 업무 이외의 행정 업무인 교정, 보호, 출입국 관리, 인권 옹호 등은 상대적으로 소홀하게 다뤄지고 있다.

법무부와 그 소속기관 직제 제10조를 보자. 이 규정에 따르면 법무부

검찰국장의 분장 사항은 '검찰청 사무기구에 관한 규정'에 규정된 대검찰청의 기획조정부, 중앙수사부, 형사부, 마약·조직범죄부, 공안부의 분담 사무와 대부분 중첩되어 있다. 검찰국장이 맡고 있는 검찰에 대한 지휘 감독 관련 업무는 대검찰청의 업무와 완전히 중복되어 있다. 중복된 업무를 이곳저곳의 기관이 나눠 맡는 비효율적인 구조이다. 검찰청법에 따르면 검찰 관련 업무는 대검찰청에 속한다. 하지만 검찰청의 인사, 조직, 예산은 여전히 법무부의 관장 사항이다. 때문에 정치적 지위를 갖는 법무부장관으로부터 검찰청 또는 검찰 기능의 정치적 독립이 침해될 우려가 있다. 물론 검찰이 준사법기관의 성격을 가지니 국회나 대통령에 대해 책임을 지는 것은 바람직하지 않고 법무부장관의 검사 인사권 행사는 견제와 균형의 원리에 따른 것이기에 법무부와 검찰의 관계를 지금처럼 유지하자는 견해도 있다. 하지만 실제 운용에서는 대통령이 법무부장관을 통해 검찰을 장악하는 것이 일상화되었고 검찰의 정치적 독립이 심각히 훼손되고 있어 이 같은 견해가 적절한 견제와 균형에 바람직한지는 의문이다.

또한 법무부의 주요 보직을 전부 검사가 독점하고 있는 상황도 문제다. 이러한 현상은 검찰이 상급기관인 법무부를 오히려 장악하는 결과로 이어지고 있다. 법무부와 검찰의 기능 중복으로 업무 효율성은 떨어지고 법무부를 장악한 검사들은 순환보직제라는 검찰 내부의 인사 시스템에 따라 잦은 보직 변경을 하게 되었다. 이 때문에 국가 송무, 법령의 해석, 법정책의 입안은 물론, 교정 분야를 제외한 모든 법무 정책의 일관성과 전문성이 심각하게 떨어지고 이는 곧 국민에 대한 사법 서비스의 질이 저하되는 결과로 이어진다.

문제의 원인을 근본적으로 해결하려면 어떻게 해야 할까. 검찰청은 법무부로부터 실질적으로 분리해 외청으로 독립시켜야 한다. 독립된 외청인 검찰청은 범죄 수사와 공소유지 기능을 집중적으로 수행하고, 법무부는 전문적인 정책 역량을 지닌 법무행정 기관으로서 법무 정책, 인권 옹호, 국가 송무, 교정, 보호, 출입국관리 등 본연의 사무만을 관장하도록 해야 한다.

법무부는 법무 행정을 다루는 곳이다. 굳이 수사와 기소를 전문으로 하는 검사가 배치되어야 할 이유가 없다. 오히려 변호사 자격이 있거나 홍보, 경영, 행정, 정책, 인사 행정, 인권, 연구 등 다양한 분야의 전문가가 필요하다. 법무부의 개방직 임용을 늘리고 검사가 아닌 변호사와 법무행정 공무원 등을 배치해 법무부를 전문화해야 한다. 검사는 꼭 필요한 자리에만 제한적으로 임용해야 한다. 그래서 법무부와 대검찰청 사이의 인사 교류를 최소화해야 한다. 법무부가 검찰 위주의 조직과 운용에서 벗어나 법무부와 검찰 사이의 견제와 균형을 유지하는 역할을 수행할 수 있는 조직으로 거듭나야 한다. 그러기 위한 첫 걸음이 바로 법무부를 장악한 검사들을 자기 자리로 돌려보내는 '법무부 문민화'이다.

검찰청법 제35조에 규정된 '검찰 인사위원회'를 실질적으로 운영하는 것도 중요한 숙제다. 2004년의 법 개정으로 검찰 인사위원회는 자문기구에서 심의기구가 되었지만 실제로 검찰 인사의 공정성과 투명성을 보장하는 기능을 하고 있는지는 회의적이다. 검찰이 고른, 검찰의 입장만을 대변해줄 인사들이 검찰이 만든 인사안에 대해 그저 거수기 역할만 하기 때문이다. 검찰과 가까운 사람들이 아니라 시민의 권익을 생각하는 사람들이 참여할 수 있는 안전장치가 마련되어야 한다. 시민의 목소리가 반영되지 않는다면 자문기구가 심의기구로 격상되어도 그 본질은 바뀌지 않는다. 검찰에 비판적인 시민사회의 목소리가 반영될 수 있는가가 검찰 인사위원회의 핵심이다.

법무부장관의 수사지휘권 폐지

검찰청법 제8조에 의하면 법무부장관은 검찰 사무의 최고 감독자로서 일반적으로 검사를 지휘·감독하고 구체적 사건에 대하여는 검찰총장만을 지휘·감독하도록 되어 있다. 법무부장관에게 이러한 지휘·감독권이 있으므로, 법무부장관이 정치적으로 편향되어 있거나 스스로 부당한 영향력을 행사하려 하거나 정치권력의 영향을 받는다면 검찰 사무에 개입할 여지가 있다. 하지만 이 제도는 검찰의 독단적인 권한 운용이나 권한 남용을 견제하고 적절한 검찰권 행사를 유도하는 순기능도 갖고 있다. 제도의 순기능은 살리고 역기능을 극복하기 위해서는 법무부장관이 갖는 검사에 대한 일반적 지휘·감독권은 그대로 두더라도, 정치적 영향을 받지 않도록 검찰총장에 대한 구체적 사건에 대한 지휘·감독권은 폐지해야 한다. 물론 올바른 지휘·감독권 행사를 위해서는 검찰청이 법무부의 외청으로 독립하는 개혁이 전제되어야 한다.

부산대 법학전문대학원 문준영 교수는 법무부장관의 지휘·감독권을 그대로 두되, 반드시 서면에 의한 지시를 하게 하여 지휘권 행사의 객관성과 투명성을 제고해야 한다는 견해를 피력하기도 했다. 대안을 제시하는 데에는 서로 조금씩 차이가 있긴 해도 지금의 지휘·감독권이 적절하게 행사되지 못하고 있다는 데에는 대부분의 학자들의 견해가 일치한다. 법무부장관의 지휘·감독권을 규정한 법 조항을 지금 당장 개정하기 어려울 수 있다. 또 법무부장관의 지휘·감독권이 지닌 순기능도 살리는 방안도 생각해야 한다. 그렇다면 문준영 교수의 견해처럼 현재 검찰청장에 대한 법무부장관의 구체적 지휘·감독권을 유지하되 서면으로 수사지휘권을 행사하고 이를 반드시 사후에 공개하는 방안이 차선책이 될 수 있다.

표13은 법무부장관이 공식적으로 검찰에 진행한 수사지휘 현황이다. 법무부가 국회에 제출한 국정감사 자료 중에서 2006년도 이후 것만을 따로 뽑아보았다. 2006년에는 14건, 2007년 10건, 2008년 2건, 2009년 4건으로 2008년 2월 25일 이명박 정부 출범 이후에는 법무부장관의 수사지휘 건수가 현저하게 줄어드는 것을 확인할 수 있다. 수사지휘 자체가 줄어든 탓일까, 아니면 '공식적인' 지휘가 필요하지 않았기 때문일까?

표13. 법무부장관의 수사지휘권 행사 현황(2006년~2010년 2월)

지시 일자	지시 제목
2006. 2. 3.	비자 발급 불법 알선 브로커 철저 단속 지시
2006. 2. 28.	성폭력사범 엄정 대처 및 피해자 보호 강화
2006. 3. 13.	선거범죄 신고 포상금 제보 홍보 및 시행 철저 지시
2006. 4. 3.	동포자진귀국프로그램 시행 예정에 따른 조치 지시
2006. 7. 3.	개정된 '인권보호수사준칙'의 철저 이행 지시
2006. 7. 14.	법조비리 사건에 대한 엄정한 수사 지시
2006. 9. 22.	폭력적·집단적 법집행 방해 행위에 대한 엄정 대처 지시

2006. 9. 25.	추석명절에 편승한 민생침해사범 특별단속 지시
2006. 10. 13.	형 집행 과정에서의 성명 모용 방지 대책 수립·시행 지시
2006. 10. 18.	병자 등에 대한 벌금 납부 연기 등 적극 활용 지시
2006. 11. 23.	구속 기간 만료 후 지연 석방 등 방지대책 수립·시행 지시
2006. 11. 24.	불법 폭력시위에 대한 '무관용 원칙' 이행 지시
2006. 11. 29.	선거범죄 신고 포상금 관련 법무부령 시행 철저 지시
2006. 12. 19.	'과거 분식회계 자진 수정 기업에 대한 관용적 형사정책 추진' 지시
2007. 1. 30.	불법 사금융 관련 범죄 특별단속 지시
2007. 3. 5.	국회 불출석 증인 고발 사건에 대한 엄정 처리 지시
2007. 3. 13.	'인권보호수사준칙' 이행 실태 감독 강화 지시
2007. 3. 20.	법질서 확립과 시민 안전 확보를 위한 특별지시
2007. 4. 18.	'파견근로자 보호 등에 관한 법률' 위반 사건 처리 기준 수립 지시
2007. 6. 13.	금속노조의 불법파업에 대한 '무관용 원칙' 철저 이행 지시
2007. 7. 12.	선거범죄 신고 포상금 지급 지침 개정에 따른 철저 지시
2007. 7. 31.	대용감방 관리 철저 지시
2007. 10. 16.	기술유출범죄 엄단 및 관련 수사체계 강화 지시
2007. 10. 18.	대통령선거사범 공정·중립 처리 특별지시
2008. 3. 27.	성폭력범죄 엄단 및 관련 수사체계 강화 특별지시
2008. 6. 20.	인터넷 유해환경 단속에 관한 특별지시
2009. 2. 9.	사이비언론사범 단속 특별지시
2009. 3. 3.	국회 내 폭력사태 관련 엄정·철저 수사 지시
2009. 7. 1.	민생침해사범 등 단속 강화 특별지시
2009. 10. 9.	아동성폭력사범 엄단 특별지시
2010. 2. 23.	교육 비리 및 제도화된 비리에 대한 엄정 단속 지시

검찰권 분권화

검찰 행정은 검찰총장 1인, 그리고 검찰총장이 수장으로 있는 대검찰청을 정점으로 강력히 중앙집권화되어 있다. 집중된 권력은 그 자체로 갖가지 문제를 낳기 마련이다. 따라서 검찰 조직의 내부적 권력 분립은 검찰 개혁의 핵심적 과제가 될 것이다. 대검찰청의 업무는 지방검찰청의 업무와 중복된다. 지검이 하고 있는 일, 해야 할 일을 모두 대검찰청이 따로 부서를 두어 담당하고 있는데 이러한 중첩, 그리고 중첩에 따른 비효율은 검찰총장의 수사지휘권을 통해 지검 간의 유기적 협력 체계만 구축하면 간단하게 극복할 수 있다.

대검 중수부, 마약·조직범죄부, 형사부, 공판송무부 등이 맡고 있는 업무는 지검으로 이관하고 대검찰청의 조직은 덩치를 줄여야 한다. 대검찰청은 일선 검찰청의 활동을 기획, 평가, 조정하는 역할과 감찰 업무 등을 수행하는 기관이 되어야 한다. 지금의 구조라면 사무국, 기획조정부, 공판송무부의 일부 업무, 감찰본부 정도를 남겨 놓고 나머지 업무는 모두 지검으로 이관해야 한다. 지금의 대검찰청은 과거보다 비대해졌고 대검찰청 내부의 업무도 중첩된 것이 많다. 가령 중앙수사부의 첨단범죄수사과의 업무는 과학수사기획관의 업무와 중첩되고 범죄정보기획관의 업무는 공안부의 업무와 중첩된다.

대검 중수부는 검찰총장이 명하는 사건의 수사를 담당하며 검찰총장의 수사지휘를 받기 때문에 어떤 면에서는 외부로부터의 영향력을 차단할 수 있다는 장점도 있을 수 있지만, 오히려 정치적 사건에서 더욱 외부

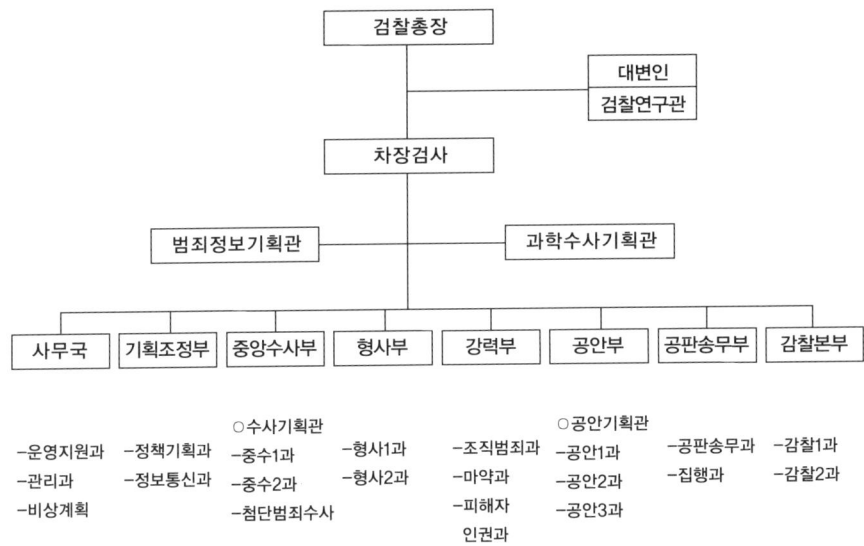

〈검찰청 (본부) 조직도〉 (2010. 9. 10. 현재)

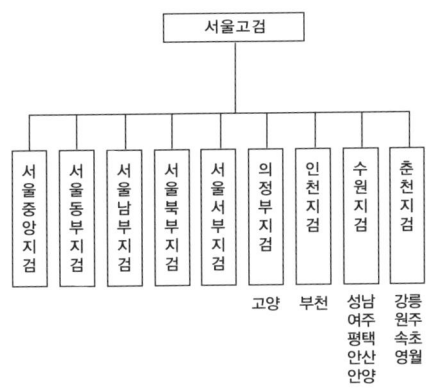

〈서울고등검찰청 조직도〉

제3부 검찰이 바로 서야 나라가 산다

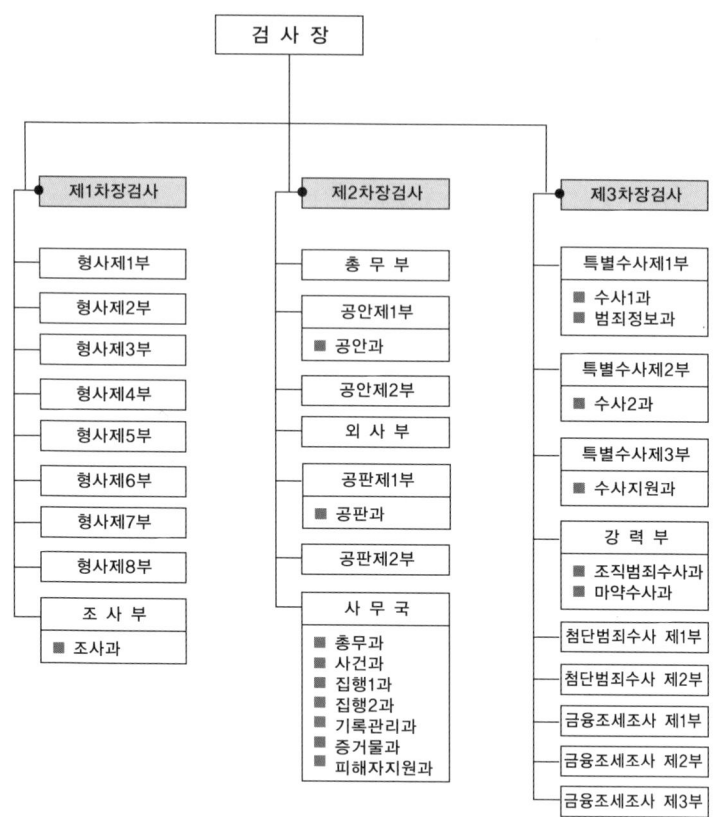

〈서울 중앙지방검찰청 조직도〉

의 영향을 받는 취약점을 드러내고 있다. 수사의 효율성과 성과 측면에서도 대검 중수부는 기대에 미치지 못하고 있다. 대검 중수부는 검찰의 최정예 반부패 수사 부서라고도 하지만 정작 대검 중수부가 기소한 사건의 1심 무죄율은 검찰의 전체 형사사건 평균 무죄율보다 훨씬 높다. 법무부가 국회 법제사법위원회 이한성 의원에게 제출한 「대검 중수부 처리 사건

1심 무죄율」 등의 자료에 따르면 대검 중수부가 2004년부터 2008년까지 5년 동안 기소한 264명 가운데 28명이 1심에서 무죄를 선고받았다. 1심 무죄율은 10.6퍼센트였다. 이는 검찰의 평균 형사사건 무죄율(0.31퍼센트)의 34배 수준이다. 일반 형사사건의 무죄율보다 대검 중수부의 무죄율이 30배 이상 높게 나타나는 것은 대검 중수부가 다루는 적지 않은 사건들이 정치적 고려에 의해 수사를 진행하고 무리하게 기소했다는 반증이기도 하다. 권력형 부정부패 사건을 다루기 위해 전문성을 갖춘 특별수사기구가 필요한 것은 사실이지만 지금의 대검 중수부가 적임인지에 대해서는 많은 의문이 제기되고 있다. 무죄율이 10퍼센트가 넘는 대검 중수부의 잇단 헛발질은 대검 중수부를 지휘하는 검찰총장은 물론 검찰 조직 전체에 대한 불신으로 이어지고 있다.

특히 노무현 전 대통령 사망 사건 이후 대검 중수부 폐지의 필요성에 대한 공감대가 넓어지고 있다. 따라서 '검찰총장의 직할부대'라 불리는 대검 중수부를 폐지하고 그 기능을 서울중앙지검 특수부 등 각 지검으로 이전하거나 특별검사제를 상설화하거나 고위공직자비리조사처 등을 신설해서 전문성을 갖추되 정치적 영향력에서 자유로운 특수수사기구로 체질 개선이 필요하다. 일본의 최고검찰청도 직접 수사 기능은 없다. 앞서 설명한 것처럼 도쿄지검 특수부 등의 각 지검이 그 역할을 수행하고 있다. 물론 일본 검찰 특수부가 관료화·권력화되어 최근 증거 조작 및 은폐 사건과 같은 일탈이 벌어지고 이 때문에 특수부 제도를 없애야 한다는 목소리가 높아지고 있기도 하다.

특수수사의 성격상 정치권 인사가 수사 대상이 되는 경우도 적잖기 때문에, 반부패 특수수사기구는 가급적 정치권, 그리고 검찰 수뇌부로부터 멀리 위치시키는 게 바람직하다. 그래야 정치적 영향력에서 조금이라도 자유로울 수 있다. 같은 검사라도 고위직 검사보다는 승진의 부담이 적은 일선 검사에게 수사를 맡기면 딱 그만큼만이라도 수사의 독립성을 확보할 수 있을 것이다.

반부패 수사를 검찰에게만 맡겨놓으면 검찰, 그리고 검찰을 실질적으로 지배하는 대통령이 원하지 않는 수사는 어려워질 가능성이 높다. 이를 방지하기 위해서는 검찰과 대통령으로부터 독립된 새로운 수사기구가 검찰이 수사 의지를 보이지 않는 권력형 비리 사건이나 부패 사건을 수사하도록 해야 한다. 민주당 등 야당이 주장한 고위공직자비리수사처가 이런 경우 모델이 될 수 있다. 고위공직자비리수사처는 특히 권력형 비리, 검찰이나 법원 관계자가 연루된 비리 사건을 다룸으로써 행정부, 사법부, 그리고 검찰의 비리를 통제하고 부패를 방지하는 효과를 얻을 수 있을 것이다.

검찰의 공안 기능도 대폭 축소해야 한다. 노동조합 등이 관련된 노동사건 일반을 공안 사건으로 취급하는 반노동자적 자세에서도 탈피해야 한다. 공안에 대한 정보 수집은 국가정보원과 경찰 등의 정보기관을 통해서 수집하는 것으로 정리되어야 한다. 그렇지 않아도 막강한 권한을 가진 검찰이 정보수집 기능까지 틀어쥐고 있는 것은 힘이 과도하게 집중되는 결과를 낳는다.

경찰과의 수사권 조정도 진행되어야 한다. 경찰은 수사 전문 기관으로 거듭나고, 검찰은 인권 보호를 위한 수사 통제라는 본연의 사명을 위해 기소 전문 기관으로 거듭나야 한다. 그래서 수사는 경찰이, 기소는 검찰이 맡는 것을 원칙으로 해야 한다. 이 같은 원칙은 물론 형사소송법의 개정을 통해 정해져야 한다.

민주주의와 인권이란 측면에서 검찰과 경찰은 둘 다 믿기 어려운 기관임은 분명하다. 검찰은 2002년 서울중앙지검 고문치사 사건을 일으켰고 경찰은 2010년 양천서 고문사건 등을 일으켰다. 이명박 정부 들어 보이는 경찰의 행태는 마치 식민지 시대나 군사독재 정권 시대로 돌아간 것 같은 모습이다. 그러나 수사권 조정은 어떤 기관이 좀 더 선한가, 또는 좀 더 나은 자질을 갖고 있는가의 문제로 접근할 사안은 아니다. 둘 다 나쁘고 부족하더라도 모든 권력은 나뉘어야 한다는 민주주의의 기본으로 풀어야 할 문제다. 악과 악의 대립을 통해서도 국민이 원하는 바를 얻을 수 있기 때문이다.

검찰을 아예 2개의 조직, 곧 수사를 전담하는 국가 수사청(미국식 FBI와 비슷한)과 공소제기와 공소유지를 전담하는 국가 기소청으로 분리하는 것도 한 방법일 수 있다. 이런 방안은 우리의 형사사법 체계에서는 매우 낯선 것이긴 하지만, 다른 선진개발국의 사례에 비추어 그리 급진적인 방안이라고 볼 수도 없을 것이다.

검찰에 대한 사법적 통제와 시민 감시

법무부를 장악한 검사들이 법무부 문민화를 통해 검찰로 돌아가고 검찰청이 법무부에서 독립된 외청으로 활동하게 되면 법무부와 검찰이 각각 독립하게 된다. 하지만 검찰이 법무부의 간섭조차 받지 않는 독립성을 확보하면 검찰의 권한이 더욱 강화되어 검찰의 배타적 행태와 일탈이 더욱 심해질 가능성도 있다. 검찰을 독립시키는 한편 검찰에 대한 적절한 감시와 통제 방안도 마련해야 한다.

지금 검찰을 통제하는 방안으로 검찰총장에 대한 국회 인사청문회 제도를 운영하고 있지만 대통령의 인사권을 존중하는 여당의 엄호 속에 제대로 된 청문회가 진행되지 않는 경우가 많다. 그게 아니라도 검찰총장이나 검찰 수뇌부가 집권 여당 또는 다수당과 이해를 같이하면서 정치적 사건에 대한 부당한 개입을 할 여지는 여전히 남아 있다. 따라서 지금의 검찰총장 인사청문회 제도는 유지하되, 검찰총장 후보제청자문위원회를 설치하고 검찰총장 후보의 제청 과정에 재야 법조계와 시민사회의 다양한 목소리가 반영될 수 있도록 해야 한다. 국회의 검찰총장 후보자 검증 과정도 한층 치밀하게 진행될 수 있도록 청문회제도를 실질화해야 한다.

검사의 불기소 처분에 대한 통제도 중요하다. 지금도 몇 개의 통제 장치가 있는 건 사실이다. 고소인 또는 고발인에게 불기소 처분의 취지를 통지(형사소송법 제258조)하게 하고 청구가 있을 때에는 그 이유를 설명할 것을 요구하는 불기소 처분의 취지와 이유를 알리는 제도(형사소송법 제259조)가 있지만 이는 검사에게 최소한의 심리적 부담조차 주지 않는 형식적인 민원 안내 제도에 불과하다.

불기소 처분을 받아들이지 못하면 고소인이나 고발인이 상급 검찰청 검사장에게 항고 또는 재항고하여 부당한 불기소 처분을 시정하는 항고

제도(검찰청법 제10조)도 있다. 하지만 검찰의 잘못된 결정이 검찰 내부의 통제에 의해 바로잡히기를 기대하기는 어렵다.

이외에도 공권력을 사용하거나 또는 사용하지 않아서 헌법상 보장된 기본권을 침해받는 경우에 헌법재판소에 청구하는 헌법소원심판(헌법재판소법 제68조)제도도 이용할 수 있다. 그렇지만 헌법재판소에서 고소인 또는 고발인이 원하는 대로 인용 결정을 하더라도, 검찰에서는 이를 기소 명령으로 받아들이지 않고 다시 수사하여 또다시 불기소 처분을 내리는 경우가 많기에 이것도 검찰의 기소독점권에 대한 실효성 있는 통제 장치는 아니다. 2007년의 경우 검찰의 불기소 사건에 대한 헌법소원은 1596건이 접수되었다. 이 중 1556건의 결정 사건 중에서 인용된 것은 겨우 28건뿐이었다. 이러한 통계는 검찰의 잘못된 불기소 처분이 별로 없다는 의미도 될 수 있고 권리 구제의 실효성이 떨어진다는 판단의 근거도 될 수 있다. 아무튼 헌법재판소를 통한 검찰권 통제가 썩 잘되고 있는 것이 아닌 것은 분명해 보인다.

현재 가장 실효성 있는 통제 장치는 역시 재정신청제도다. 다행히 검사의 불기소 처분에 대한 사법적 통제 장치인 재정신청제도의 적용 범위가 2007년 6월 형사소송법 개정으로 전면적으로 확대되었다. 그 결과 2008년 이후 재정신청 접수 건수가 크게 늘어나게 됐고, 매년 1건에 불과하거나 전혀 없기도 했던 공소 제기 결정도 크게 늘어나게 되었다.(표14)

표14. 재정신청 접수 건수 및 공소 제기 결정 건수(2005년~2010년 6월)

(단위: 건)

구분 연도별	재정신청 접수 건수	공소 제기 건수
2005년	218	0
2006년	264	1
2007년	231	1
2008년	5500	97
2009년	5764	82
2010년 1월~6월	3741	55

이는 분명 고무적인 일이지만 고발 사건에서는 검사의 불기소 처분에 대해 재정신청을 할 수 있는 범죄가 형법 제123조에서 제125조에 해당하는 경우, 즉 공무원의 직무유기, 불법체포, 불법감금, 폭행·가혹행위로 제한되어 있기 때문에 그 외의 고발 사건에 대한 불기소 처분에 대해서는 사법적 판단의 기회가 차단되어 있는 셈이다.(형사소송법 제260조 제1항) 공익적 목적으로 활동하는 시민사회단체가 처벌을 요구하는 권력형 비리의 경우 대부분 고소가 아닌 고발의 형태를 띤다. 권력형 비리나 재벌의 횡령 배임 사건 등은 고소할 특정 피해자가 존재하지 않는 경우도 있다. 이런 범죄의 경우에는 검찰의 기소권 독점으로 인한 폐해를 바로잡을 방법이 없다. 검찰의 기소재량권 남용에 대한 통제 필요성은 고발이 주를 이루는 사회적·국가적 차원의 법익과 직결된, 이를테면 내란죄, 외환죄, 직무유기죄, 문서 등의 위조죄, 경제 범죄, 환경 범죄 등에도 있는 것이다. 따라서 모든 고발 사건에 재정신청이 가능하도록 해야 한다.

현행 형사소송법은 재정신청 결정 사건의 공소유지권을 검찰에게 부여하고 있다.(제262조 제6항) 재정 결정서를 송부받은 관할 지방검찰청 검사장 또는 지청장은 지체 없이 담당 검사를 지정하고 지정받은 검사는 공소를 제기해야 한다. 하지만 수사에 의지를 보이지 않던 검찰이 결심 공판에서 아예 구형조차하지 않는 등 처벌하지 않겠다는 의지를 노골적으로 보이기도 한다. 2009년 1월, 2008년 총선 당시 '뉴타운 공약'과 관련해 공직선거법상 허위사실공표 혐의로 고발당한 정몽준 의원에 대한 검찰이 불기소 결정(무혐의 처분)이 부당하다는 재정신청을 받아들여 공소제기 결정을 한 사건을 한 예로 들 수 있다. 검찰은 공직선거법 위반 형사재판 결심 공판에서 피고인에 대한 유죄 주장과 함께 합당한 처벌을 구하는 구형도 하지 않은 채 "지금까지 제출된 증거와 법률에 따라 현명한 판단을 해주시기 바란다"는 의견만 밝혔다. 검찰은 지난 2008년 재정신청 대상이 확대되고부터 2009년 8월까지 법원이 내린 총 103건의 공소제기 결정 사건 가운데 38.8퍼센트에 해당하는 40건에 대해 무죄를 구형하거나 '법원의 판단을 구한다'며 구형을 하지 않았다.

이처럼 재정신청 결정 사건은 검찰이 담당할 때 제대로 된 기소 유지 활동이 진행되지 않는 경우가 많다. 이렇게 되면 법원이 재정신청을 받아들인 결정이 무의미해진다. 애당초 검찰이 불기소 처분을 한 사건에 대해 법원이 재정신청을 받아들여도 검찰이 또다시 구형하지 않으면 결국 제자리걸음을 한 셈이 된다. 이러한 폐해를 극복하기 위해 재정결정 사건의 공소유지 기능은 불기소 처분을 내린 검찰이 아닌 특별검사의 지위를 갖는 제3자(변호사)에게 맡기도록 해야 한다. 2007년 형사소송법 개정 전에

'공소유지 담당 변호사 제도'를 둔 적이 있으니(구 형사소송법 265조 〔공소의 유지와 지정변호사〕) 불가능한 일도 아니다.

허일태 교수의 주장처럼 국민적 관심의 대상이 된 권력형 비리 사건, 범행의 불법성과 책임성이 가볍지 않은 사건, 경미한 사건이라도 재범의 우려가 있는 사건 등은 독일처럼 아예 기소법정주의 대상으로 정해 기소 여부를 검사의 판단에 맡길 것 없이 곧장 기소되도록 하는 방법도 생각해 볼 수 있다.

검찰은 국민의 생생한 목소리를 경청하여 검찰청 운영에 반영한다며 2003년 7월부터 '검찰 시민 옴부즈만제도'와 '검찰 시민 모니터제도'를 시범 운영했다. 일반 국민들이 검찰에 대한 불만이나 검찰 활동 전반에 대해 의견을 제출하면 이를 검찰청 운영에 적극 반영하겠다는 것이 검찰의 취지였다. 하지만 시범 실시 후 제도 도입으로는 연결되지 않았다.

검찰은 고등검찰청의 항고 사건 결정 과정에 변호사, 법학교수 등 외부 위원을 참여시켜 기록 검토를 거쳐 의견을 내도록 하는 항고심사회를 설치·운영하여 시민 참여를 통한 검찰 기소독점주의의 폐해에 대한 견제 장치를 도입하기도 했다. 최근에는 MBC-TV 〈PD수첩〉의 '스폰서 검사' 보도 후, 자체적으로 일반 시민이 참여하여 기소 여부와 구속영장 신청 여부를 결정하는 검찰시민위원회를 설치했다.

검찰은 위기에 빠질 때마다 검찰에 대한 시민적 통제가 가동되고 있다는 것을 과시하거나, 외부의 개혁이 강제되는 것을 막기 위한 변통으로 이 같은 제도들을 검토하거나 도입하고 있다. 하지만 한결같이 당장의 검찰 개혁 요구를 희석시키기 위한 실효성 없는 조치들뿐이다.

표15. 항고심사회 운영 현황

2008년

청별	기간	심의 건수	심의 결과		비고
			항고 기각	보완 수사	
서울고검	2008. 1.~12.	1752	1685	61	
대전고검		867	864	3	
대구고검		669	655	14	
부산고검		648	644	4	
광주고검		1301	1299	2	
계		5237	5147	84	

2009년

청별	기간	심의 건수	심의 결과		비고
			항고 기각	보완 수사	
서울고검	2009. 1.~8.	317	287	28	
대전고검		155	153	2	
대구고검		523	503	20	
부산고검		627	622	5	
광주고검		685	685	0	
계		2307	2250	55	

2010년

청별	기간	심의 건수	심의 결과		비고
			항고 기각	보완 수사	
서울고검	2010. 1.~8.	63	63	0	
대전고검		12	11	1	
대구고검		425	419	6	
부산고검		605	600	5	
광주고검		982	982	0	
계		2087	2075	12	

항고심사회 운영 현황에 따르면, 2008년의 보완수사 결정은 5237건 중 84건으로 1.6퍼센트에 지나지 않았고, 2009년에는 2307건 중 55건으로 2.4퍼센트, 2010년에는 2087건 중 12건으로 0.6퍼센트에 지나지 않았다.(표15) 검찰이 '항고심사회 설치 운영 지침'을 공개하지 않고 있기에 '보완 수사' 결정이 난 사건이 어떻게 처리되는지 알 수 없다. 기본적으로 항고심사회의 결정이 검찰 활동을 강제하는 것이 아니라 자문에 응하는 수준에 그친다는 점을 감안하면, 항고심사회의 활동이 검찰권 행사에 있어서 얼마나 견제 장치 역할을 수행하는지는 의문이다.

가수 MC몽의 병역면제 사건에 대해 검찰이 의견을 물어서 기소했다는 보도로 일반에 알려지기도 한 검찰시민위원회만 해도 그렇다. 일본의 검찰심사회를 본떠 만들었다지만, 위원들의 임기가 6개월이란 점을 빼고는 이름만 비슷할 뿐 전혀 다른 제도이다. 위원들을 무작위로 선발하는 일본과 달리 검찰이 지명한 시민이 그저 자문에 응하는 수준에 그치는 데다 법률적 근거를 마련해두지도 않았다.

검찰은 "사회 이목이 집중된 사건에 대한 검사의 기소·불기소·구속 영장 재청구·구속취소 결정의 적정성 여부를 일반 시민들이 사전 심사하기 위해" 검찰 시민위원회를 구성했다고 밝히고 있다. 2010년 8월 현재 41개 지검·지청에 설치했고 여기에는 모두 629명의 시민이 참여하고 있다는 게 검찰의 설명이다. 검찰은 환경미화원, 가정주부, 대학생 등 일반 서민이 40퍼센트를 차지한다고 밝히고 있다. 그만큼 다양성이 확보되었다는 뜻이다. 그래도 무작위로 선발한 배심원제도나 일본의 검찰심사회와는 다르다. 검찰에 의해 뽑힌 사람들이 검찰권을 통제하는 건 불가능한 일이다.

　검찰 개혁의 핵심적 과제인 기소독점주의의 폐해를 극복하기 위해 검찰의 공소권 행사에 대한 시민적 통제를 가능하게 하는 일본의 검찰심사회제도나 미국의 대배심제도를 도입하자는 주장도 있다. 하지만 재정신청제도가 고발 사건까지 전면적으로 확대되고, 공소유지 변호사제도가 부활된다면, 미국이나 일본의 시민 참여형 통제 제도 이상의 검찰권 통제 기능을 수행할 수도 있다. 특히 시민이 통제하는 방안이면 모르되 시민이 검찰의 기소에 대해 구속력 없는 단순한 자문만 하는 기구는 아무리 많이 설치되어도 무의미하다. 사법부의 판단에 의한 것이든 시민의 직접적인 판단에 의한 것이든 중요한 것은 검찰의 기소권에 대한 구속력 있는 통제가 실질적으로 작동해야 한다는 것이다.

　이외에도 국회에 의한 통제 방안도 얼마든지 논의해볼 수 있을 것이다. 국회는 검찰총장의 인사청문회와 국정감사 말고는 검찰권 통제에 대해 거의 아무 역할도 하지 않지만 상시 국정감사의 실시, 다양한 청문회제도의 도입 등으로 검찰권 통제를 강화시켜나갈 수도 있을 것이다.

검찰심급제 재고_고등검찰청의 폐지

　대검찰청-고등검찰청-지방검찰청으로 이어지는 검찰심급제는 검찰 조직을 위계질서화하고 인력의 효율적 배치도 가로막고 있다. 앞서 설명한 것처럼 대검의 역할이 지검의 역할과 중첩되는 것도 문제지만 가장 엉뚱한 조직은 고등검찰청이다. 고등검찰청은 고등법원에 대응하는 조직을 염두에 두고 만든 것이다. 그러나 검찰은 근본적으로 법원에 대응하는 조직이 아니다. 법원은 3심제의 원활한 운용을 위해 지방법원-고등법원-대법원의 구조를 갖추고 있는 것이 타당하지만, 검찰은 한 번의 수사와 한 번의 기소밖에 진행하지 않기 때문에 지방검찰청-고등검찰청-대검찰청의 구조를 가질 이유가 전혀 없다. 실제 수사를 일선 지검에서 진행하는 상황에서는 더욱 그렇다. 고등법원의 부장판사는 중요한 일을 하는 고위직이지만, 고등검찰청의 부장검사는 한직(閒職)이다. 그런데도 고등법원 옆에 고등검찰청을 거의 똑같은 규모의 건물로 지어놓으면서, 마치 고등법원과 대등한 위상을 지닌 검찰청인 것처럼 행세를 하고 있다.

어떤 조직의 설립이나 존재는 그 역할과 기능에서 꼭 필요한 만큼이면 충분하다. 고등검찰청은 산하에 형사부, 공판부 및 송무부를 두고 있으며 고등법원에서 재판하는 형사합의 사건의 공소유지를 담당하고 재정신청 사건의 처리 및 형집행 사무를 담당한다. 또 대검찰청의 위임을 받아 지방검찰청, 지청에 대한 지휘·감독 기능을 수행한다.

지금의 고등검찰의 업무는 지방검찰청 또는 대검찰청의 업무와 중복된다. 일도 없고 역할은 중첩되어 있는데 고위직 자리는 많아서 전형적인 행정 낭비, 예산 낭비에 해당한다. 형사 항소나 항고 사건은 지방검찰청이나 대검찰청으로 이관하면 그만이고, 법무부의 송무 업무를 위임받아 진행하는 국가를 당사자로 하는 소송이나 행정소송 등의 송무 업무는 국가 송무를 담당하는 기관을 새로 만들어 이관해야 한다. 형집행과 관련된 사면, 감형, 복권 등의 업무는 법무부의 관장 사항이니 법무부가 맡아서 진행하면 그만이고, 감찰 업무는 대검찰청이나 법무부의 감찰 업무와 중복되어 있다. 고등검찰청이 굳이 맡아야 할 일은 거의 없다. 고등검찰청을 폐지하여 그 인력을 지검에 배치하면 예산과 인력의 낭비를 막을 수 있다. 검사정원법의 검사정원표에 따르면 검사 정원은 1942명이고 서울고등검찰청 85명을 비롯해 대전·대구·부산·광주 고등검찰청 정원을 합친 5개 고등검찰청의 검사 정원은 모두 141명이다. 전체 검사의 7.2퍼센트가 고등검찰청에서 근무하는 셈이다.

감찰권 강화

검찰이 시민의 신뢰를 회복하기 위해선 검찰의 정치적 중립 못지않게 검찰 내부의 비리에 대한 자정 시스템이 강화돼야 한다. 검찰은 지금도 감찰을 통한 자기 통제 시스템을 갖추고 있다. 그러나 검찰 내부의 감찰은 검찰의 위법 부당한 권한 남용이나 일탈을 방지하거나 적발하기보다는 제 식구 감싸기에 골몰하거나 문제를 외부에 노출하지 않는 데 치중했다. 감찰 본래의 기능을 수행했다고 보기 힘들다. 감찰 기능이 스스로 움직여 비위를 적발하는 경우는 거의 없었고 외부에서 문제 제기가 있으면 오히려 이를 가라앉히는 역할을 수행했다. 은폐와 왜곡, 그리고 제 식구 감싸기가 검찰이 수행한 감찰 기능의 전부였다. 그게 아니라면 검찰총장 등 검찰 지휘부의 지휘권 강화를 위한 도구로 쓰일 뿐이었다.

검찰에 대한 감찰기구를 검찰 조직 안에 둘 것인가, 아니면 밖에 둘 것인가는 서로 비교하기 어려운 장단점을 갖고 있다. 내부에 두면 지금처럼 제 식구 감싸기로만 일관하고 최소한의 공정성도 담보하기 어렵게 된다. 감찰기구를 검찰 밖에 두면 공정성은 어느 정도 확보할 수 있지만 자칫 검찰 수사에 대한 외압으로 작동할 가능성도 있다. 따라서 감찰권을 검찰 조직 안팎 어디에 둘 것이냐보다는 어떻게 실질화할 것인가가 중요하다.

감찰관 직위는 개방직화하여 외부 인사가 임명되게 되었다. 검찰청법의 개정으로 2008년 4월부터 첫 모집을 했지만, 그동안 법무부 감찰관과 대검 감찰관은 모두 현직 검사였다. 감찰위원회를 개방화하여 공정성과 객관성을 지닌 외부 인사가 다수를 차지하도록 하는 것도 중요하다. 감찰위원회가 의결기구가 되어 실질적으로 감찰 업무에 대한 권한을 행사할 수 있어야 한다. 법무부는 최근 인사에서 법무부 감찰관에는 전 감사원 감사청구조사국장을 지낸 안장근을, 대검 감찰부장에는 변호사 홍지욱을 각각 임용했다. 안장근은 감사원에서만 일했던 사람이고, 홍지욱은 판사 출신이다. 하지만 얼마나 역할을 할 수 있을지는 의문이다. 검찰이라는 막강한 권한을 가진 기관에 마치 섬처럼 존재하는 외부 인사 한 명이 할 수 있는 일이 어떤 게 있을지 궁금하다. 법무부와 검찰의 감찰관이 검사인가 아닌가의 여부보다 훨씬 더 중요한 것은 누구의 간섭도 받지 않고 독립적으로 일할 수 있는가에 있다.

제5장 법치주의의 수호자를 기다리며

 법치국가에서 법은 시민을 통제하고 억압하는 도구가 아니다. 오히려 시민의 자유와 권리를 보장하는 안전장치다. 법이 권력자나 권력기관을 통제하고 시민의 자유와 권리를 최대한 보장하는 상태를 법의 지배가 관철된 법질서라고 부른다. 하지만 이런 민주주의, 법치의 대명제가 훼손되고 있다. 법치주의 훼손의 핵심에 법무부와 검찰이 자리 잡고 있다.

 정치권력에 예속된 검찰, 권력의 시녀라는 오명을 뒤집어쓴 검찰, 시민의 권리와 자유보다는 오로지 정치권력의 잇속만을 챙기는 검찰을 그대로 둘 것인가. 살아 있는 권력의 의지만을 좇고 그들의 이익을 위해서 골몰하는 법무부와 검찰을 그대로 내버려둘 것인가. 물론 그래선 안 된다. 정치권력의 권력 의지가 아니라 법률의 의지를 실현하는 법무부, 검찰이 되도록 해야 한다. 정치적으로 유리한 환경을 조성하기 위해 정치권력이 원하는 결과만을 찾아내기 위해 열심인 기관이 아니라 헌법과 법률의 이념과 원칙에 맞는 결과를 찾아내는 독립적 권한 행사 기관으로 다시 태어나도록 해야 한다.

검찰을 개혁하고 법무부와 검찰과의 관계를 재정립하려는 것은 공정한 검찰권 행사를 보장하기 위해서다. 지금의 구조로는 정무직인 법무부장관의 검찰 수사에 대한 일상적인 영향력 행사를 막을 수 없다. 이를 차단해야 검찰의 독립성이 어느 정도 확보될 것이다. 우리는 정권이 바뀌더라도 변함없이 정의와 진실만을 추구하는 검찰을 보고 싶다. 어떤 죄를 지었냐가 아니라 피의자가 누구냐에 따라 형평성을 잃고, 법집행 기관의 종사자가 스스로 법질서를 파괴하는, 그래서 우리가 속한 공동체를 파괴하는 일탈은 더 이상 보고 싶지 않다.

이미 궤도에서 이탈하여 시민의 신뢰도 잃고, 오로지 정치권력에만 봉사하는, 20퍼센트쯤 되는 이른바 소수의 엘리트가 장악한 검찰을 바로 세우는 것은 만만한 일이 아니다. 권한에 비해 견제와 통제가 거의 없는 검찰을 개혁하기 위한 현실적 요건은 좋지 않다. 그나마 노무현 정부에서는 정부가 검찰 개혁을 추진하기도 했고 검찰 스스로도 검찰 개혁안을 내놓기도 했다. 이명박 정부의 검찰 개혁은 그저 구호로만 존재한다. 어떠한 진지한 노력도 없다. 최소한의 움직임조차 없다. 이명박 정부와 한나라당은 검찰 개혁을 원하지 않는다. 그래서 검찰 개혁을 검찰 스스로에게, 그리고 정치권에만 맡겨둘 수는 없다. 검찰 개혁은 법조계의 전문성, 시민사회단체의 공익성, 그리고 정치권의 구체적 입법 노력이 맞물려야 그 전망을 설계하고 구체적인 추진이 가능하다. 그래서 법조계, 시민사회단체가 함께 참여하는 '검찰제도개혁 특별위원회'를 국회에 구성할 것을 제안한다. 이 위원회를 통해 검찰 개혁을 위한 다양한 방안, 실질적 방안을 논

의해야 한다. 물론 논의에만 그치지 않고 논의 결과가 입법화될 수 있어야 한다. 검찰제도개혁 특별위원회가 구성되면 무엇보다 먼저 검찰의 상하 관계의 위계질서를 완화시켜 검찰 내부의 민주화를 이뤄내는 것과 인사제도를 개선하는 일을 최우선 과제로 삼았으면 한다. 상하가 명확한 위계구조에다 인사 문제에서 자유롭지 않은 일선 검사들이 법률과 양심에 따라 법집행을 한다는 것이 거의 불가능하다는 것을 오늘의 검찰이 현실로 입증시켜주고 있다.

인사권자나 상사의 지시보다는 법률과 양심에 따라 법률에 정해진 절차를 지키고 법을 적용하고 판단할 수 있어야만 시민이 바라는 제대로 된 검찰, 공익의 수호자가 될 것이다.

검찰이란 제도는 역사적 산물이다. 그 나라 국민들이 겪은 역사적 경험이 구체적인 제도로 나타나는 것이다. 누구에게 수사권을 주고 누구에게 기소권을 줄 것인가, 형의 집행에 대한 권한은 누구에게 줄 것인가 하는 것은 그 나라의 역사적 환경 속에서 필요한 조건에 따라 정해지기 마련이다. 계속 살펴본 것처럼 우리나라의 검찰제도는 사실 국민의 선택에 의한 제도이기보다는 식민지 강점기에 일본 제국주의로부터 강제로 이식되거나 독재정권의 필요에 따른 것이었다.

국민 다수가 검찰에 심각한 문제가 있다고 생각하고 있고, 개혁이 필요하다는 국민도 역시 다수이다. 이런 상황에도 오로지 검찰 내부의 기득권 때문에 검찰 개혁이 조금도 진전되지 않고 있다면 이건 주권재민의 이념, 민주주의의 기본 이념에 반하는 일이다. 눈에 두드러지는 한 사람의 포악한 독재자는 이제 쉽게 등장하지 않을 수도 있다. 지금의 대통령도 다음의 대통령도 국민의 선택을 받은 사람이 될 것이기 때문이다. 그러나 국민이 선출하지도 않고 교체할 수도 없는 검찰이 지금처럼 막강한 권한을 특정 정치권력에만 유리하게 편파적으로 휘두르며 국가의 발전, 민주주의 성숙, 그리고 인권의 진전을 가로막는 상황은 얼마든지 반복될 수 있다. 그래서 검찰 문제는 한 사람의 독재자가 드리운 그림자보다 더 고약하고도 심각한 상황이다.

우리 국민은 이제 좀 더 성숙한 검찰제도를 가질 때가 되었다. 아니, 정확히 표현하면 이미 진작부터 그랬어야 했다. 지금도 늦지 않았다. 국민의 힘으로 검찰 개혁을 이뤄내자. 검찰을 쇄신하여 오로지 국민만을 위해 일하는 조직으로 거듭나게 하는 일은 국민을 위해서는 물론, 검사들과 검찰 공무원들을 위해서도 시급하다. 더 이상 우리 국민들이 검찰 문제 때문에 아파하는 일은 없어야 한다. 더 이상 법집행 공무원들인 검사들이 법 위에 군림하며 제 잇속만 차리는 일은 없어야 한다.